中国传统文化导论

黄立霞◎著

湘潭大学出版社
XIANGTAN UNIVERSITY PRESS

图书在版编目（CIP）数据

中国传统文化导论 / 黄立霞著. -- 湘潭 : 湘潭大学出版社, 2022.10
ISBN 978-7-5687-0979-8

Ⅰ. ①中… Ⅱ. ①黄… Ⅲ. ①中华文化 Ⅳ. ①K203

中国版本图书馆 CIP 数据核字 (2022) 第 242709 号

中国传统文化导论

ZHONGGUO CHUANTONG WENHUA DAOLUN

黄立霞 著

责任编辑：丁立松
封面设计：文海宏远
出版发行：湘潭大学出版社
社　　址：湖南省湘潭大学工程训练大楼
电　　话：0731-58298960 0731-58298966（传真）
邮　　编：411105
网　　址：http://press.xtu.edu.cn/
印　　刷：长沙创峰印务有限公司
经　　销：湖南省新华书店
开　　本：787 mm×1092 mm 1/16
印　　张：10.25
字　　数：242 千字
版　　次：2022 年 10 月第 1 版
印　　次：2022 年 10 月第 1 次印刷
书　　号：ISBN 978-7-5687-0979-8
定　　价：55.00 元

PREFACE 前言

中国传统文化既是中国的文化又是世界的文化，文化最大的特点在于其特有的无国界性。得益于中国得天独厚的自然环境及其人文条件，中国独特的传统优秀文化博大精深、内涵丰富，具有无限的开放性、包容性。中国传统文化的诸类特点有很大一部分是其他国家的文化所不具备的，因此，这就对其他国家的文化有了一定的借鉴意义，对于不断完善不断丰富自身的文化内容、文化体系具有举足轻重的作用。进入到现代化的今天，中国传统文化该何去何从，一直都是一个引人深思的问题。为了解决这个问题，必须处理好中国传统文化与现代化建设的关系。

以历史的态度分析传统文化，就是要辩证地对待传统文化。传统文化并不是首尾一贯的整体，而是包含着各种文化元素，因此难免良莠不齐。中华优秀传统文化在其形成和发展过程中，不可避免会受到当时人们的认识水平、时代条件、社会制度的制约和影响，因而也不可避免会存在陈旧过时或已成为糟粕性的东西。我们既要避免走向历史虚无主义与文化虚无主义，充分肯定优秀传统文化在历史和现实中的积极作用；也要避免盲目尊古崇古的唯古主义，以免传统文化中的糟粕沉渣再起。

以历史的态度分析传统文化，就是要具体地评价传统文化。历史唯物主义既是正确认识传统文化的科学方法论，也是评价传统文化的价值尺度。在历史唯物主义的视野下，所有的文化现象是在一定的生产力水平及由此决定的社会关系的基础上生发出来的，它以此为生存与发展的土壤，并因其变化而发生变化。因此，对于传统文化中的不同文化元素，要把它们放在具体的历史情境中予以具体的分析，从而区别哪些是曾在历史中发生过积极作用，但如今已完全失去其价值的元素，以及哪些是具体内容已随着社会生活的变迁而被抛弃，但其理念可以通过赋予新的内涵而仍能再焕光辉的元素。

笔者在撰写本书的过程中，借鉴了许多前人的研究成果，在此表示衷心的感谢。在撰写的过程中难免会存在一定的不足，对一些相关问题的研究不透彻，恳请前辈、同行以及广大读者斧正。

编　者

2022 年 10 月

CONTENTS

目 录

第一章　中国传统文化概述

第一节　中国传统文化的内涵

一、文化的概念与特征

学习中国传统文化，首先必须了解什么是文化。文化概念的界定是一个复杂的问题，因为文化作为人类社会的现实存在，具有与人类和自身同样长久的历史，一部人类史就是人类的文化史。因而文化的概念是个内涵丰富、外延宽广的多维概念。国内外有关文化的概念，据统计已有 260 余种之多。在我国古代典籍中，“文化”最早是指统治者对民众的“以文教化”，与以武力征服相对应。到了汉代，“文化”成为相连的常用词，多为以文德治天下之意，或用于与未经教化的“野蛮”“质朴”相对举。

在 18、19 世纪的西方学术界，“文化”是一个被广泛使用的基本概念。它来源于拉丁文 cultura，具有制作、掘垦、居住、动植物培育等与物质生活相关的意义，并引申出对人的性格的陶冶及品德的教养之意。1871 年，英国人类学家泰勒在其《原始文化》一书中对文化做了系统阐释。他提出：“文化或文明，就其广泛的民族的意义来说，乃是包括知识、信仰、艺术、道德、法律、习俗和任何人作为一名社会成员而获得的能力和习惯在内的复杂整体。”泰勒强调了文化作为一个精神文化的综合整体的基本含义，对后世产生了重要影响。在我国近代西学东渐的潮流中，西方的文化概念传入中国，翻译家就借我国古代的“文化”一词予以表达，然而，这种文化概念的内涵与我国古代的“文化”概念已大相径庭。

我国当代学者对文化的概念做了认真、深入的研究。《辞海》对文化一词所下的定义是：“从广义来说，指人类社会历史实践过程中所创造的物质财富和精神财富的总和。从狭义来说，指社会的意识形态，以及与之相适应的制度和组织机构。”一般认为，广义的文化还可分为物质文化、精神文化、制度文化三个层面。

所谓物质文化是人们在物质生产活动中所创造的文化，体现了人类在物质生产领域中认识和改造自然的能力和水平。物质文化常常是衡量社会进步的一种标志。所谓精神文化是人们在精神生产活动中所创造的精神财富的总称。包括审美情趣、价值观念、道德规范、宗教信仰、思维方式等等。例如西安半坡村的土壤属自然物质，不是文化，但它经原始先民捏塑、烧制成陶罐之后，就成了原始文化的组成部分。这陶罐是我们祖先进行物质创造的成果，同时又是他们的精神活动产品，因为我们今天不仅可以见到这个古代生活器具实物，还可以从陶罐的彩绘图案上得到远古艺术观念的信息。所谓制度文化是适应物质文化发展水平而形成的各种社会制度，包括经济制度、政治制度、法律制度、军事制度、教育制度等等。制度文化介乎物质文化和精神文化之间，用制度将物质文化和精神文化紧密地联系在一起。

在这三类文化中，物质文化是表层的，精神文化是最深层的，而制度文化是文化的核心。本书在介绍中国传统文化时，采用广义文化的说法，但侧重于精神文化和制度文化两个方面。即我们在分析时不会脱离广义文化这个宽广的背景，因为精神文化与物质文化既互相区别又密切联系，精神活动是以物质活动为基础的。

关于文化的特征，1982 年世界文化政策大会《墨西哥宣言》曾指出："可以说，文化是体现出一个社会或一个社会群体特定的那些精神的、物质的、理智的和感性的特征的完整复合性。"具体地说，文化具有以下四个主要特征：一是文化具有民族性。不同民族的文化具有不同的特色，反映不同民族的个性。一个民族的文化又决定着这一民族不同于其他民族的特殊的规定性，文化可以理解为每一个民族独一无二的特征以及思维和组织生活的方式。在有阶级的社会中，它具有阶级性；随着民族的产生和发展，它又具有民族性，通过民族形式的发展，形成民族的传统文化。

二是文化具有地域性。不同地域的文化具有不同的特色，诸如历史传统、风土人情等等。就中国传统文化而言，可分为长白文化、齐鲁文化、中州文化、三晋文化、关中文化、西北文化、吴越文化、荆楚文化、巴蜀文化、滇黔文化、闽台文化、岭南文化等等，而区域的文化又具有相当程度上的兼容性、渗透性和互补性。区域文化与民族文化又具有同一性，区域文化是民族文化整体中的若干部分。

三是文化具有继承性。一个民族的文化总是代代相传，不断延续的，在继承的基础上有所创新，有所发展。

四是文化具有时代性。文化是一种社会历史现象，每一个时代都有与其相适应的文化，并随着社会物质生产的发展而发展。文化是一定的社会的政治和经济在观念形态上的反映，同时又作用于一定社会的政治和经济。

二、中国传统文化简述

中国传统文化这一词语包括了三个小概念，即中国、传统、文化。

所谓中国，在西周初期有三种含义：天子所属之城，即京师，与四方诸侯相对举；商周封域，与远方相对举；专指以洛阳为中心的地区，即夏区，用于周所封诸侯，称为诸夏，与四夷相对举。在统一多民族国家的形成过程中，中国的含义多次发生深刻的变化。由专指中原发展为包括所有郡县，进而发展为包括所有边疆，由专指汉民族发展为包括中国各民族，由中华大地的统称发展为作为主权国家的专称。中华民族包括以汉族为主体的 56 个民族。

所谓传统，是指人类创造的不同形态的特质，经由历史凝聚而沿袭着、流变着的各种文化因素构成的有机系统。传统是来自于过去，而现在仍有生命力的东西，所以说传统不仅拥有历史意义，而且拥有超越历史的意义。

中国传统文化是中华民族在中国本土上创造的文化，它从远古延续到今天，已有五千年的发展历史。其中，从夏、商、周以来至清末鸦片战争前的这一大段属于中国传统文化的范畴，它是中华民族在特定的地理环境、经济形式、政治结构、意识形态的作用下，世代形成、积淀，并为大多数人所认同而流传下来的中国古代文化，至今仍在影响着我们当代的文化。

自1840年鸦片战争后，中国由封建社会逐步沦为半殖民地半封建社会，被卷进世界资本主义的潮流。中国固有的传统文化在社会政治、经济的急剧变动中，在西方文化的碰撞、冲击下，发生了解体和蜕变，产生了与中国传统文化既有联系，又有区别的带有过渡性质的中国近代文化。1919年"五四"前后的新文化运动，推动中国政治由旧民主主义革命转变为新民主主义革命，中国文化也进入了新民主主义的新阶段。1949年中华人民共和国诞生。从此，中国文化的史册揭开了社会主义的新篇章。

中国传统文化只是中国文化历史发展过程中的一部分，泛指中国奴隶社会和封建社会时期的文化。由于近代文化带有过渡性质，如果把中国传统文化的下限放宽，也可以延至五四新文化运动前。中国传统文化是中国文化中十分重要的部分，它不但占据了中国文明社会的绝大部分时期，而且在今天全面建设社会主义现代化国家之时，仍然需要在马克思主义指导下，"取其精华，去其糟粕，结合时代精神加以继承和发展，做到古为今用"。

第二节　中国传统文化的发展历程

中国传统文化，自夏商周有文字记载的时代算起，迄今已有四千多年的辉煌历史。这是汉民族文化融合、吸收其他少数民族文化以及近代以来吸收外来文化的结果，是以汉族为主体的中华各民族人民共同创造的文化。在这期间，中华文化从孕育形成到逐步走向成熟强大，终于以自己独特的风姿自立于世界民族文化之林。纵观中国传统文化的演变历程，我们可以清楚地看到如下的发展脉络：孕育期——先秦文化；奠基期——秦汉文化；融合期——魏晋南北朝文化；繁荣期——隋唐宋元文化；衰落与转型期——明清文化。

一、传统文化的孕育期

夏商至战国时期，是中国传统文化的孕育期。在此以前，属远古文明的发端阶段，中国先民的生产、生活方式、精神活动等与其他民族的原始文明基本一致。

夏商时期，阶级性与等级性取代了氏族公社时期的平等性与广泛性。生产力和自然科学虽较前有很大发展，但水平依然低下，人们承受着来自社会和自然的双重压迫。面对许多无法解释、难以应付的主客观世界，遂产生了命运观念、天命观念、神鬼观念。为了预知天命、预知自身的命运，古人在生活中创造和总结出各种各样的"问卜"方法。从已发掘、整理出来的殷墟卜辞来看，其内容涉及当时社会的各个领域，包含丰富的文化思想，初步形成了比较系统的有关天地、人生、吉凶、祸福、善恶、美丑等观念文化。其中最显著的特色是尊神、敬鬼，以先王的法令制度为不可动摇的原则，而先王的法令制度又是以上天的意志为根本。这是一种以鬼神崇拜和祖先崇拜为价值取向的原始粗陋的君权神授理论和宗教信仰。

约公元前 11 世纪，西周灭商后，进行了一系列的变革。一方面，周人对殷商的种族血缘统治方法加以改进，建立了兼备政治权力统治与血亲道德制约双重功能的宗法制组织形式，这对后世文化影响深远。另一方面，周代统治者通过总结殷商灭亡的经验教训，认识到“民心”比“天命”更重要。虽然他们也没有摆脱天命神权的思想，但并不像殷人那样完全信赖天命，而是引进了“德”的范畴，以解释王朝兴替、人事盛衰等社会现象，提出了“敬德保民”“以德配天”的思想，认为“敬德”与“保民”不可分割，二者结合，方能“祈天永命”（《尚书·召诰》），即实施“德治”，便可祈求天命以永保王命，开始关注人的作用，强调“民”的重要，成为传统文化中民本主义、德治主义、“天人合一”思想的滥觞。

值得注意的是，在西周时期，出现了对中国传统文化影响深远的阴阳、五行学说。阴阳，原指自然现象，向日为阳，背日为阴，两者又因时、因地、因物而异。古代思想家以此概念来解释自然界两种相互对立又相互统一的物质。战国末期，以邹衍为代表的阴阳家更把阴阳变成和“天人感应”说结合的神秘观念，更为广泛地应用在自然现象、人生过程、人生处境、身体等具体事物方面，使阴阳学说成为中国最早出现的、最为根本的学说。

五行学说在殷周时代即提出，最早出现于《尚书·洪范》篇，后来儒家学派的学者子思、孟轲又加以提倡。思想家们试图以五种物质元素——金、木、水、火、土来说明世界万物的起源和多样性的统一。战国时期流行“五行相生相胜”的原理。“相生”即相互促进；“相胜”即相互排斥。五行思想外延的应用扩展，造成了以五行为基础的多项对应系统。例如五色、五气、五时、五方、五味等系统；五脏、五体、五窍、五荣、五志之说。五行说后来又被引申出儒家的仁、义、礼、智、信的“五常”“五伦”学说。

公元前 8 世纪以降，我国进入春秋战国时期，这是一个战乱频仍、剧烈变革的时代，出现了士人崛起、学派林立的文化景观。儒、墨、道、法、名、阴阳、兵、纵横、杂、农诸家出于“匡时救弊”的文化目的，纷纷著书游说，聚徒讲学，相互批驳争辩，又彼此吸收渗透。一派诸子并起、百家争鸣的学术繁荣盛况。

这一时期除了诸子争鸣外，其他文化领域也各有成就。在文学方面，出现了我国古代第一位伟大的具有爱国主义思想的浪漫主义诗人——屈原，他的作品《离骚》是我国诗歌史上最为宏伟瑰丽、感人肺腑的长篇抒情诗，给后世许多文人以良好的艺术滋养；出现了《左传》《国语》《战国策》等优秀历史散文以及《孟子》《庄子》等诸子的文句精粹、风致优美的散文，构成了中国散文史上的第一个黄金时代。科学技术方面更是成就斐然。天文学方面，殷商时期的甲骨文中就有日月之食的记载。大约在公元前十二三世纪，也就是殷末周初，我国就建立了按时圈与赤道相截的点，划分赤道分区的完善体系。战国时期的石申和甘德分别著有世界上最早的恒星表——《石氏星经》和《天文星占》。数学方面，殷商时即开始使用十进位法。春秋末期的孙子兵法中已有关于分数的记载；战国时，荀子的著作里已有乘法九九表；后期墨学的《墨经》里已提到几何学的点、线、面、方、圆乃至极限和变数的概念。《墨经》更是记载了许多物理学、几何学等方面的知识。医学方面也取得了很大成就。成书在公元前 3 世纪的《黄帝内经》，是我国现存最早、内容较完整的一部医学理论和临床实践相结合的古典医学著作，奠定了中医学的理论基础。

总之，先秦时期是中国传统文化的孕育时期，大致规范了后世的文化走向，后来的文化现象大多可以从先秦文化中找到其历史渊源。

二、传统文化的奠基期

公元前 221 年，秦始皇顺应历史发展的潮流，以强大的政治、经济和军事优势翦灭了六国，开始创建封建帝国的基业。统一后的秦王朝除在政治、经济上采取一系列有利于巩固统一的措施外，在文化教育上则奉行“书同文”“制同度”“车同轨”“行同伦”“地同域”，统一语言、统一伦理和习俗等措施。这对巩固中华民族的统一，形成民族的共同心理状态和文化传统产生了积极的作用和深远的影响。但是，秦朝统治的时间十分短暂，又缺乏统治经验，在文教政策上出现了许多严重失误。如：对文化教育的作用重视不够，禁私学，又不设官学，推行“以法为教，以吏为师”的文化专制政策，企图以政策法令代替文化教育；否定传统文化和历史遗产，用简单粗暴的行政命令和消极的烧、杀、禁来解决思想和学术上的争论和分歧，采取了“焚书坑儒”的极端残暴野蛮的政策，造成了文化学术的巨大损失，使六国“史记”及一部分诸子书永远地消失了。秦始皇倒行逆施的结果导致了各种社会矛盾的激化，从而在客观上加速了秦朝的灭亡。

公元前 202 年，刘邦起而代之，建立了汉朝，汉代统治者吸取秦亡的教训，在继承秦制的基础上，对各项政策都作了重大调整。汉初为缓和阶级矛盾，采用了道家的“无为而治”的主张，实行“与民休养生息”的基本国策，使得社会政治趋于安定，经济逐渐复苏，文化教育亦有所恢复发展。随着政治、经济和思想条件的日益成熟，雄才大略的汉武帝果断采纳并实行了董仲舒提出的“罢黜百家，独尊儒术”的文化政策，把能够适应并巩固封建大一统帝国需要的儒家学说定为一尊。当然，这个时期的儒家思想已经过汉儒的改造，不再是先秦儒学的原貌，但礼教德治的精神则基本上一致。自此以后，汉代的学校教育成为经学教育。以儒学独尊为特征的文化模式开始定型，奠定了中国封建社会文教政策的基础，且行之久远，直至清代。汉代独尊儒术以后，儒家的《诗》《书》《礼》《易》《春秋》被尊崇为经，以传授儒家“五经”为主要内容的学校教育因此昌盛起来。

文学艺术领域异彩纷呈，贾谊、晁错、王符等著名政论家的散文针砭时弊，笔锋犀利。司马迁、班固等卓越史学家的史传散文，秉笔直书，爱憎分明，形成了中国古代散文的又一个黄金时代。尤其是司马迁的伟大巨著《史记》，更以其无与伦比的史学成就被公认为“史家之绝唱”。秦汉时期的雕塑艺术精美绝伦，风格奇伟，今世陕西临潼骊山秦始皇陵侧出土的数以千计的彩绘兵马俑，令整个世界为之震动便是证明。

科学技术方面，汉代出现的《九章算术》、王充的《论衡》、张仲景的《伤寒杂病论》等都是我国乃至世界科技史上极其重要的典籍；张衡发明了利用水力转动的天文仪器——浑天仪和测量地震方位的仪器——地动仪；蔡伦造纸技术更是我国古代的伟大发明，也是对世界文明作出的重大贡献。

三、传统文化的融合期

汉末至隋朝400年间，是一个动乱频繁的年代。诸方割据，南北对峙，打破了一元化的帝国统治，暂时瓦解了以儒学独尊为特征的文化模式，但却带来了精神上的自由与解放，文化上的多元发展。学术思想上，老庄思想和佛家思想糅合而成的玄学清谈之风成为主体，经学教育沦为形式或遭非难。而经学的衰微，解除了汉代“师法”“家法”对人们的束缚，抛弃了烦琐僵化的考证注疏，哲学、文学和科学技术得以较自由的发展，取得了不少成就。玄学的崛起，道教的创制，佛教的传播以及儒、玄、佛、道三学二教的相互颉颃，相互融合，形成了多元叠现、多元激荡的局面；另一方面，北方少数民族如匈奴、鲜卑、氐、羌的纷纷南下造成了胡汉文化的冲突与融合，更使这一时期的文化呈现出丰富多彩的面貌。

学校教育方面有了新的建树，官学虽时兴时衰或名存实亡，私学和家庭教育却不曾停废，有时更加兴盛。官学也改变了单一的经学教育，儒学、玄学、史学、文学并列为“四学”。

文学在这一时期得到了长足发展。文学成就斐然，由“三曹（曹操、曹丕、曹植父子三人）”和“建安七子”组成的邺下文人集团，创作出了大批“骨气奇高，词采华茂”的五、七言诗歌。陶渊明的田园诗、谢灵运的山水诗、沈约的“永明体”，还有南北民歌作品等，更是争奇斗妍。曹丕的《典论》、刘勰的《文心雕龙》、钟嵘的《诗品》等，均为中国古代文学批评史上的光辉篇章。

艺术领域也取得了令人瞩目的成就：顾恺之、陆探微、张僧繇是名噪一时的著名画家；王羲之、王献之的书法“笼天地于形内，挫万物于笔端”，使人获得无穷的美感。雕塑杰作遍布各地，石窟艺术优美精致。

古代的科学、技术在这一时期出现了一个高峰。东晋虞喜最早发现了岁差现象，即春分点（或冬至点）在恒星间的位置逐年西移。北齐张子信发明了太阳、五星运动的不均匀性。祖冲之将圆周率精确到了 $3.1415926<\pi<3.1415927$。技术制作方面，诸葛亮发明“木牛”“流马”，马钧制作了指南车等。

总之，魏晋南北朝时期的文化在多元碰撞和大融合中得到了迅猛发展，为隋唐宋元文化的繁荣奠定了基础。

四、传统文化的繁荣期

公元581年，隋文帝结束了南北分裂、战乱割据的状态，重新建立起统一的封建帝国，推动了南北文化的合流。隋朝一方面尊奉儒家的礼教，另一方面又提倡外来的佛教，对道教也表示尊崇。所以尽管隋朝立国虽短，但已大体上确立了儒佛并立、兼尊道教的文化格局。

公元 618 年，唐朝建国。唐承隋制，统治集团采取了“重振儒术”“三教并尊”的文教政策。同时尊崇儒学、佛教与道教。儒学独尊的情况略有改变，而政治体制仍来自儒家。唐代僧人依据佛教的经典，加以独创性的解释，建立了自己的学说体系，形成中国化的佛学，其中禅宗的独创性最为显著，可称为中国化的佛学。

建立在国力强盛、经济繁荣、中外交通发达基础上的唐代文化，政策开明、气氛宽松，创造活跃，以一派恢宏气度走在世界的前列。表现在教育上，建立了完整的中央和地方分级管理的教育行政体制和完备的官学体制，形成了一系列教育、教学的管理制度，增添了教育内容，扩大了专业和知识范围，在推重经学的同时，也讲求诗赋歌辞，创建了医学、算学、书学、律学、崇玄学等多样化的学校类型，为唐代文化的发展提供了动力，注入了活力。

唐代文化的繁荣，在文学艺术方面成就十分突出。首先，诗歌创作在唐代达到了巅峰，迎来了中国诗歌波澜壮阔、气象万千的黄金时代。有唐一代，三百余年，诗体争奇斗艳，流派异彩纷呈，名家灿若星斗，出现了李白、杜甫这样后世难以企及的“诗仙”和“诗圣”。其次，书法艺术也在唐代达到了很高的水平。各体兼备，名家辈出：张旭、怀素的狂草，欧阳询、虞世南、颜真卿的楷书，李邕的行书，李阳冰的篆书，如百花齐放，香溢千年。此外，唐代的乐舞、绘画、雕塑等艺术门类也都蓬勃兴旺。

公元 960 年，宋太祖结束了唐末五代十国的分裂局面。宋朝因连年受到北方游牧民族的骚扰，国势衰微，然文化发展却能秉承唐代遗风，进入更加深邃精密的世界。

唐代韩愈排斥佛老，力图复兴儒学，但未能建立完整的理论体系。到北宋中期，周敦颐、张载、程颢、程颐，依据先秦儒家的经典，又兼容了佛、道思想，建立了以孔孟学说为主，兼并了释、道二家的思想资料的理论体系，建立了理学。理学成为南宋、元以至明清的占统治地位的思想体系。理学家们提出天地万物、君臣父子之间都有一个“天理”，与之对应的是饮食男女的各种“人欲”。他们主张人们应当以“天理”遏制“人欲”。而要达到这一点，就必须注意“修身”和“内省”，这对强化中华民族重义轻利、重社会责任与历史使命的文化性格起到了十分重要的作用。

理学的思想也渗透到了宋代文化的各个领域。宋代的理学家常常以一所或几所书院作为他们讲学的场所，理学促进了学校教育，尤其是书院的发展；而书院作为当时一种新的教育制度，则促进了理学的兴旺发达和文化艺术的繁荣。理学的“尚理”、内省、细腻的特色也影响到宋代的文学艺术，宋诗内含人生哲理，宋词则抒情委婉细密，宋代的雕塑刻画细腻，形象逼真。由于要探询万物之理，因而宋代又是古代中国科技发展的高峰期，指南针已运用于航海，毕昇发明了活字印刷术，火药被制成军事武器，中国人引以为豪的四大发明在宋代有了重大发展，而且天文学、数学、医学、农艺、建筑等领域也超越了唐代，在世界上处于领先的地位。

公元1279年，元世祖灭南宋，国家重新统一，社会相对安定。与同时期尚处于中世纪黑暗时代的欧洲相比，元代的文化发展尚处于世界领先水平。蒙古国子学与回回国子学的开设，诸路阴阳学与社学的创立，使得民族教育、社会教育空前发展。文学艺术方面，元杂剧与散曲兴起，出现了关汉卿、王实甫等元曲大家和赵孟等一代书画大师。在科技方面，杰出的天文学家郭守敬编制的恒星表，列出的恒星多达2500颗，并和王恂一起，创制完成了中国古代登峰造极的历法——授时历，发明了测定天体方位的简仪，在历法与天文观察方面取得了重大成就。

五、传统文化的转型期

1368年，崛起于元末群雄之间的朱元璋推翻了元朝的统治，建立了明朝。出于强化专制统治的目的，他对于当时许多文艺才俊之士怀有戒心，因而实行文化专制，大兴文字狱，以禁锢知识分子的思想。对国子学和地方学校的教官和学生实行严格的管理和控制，订有严厉苛酷的学规，对学生轻则杖罚，充军，重则杀头示众。为了强化封建专制，明朝曾四次禁毁天下书院，对中国教育事业的发展产生过极大的破坏作用。为了尊崇和推行程朱理学，明太祖朱元璋和大臣刘基还首创了“八股取士”制度，从“四书”“五经”中命题，以八股制义为定式，“代圣人立言”，并以朱熹的《四书集注》为标准答案，进一步钳制知识分子的思想，使原本繁荣活跃的文化活动渐渐沉寂下来。

时至清代，雍正、乾隆之世，步明代后尘，多次大兴文字狱，残酷屠杀知识分子，其惨烈程度不亚于明洪武年间的文字狱，体现了封建专制的极端残酷和野蛮。这时，中国的文化渐趋衰弱了。而此时的欧洲，则经历了震古烁今的文艺复兴运动，思想解放，科技昌盛，文化繁荣，直至出现了资本主义的生产方式和制度。可见，明清时代是中国文化发展盛极而衰，由原来的领先于世界转而落后于欧洲文化的时期。

不过，明清两代随着手工业的发展，商品经济的繁荣以及市民阶层的兴起，资本主义在江南一带开始萌芽，出现了一些略带市民反叛意识的早期启蒙思潮，如明代王阳明提出“致良知”之说，李贽批判程朱理学；明清之际黄宗羲、顾炎武、王夫之等杰出学者批判封建专制主义，宣扬经世务实思想；清代万斯同、全祖望、章学诚等，潜心研究历史，形成著名的浙东学派。这一时期，义理之学、考据之学、辞章之学盛行。从学术史的观点来看，这三种学问在某些方面取得了可观的成就，但其共同弱点是脱离现实问题，奉程朱理学为儒学正宗，而其他学问均被视为异端邪说。同时，丛书、类书的编撰，成绩显著，《永乐大典》《四库全书》是其典型代表。文学艺术方面，市民文学兴起，小说成为主流，创作了《三国演义》《水浒》《西游记》《红楼梦》等一批具有世界意义的文学名著。明清也是书画艺术的一个集大成和全面发展的重要时期，书画之多超过了任何一个时代。明代朱载首创十二平均律，后来被认定为世界通行的标准音调。此外，科学技术也有一定的进步与发展，取得了不少成就。

第二章 中国传统文化的基本精神

第一节 天人合一

一、天人合一是中国传统文化精神的核心内容

从哲学层面说，“精神”一词的含义，有广义和狭义两种解释。广义的精神指与物质相对的一切非物质现象，包括人的意识、情感、意志、思维及人们意识心理活动所创造的观念、理论、学说等；狭义的精神指文化意识现象中作为内核、灵魂、支柱的，处于深层而又相对稳定的东西。我们所说的文化精神，主要是指精神的狭义层面，但在探究文化精神的起因或者渊源的时候，往往要从精神的广义层面去观照。

（一）中国文化精神的概念

所谓文化精神，就是特定民族文化系统所反映出的基本精神特质，是该民族特定的价值取向、思维方式、社会心理、伦理观念、审美情趣等精神特质的基本风貌的反映。从这个意义上说，文化精神也可以称为民族精神。一个民族的文化精神的含义如何界定？有的学者认为应从进步的、积极的意义角度来界定民族精神，即真正的民族精神仅是指反映人民群众利益和社会发展方向的精粹思想、进步观念、优秀文化，而不包括民族文化中落后的消极的因素，只有从这一点上我们才能提“弘扬民族精神”。张岱年认为，构成民族精神应具备两个条件：一是有广泛的影响，即为民族的多数人所信奉；二是能激励人们前进，有促进社会发展的作用。但也有学者认为，民族精神是一个中性概念，既包括积极、优秀、进步、精粹的一面，又包括消极、劣根、落后、粗俗的一面，民族精神应该反映一个民族的整体面貌，是一个充满优劣长短的两面体。因此，有学者认为中国文化精神和中华民族精神不是同等内涵的概念，而是既相互联系、贯通，又相互区别、各有其旨趣的概念。

中国文化精神是个中性概念，中华民族精神是个褒义概念。中国文化精神的优秀成分，构成中华民族精神；中华民族精神是中国文化精神的核心价值，是中华民族智慧的结晶。我们认为，一个民族的文化精神的精华和糟粕是相对的，要放在特定的历史背景下去认识和评判。

（二）中国文化精神的内涵

关于中国文化精神的内涵，学术界有不同说法。张岱年在《中国文化的基本精神》中

提出：指导我们民族延续发展的中华精神集中表现于《周易》中的两个命题上，这就是“天行健，君子以自强不息”和“地势坤，君子以厚德载物”。张岂之《中国文化概论》将中国文化的基本精神概括为：人文精神、自然精神、奇偶精神和会通精神。方立天在《民族精神的界定与中华民族精神的内涵》一文中把中华民族精神的内容概括成五个方面：重德精神、务实精神、自强精神、宽容精神、爱国精神。刘纲纪在《略论中国民族精神》一文中则认为中国民族精神大致可以概括为四个相互联系的方面：理性精神、自由精神、求实精神、应变精神。

（三）天人合一的核心观念

所谓中国文化精神的核心是指我们的民族精神中最本质、最重要的思想，它是其他精神的基础、前提。如何把握中国文化精神的核心，也有不同的说法。方立天提出自强精神是中华民族精神的核心；刘纲纪认为中华精神最为重要的是理性精神；李宗桂《中国文化概论》认为中国文化的基本精神是以人文主义为内核的；还有人认为应该把张岱年所概括的“自强不息”和“厚德载物”作为中华民族精神的核心。

我们认为，作为中国文化精神的核心，必须具备两个条件：一、必须是在不同的社会形态都发生根本性影响的、民族的、本源性的文化特质，所以不能将中国文化发展过程中某一历史时期出现或者发生作用的观念作为中国文化精神的核心。二、必须是在中国文化不同领域都发生根本性影响的、各民族普遍适用的文化特质，所以不能将中国文化范畴中在某一特定领域发生作用的观念作为中国文化精神的核心。如果认同这两个前提，那么将“天人合一”观念作为中国文化精神的核心是合适的。

在“天人合一”的概念中，“天”有四层意思：一是与地相对之天，可以称为“天地之天”；二是与人相对之自然，可以称为“自然之天”；三是万物主宰之人格神，可以称为“意志之天”；四是人和自然共同遵循的原则、规律，可以称为“义理之天”。

从“自然之天”的含义来理解天人关系，是说天、人同属自然这一大系统之中，应当亲密交往、和谐共处。

从“意志之天”的含义来理解天人关系，是说天是有意志的主体。在迷信盛行的商代，主要是讲上天主宰人间的吉凶祸福。对此认识，周代有所拨正，认为人意固然要服从天意，但天意也须顺应人意，二者之间存在互通的关系；只要人能“以德配天”，就能得到天的认可。《尚书》所说的“天视自我民视，天听自我民听”就是这个意思。

从“义理之天”的含义来理解天人关系，是说天有天道，人有人道，天与人都要讲义理、规则、道德。《孟子・离娄上》提出：“诚者，天之道也；思诚者，人之道也。”“至大”“至刚”的“浩然正气”，既充塞于天地之间，也鼓荡于人心之中。人们从道德修养入手，便可以贯通天人，“尽其心者，知其性也；知其性，则知天矣”（《孟子・尽心上》）。宋明理学家如二程兄弟、朱熹、陆九渊、王阳明等人，更是将此一派的学说推至极致。细绎之，“天人合一”有三层含义：

1. 天人同源

在文明之初，人们总会发出这样的疑问：我们生存的这个世界，或者说这个宇宙，是从哪里来的？

古人对此类问题的回答，最初是以神话形式表现出来的。传统神话“盘古开天辟地”，就是古人为解答此类问题所做的尝试。由于文献反映出的神话产生的时间，总是晚于神话产生的真实时间，所以我们不能由之断定古人究竟何时开始探讨此类问题。但从现存的古籍来看，我们可以肯定地说，在先秦，中国人已经开始思考此类问题了，其中老子最早从理性角度对之作出了解答。

老子对宇宙起源问题的解答，可以归结为一句话：“天下万物生于有，有生于无。”（《老子》第四十章）这句话是老子宇宙观的核心，它“可以把《老子》有关于宇宙观的各章都贯穿起来”。它的中心思想，是说宇宙是从“无”中产生的。老子的这种解答，符合逻辑推理的要求。因为，从常理来看，世界上任何一个物体，它之所以能存在，一定有产生它的母体，这是“天下万物生于有”的含义。循此逻辑推演，万物将生生不息，无始无终。但这样的逻辑用来解说宇宙起源是不成立的，因为宇宙无所不包，如果宇宙也有产生它的母体，那么该母体必然也应属于宇宙的一部分，这样，“宇宙源自何处”的问题就没有得到解答。所以，如果要回答“宇宙是从哪里来的”，那就只能有一个答案：宇宙生于无。此即老子所言之“有生于无”。但是，宇宙是如何从“无”中产生出来的？这是老子必须面对的问题。为此，老子引入了“道”的概念，他说：“有物混成，先天地生，寂兮寥兮，独立而不改，周行而不殆，可以为天下母。吾不知其名，字之曰道。”（《老子》第二十五章）老子认为“道”是“先天地生”的，“可以为天下母”，即是说，天地万物是在“道”的作用下产生出来的。

那么，“道”是如何化生万物的呢？老子提出了一个模式：“道生一，一生二，二生三，三生万物。”（《老子》第四十二章）对这一模式，冯友兰认为，它“是一种宇宙形成论的说法，因为它在下文说：‘万物负阴而抱阳，冲气以为和。’照下文所说的，一就是气，二就是阴阳二气，三就是阴阳二气之和气。这都是确有所指的，具体的东西”。即是说，由“道”产生了气，气又分化为阴阳二气，阴阳二气的融合化生出万物。

与老子此论相比，《周易·泰卦·彖辞》给出的说法更进了一步：“泰，小往大来，吉亨。则是天地交而万物通也。”“小往”指的是阴气的离去，“大来”指的是阳气的归来。这是说，泰卦象征着在阴阳二气推移过程中阴气的离去、阳气的归来，是吉利之象。之所以将其命名为“泰”，是因为它象征着万物的生养，是万物大通的标志。而万物的生养发育，是天地之气交融的结果。也就是说，“通”是“交”的结果，而“交”是天地相交。显然，这里的“交”“通”二字，意味着天地融会万物通达，这是古人心目中的理想境界，所以他们要用“泰”作为该卦卦名。

可见，《老子》与《易传》两种说法形式上似乎有异，本质上是一致的，都把阴阳交融作为化生万物的根本。庄子借老子之口说道：“至阴肃肃，至阳赫赫；肃肃出乎天，赫赫发乎地；两者交通成和，而物生焉。”（《庄子·田子方》）显然，在宇宙生成论领域，老庄学派与儒家学派在对“天地交而万物通”的理解上，是一致的。

天人同源，使阴阳二气交融化生万物的思想，是中国传统文化的共识。

2. 天人同构

天人同构是指天人在结构上的同一性。古人将宇宙天体所具有的构造与人之肌体所具有的结构一一进行对比分析，使天体具有人体一样的构造、属性和功能。“在中国古代对于天人之际的探讨中，哲人们对于天为何物的理解，有着自然之天、命运之天、义理之天和主宰之天的不同。当他们探讨人与自然之天的关系时，五行和阴阳的范畴使得他们树立起了天与人同质、同体、同道的信念。”通过天体与人体之间某些相似的外部结构，探讨天人在构造、功能以及内在属性方面的同构同位，以及二者之间的互补与和谐，是天人同构思想的重要内容。

(1)“头圆象天，足方法地”。这种对应是古人将人拟“天”化的一个过程。其本质是以人观天、以人待天、以人化天、以人尊天，体现了古人对人的尊重和对天的崇拜。“人类有一种普遍的倾向，即像设想他们自己一样设想一切存在物，并把他们熟知和真切意识到的那些品质移植到每一个对象上。”通过天人同构，表达了天人之间“肢体器官”及“功能属性”的一一对应关系。

(2)“天有日月，人有两目”。天人同构的“肌体”基础是天体与人体共有的构造及功能，即“日月”与“两目”，“九州”与“九穴”，“风雨”与“喜怒”，“雷电”与“音声”，“四时”与“四肢”，“五音”与“五脏”，“六律”与“六腑”，“十日”与“十指”等。天人同构“同体”“同位”之相应具有客观基础。如《黄帝内经》当中提到的“天有六律，人有六府。天有冬夏，人有寒热”等，都是这种天人同构所要表达的天人之间的对应关系。其实我们早在神话中便已看到这一思想的雏形，盘古开天辟地之后“垂死化身。气成风云，声为雷霆，左眼为日，右眼为月，四肢五体为四极五岳，血液为江河，筋脉为地里，肌肉为田土，发为星辰，皮肤为草木，齿骨为金石”，天人同构已昭然若揭。

(3)“天有阴阳，人有夫妻”。天人同构还体现在天人之间的各个方面，如“天有阴阳”与“人有夫妻”，“岁有三百六十五日”与“人有三百六十节”，“地有高山”与“人有肩膝”，“地有十二经水”与“人有十二经脉”，即天人同构涉及天地如高山、深谷、经水与社会如阴阳、夫妻、子女等方面的同构，以及天人同构的外在形体与内在属性的同体同位。其外形方面如“地有草蓂”与“人有毫毛”，“天有列星”与“人有牙齿”，“地有小山”与“人有小节”，“地有山石”与“人有高骨”，“地有林木”与“人有募筋”，其内在属性方面如“天有昼夜”与“人有卧起”，“岁有十二月”与“人有十二节”，“地有四时不生草”与“人有无子”等，就是天人同构的重要表现。

3. 天人同性

天地之性亦人之性，尽性则可以知天。这一观点由儒家思孟学派提出，被理学家张载发扬光大，是儒家人道主义的理论基础。孟子曰：“尽其心者，知其性也；知其性，则知天矣。存其心，养其性，所以事天也。夭寿不二，修身以俟之，所以立命也。”(《孟子·尽心上》)《中庸》曰：“唯天下至诚，为能尽其性；能尽其性，则能尽人之性；能尽人之性，则能尽物之性；能尽物之性，则可以赞天地之化育；可以赞天地之化育，则可以与天地参矣。”《中庸》的“至诚”和《孟子》的“尽心”是同一个意思，都是指“修性”，修性的目的是知性，知性便可知天。张载明确地指出："性与天道合一存乎诚"（《正蒙·诚明》），"因明致诚，因诚致明，故天人合一。致学而可以成圣，得天而未始遗人"（《横渠易说·系辞上》）。而圣人可以凭一己之善性体万物之共性，"为天地立心，为生民立命"（《西铭》），将仁爱理想推及宇宙万物。

二、天人合一的政治观

（一）中国历代王朝都以天人合一作为自己统治权力的来源

商王统治天下的依据便是宣称本人与天有血缘关系，他是天之子，是上天派来统治天下的唯一人选。《尚书·汤誓》中记载，当年商汤发动讨伐夏桀的战争时，在兴兵伐桀的誓师大会上，历数夏桀的罪恶及人民对桀的痛恨，假借上天的旨意指出灭夏战争的正义性和必要性，指出灭夏是上天的命令而不可违背，有功者将受到奖赏，不从者要受到严厉惩罚。在那个以神为本的时代里，商汤的这种做法无疑迎合了普通老百姓对于帝王的期待。

西周周公的文化维新力图用"以人为本"来代替商朝的"以神为本"，民本思想在这个时期萌生，至后代更成为中国文化中非常重要的精神财富。但是，周公在寻求统治合理性的时候，却依然还是在天人合一的范围内进行。虽然他着意淡化天与人的血缘关系，但是，他强调周朝之所以能够取代商朝统治天下，就在于能够"以德配天"。芸芸众生，周天子被挑选出来的原因，是他的德行已经得到天的认可。他们认为"天"或"上帝"不是哪一族独有的神，而是天下各族共有的神；"天命"属于谁，就看谁有能使人民归顺的"德"。"上天"只会把统治人间的"天命"交给那些有"德"者，一旦统治者失"德"，也就会失去上天的庇佑，新的有德者即可以应运而生，取而代之。

汉代董仲舒的天人理论比这走得更远。他的天人理论一经提出便立即受到汉武帝的重视，这一学说不仅有着丰富的理论的形态，更重要的还在于，其理论暗合汉武帝大一统的心意，通过为新王立法、神化君主从而提升君权至上的权威性。高祖刘邦建汉实行郡国并行制，经历惠、文、景数朝后，地方割据与中央集权的矛盾日趋尖锐。"七国之乱"平定后，虽然矛盾得到暂时的缓和，但潜在的危机并没有从根本上得到解决。地方割据与中央集权的矛盾说到底是君主所尊与皇权所贵的问题，要在各个领域贯彻大一统的意志，实施有效的统治，就必须把确认君权至上的内容提上议事日程。

汉武帝即位以后，首先面临的，同时又是最为棘手的就是这一问题。对此，董仲舒心领神会，提出以《春秋》为衡量天下的标尺，明确天人定位。"陛下发德音，下明诏，求天命与情性，皆非愚臣之所能及也。臣谨案《春秋》之中，视前世已行之事，以观天人相与之际，甚可畏也。国家将有失道之败，而天乃先出灾害以谴告之，不知自省，又出怪异以警惧之，尚不知变，而伤败乃至。以此见天心之仁爱人君而欲止其乱也。自非大亡道之世者，天尽欲扶持而全安之，事在强勉而已矣。强勉学问，则闻见博而知益明；强勉行道，则德日起而大有功：此皆可使还至而立有效者也。"（《汉书·董仲舒传》）这一段话的中心意思是，《春秋》是衡量天下的标尺，要在各个领域完成大一统的事业，就必须关注天与人的定位。"道之大原出于天，天不变，道亦不变……《春秋》大一统者，天地之常经，古今之通谊也。”（《汉书·董仲舒传》）董仲舒崇道的目的是为君权神授寻找理论的支撑点，所以，当董仲舒的天人学说从理论上解决了汉武帝难以解决的问题时，其学说受到汉武帝的重视则是必然的。进而言之，以董仲舒为代表的新儒学之所以战胜黄老学说成为汉代的官方学术，主要是因为董仲舒通过重新厘定天人之间的关系，解决了汉武帝所面临的尴尬或理论上的困境，以君权神授的形式肯定了皇权至上。

董仲舒通过“法天”来神秘化皇权，一方面他把君主视为天命的执行者，另一方面又强调君主对人拥有至高无上的权力，这两者的有机结合便构成了其天人理论申明君权的思想基础。

（二）中国历代王朝都以天人合一作为最高的统治原则

1. 自然无为

神灵、人格、意志之天以及神人思想是中国古代实施政治管理的理论基础。老子认为，天下万物是一体的，“人法地，地法天，天法道，道法自然”（《老子》第二十五章）。道是什么？道是自然无为。所以，治理天下也应该遵循“自然无为”之道，“无为而无不为”，即循宇宙之性、宇宙之规律，而不逆性妄为。孔子也崇尚“无为而治”，他曾感叹：“无为而治者，其舜也与！夫何为哉？恭己正南面而已矣。”（《论语·卫灵公》）儒家认为天子君临天下，是“奉天承运”。在这一前提下，儒家认为人可以有所作为，不能消极等待天的安排，要尽力与天配合，即以德配天，要“知天命，尽人事”；并且，“儒者则因明致诚，因诚致明，故天人合一。致学而可以成圣，得天下而未始遗人”（张载《易说·系辞上》）。所以，儒家讲究修齐治平、内圣外王。治国平天下，以个人修身为根本。而修身的核心，则是尽心、知性、知天，与天地合德。这样，修齐治平合一，内圣外王合一，从而实现天人合一的大治之世。

2. 依阴阳五行相生相克

战国时期齐国人邹衍的阴阳五行学说对宇宙间的事物用演绎法进行分类，用阴阳来解释天地、昼夜、男女等自然现象和尊卑、动静、刚柔等抽象观念；用五行统辖时令、方向、神灵、音律、服色、食物、道德等。

邹衍认为，五行相生，而有春、夏、季夏、秋、冬五季（为合五行之数在夏秋之间加入季夏），天子应在相应的方位（即东、南、中、西、北），穿相应颜色（即青、赤、黄、白、黑）的衣服。天子应当住在一所特别的屋子里，东南西北各有一个正厅和两个厢房，这些屋子总称为“明堂”。天子每个月应换一个地方住，所穿的衣服、所吃的饭、所听的音乐、所祭的神、所办的事等等都按这个月特有的规定去做，12 个月轮完一圈。大院子中间又有一厅，是天子在季夏之月住的，也可以是每一季里抽出 18 天住在这里。《吕氏春秋·有始览·应同》篇保存了邹衍关于黄帝时“其色尚黄，其事则土”的论述，说明黄帝应居中央为天子的奥妙。

邹衍根据“五行相胜说”创立了“五德终始说”来解释历史发展的规律，将五行相胜与朝代的盛衰更替相附会，每一朝代都有五德中的一种与之相配合，由这种德支配着这个朝代的命运，历史的发展就是按五行相胜的顺序循环往复的。邹衍依据木胜土、金胜木、火胜金、水胜火、土胜水的自然规律，比附禹代黄帝、汤代禹、周代商的历史必然性。所以五德终始说是关于“五行的性质及其相互关系的学说”，五行由于各自不同的德性，彼此之间存在相胜的关系，从而形成了封闭的循环过程，由此造成了王朝的更替和历史的周期性变化。

吕不韦主持编撰的《吕氏春秋》收入了阴阳五行学说的内容，《应同》《荡兵》、“十二纪”都体现了邹衍的阴阳五行思想，特别是“十二纪”，以四季配五行、五方、五色、五声、五味、五虫、五祀、五谷、五畜、五脏、五帝、五神等，把阴阳五行与天象、祭祀、节令、农事等相结合，内容无所不包，影响人们生活的各个方面，从而也对以后的秦始皇产生了重要影响。秦朝建立后，秦始皇以秦为水德，以论证其代周的合理性。

三、天人合一的自然观

中国文化推崇的自然观是天人合一的自然观，也就是天人协调的自然观。它强调的是人与自然界的统一，即人不能违背自然规律去过度改造自然，同时人又具有主观能动性，能够认识自然、改造自然，使自然为我所用。

（一）自然界生命意义的内在价值

天人合一的本质是人与自然的和谐。天人合一最深刻的含义之一，就是承认自然界“生命意义”的内在价值。换句话说，自然界本身就是一种内在的“善”，这种“内在的善”所具有的非人工所能代替和改变的“神性”，构成了与人类共同生存的基础。

1. 儒家的天人合一自然观

中国古代各思想流派都对“天”怀有深深的敬意。在他们的视域中，天已经从宗教神学的“上帝”转变成具有生命意义和伦理价值的世界。孔子说：“天何言哉，四时行焉，万物生焉。天何言哉！”（《论语·阳货》）四时运行，万物生长，这是自然的基本功能，其中一个“生”字，明确肯定了自然界的生命意义。在孔子看来，天与人的生命及其意义是密切相关的，人应当像天那样对待生命，对待一切事物。这样，“天”就不仅具有自然意义，而且具有生命和伦理意义。天不仅是宇宙万物的生命本体，而且是人伦道德性命的价值真源。孔子心目中的圣人，都是懂得敬天、法天的智者，故其言“唯天为大，唯尧则之”（《论语·泰伯》）。他所说的“智者乐水，仁者乐山”，既有美学上的情感体验，又有伦理学上的价值诉求。儒家把自然界的山水看作有生命、有灵性的存在，并与人的仁智德性联系起来，绝不可看作是一种简单的比附，而是人类获得生命存在终极关怀的需要。所以，人对天即自然界应有发自内心的尊敬与热爱。

“比德”说。古人认为自然物象之所以美，在于它作为审美客体可以与审美主体“比德”，亦即从中可以感受或体味到某种人格美。在这里，“比德”之“德”指伦理道德或精神品德；“比”意指象征或比拟。比德说的基本特点是将自然物的某些特征比附于人们的某种道德情操，使自然物的自然属性人格化，人的道德品性客观化，其实质是认为自然美是美所比附的道德伦理品格，自然物的美丑及其程度，不是决定于它自身的价值，而是决定于其所比附的道德情操的价值。所以梅花、兰花、荷花、白杨、石榴、紫藤萝、常春藤等普普通通的自然物，成为中国古代文人墨客千年吟咏不绝的主题，生发出或自由或上进或坚贞或刚强或宁静的精神意蕴。

“天人合德”说。继孔子之后，孟子提出尽心、知性、知天说，《中庸》讲“天命之谓性，率性之谓道”，《周易》讲“天地之大德曰生”“继善成性”，都是把“天”看作永不停息的生命本原、绝对至善的价值本体。

把宗法人伦道德看成是“天”所赋予人的最自然、最真实的天性，这就进一步将自然之天生命化、义理化、价值化。按照儒家的理解，立天之道，曰阴与阳；立地之道，曰柔与刚；立人之道，曰仁与义。天、地、人三才之道在本质上是上下贯通的。“夫大人者，与天地合其德，与日月合其明，与四时合其序，与鬼神合其吉凶。先天而天弗违，后天而奉天时。”（《周易·乾·文言》）依儒家之言，天道必然之理（自然法则）与人道当然之则（社会伦理）在逻辑上是一理相通的。天道是人道的价值真源，人道是天道的发用流行，体用一源，显微无间。在这种意义上讲“天人合一”，实质上是讲“天人合德”。把人的伦理道德法则看作是天的本性，强调了道德伦理的普遍必然性和天然合理性。人们躬行实践自己的道德理性，也就是在完成天的使命。人能充分实践自己的道德理性，将天赋的德性变为后天的德行，便达到了天人合德的圣人境界。值得注意的是，儒家把自然之天义理化，强调与天地合其德，无意中灌输给人类一种尊天、敬天、悲天悯人的准宗教意识和天地一体、博爱万物的大情感，使人类带着真切美善的审美意识和道德情感去关爱天地万物，这对于增强人的环境意识、关怀可持续生存世界是十分重要的。

张载有段著名的话：“乾称父，坤称母，予兹藐焉，乃混然中处。故天地之塞吾其体，天地之帅吾其性。民吾同胞，物吾与也。”（《正蒙·乾称》）这种以天地为父母、以民物为同胞朋友的大情感，表达的正是儒家“天人合一”的生存世界观和关爱自然、利用厚生、珍惜生命、追求和谐的生存智慧。

2. 道家的自然主义哲学

人之所以为人，在于其社会性。但是，如果把社会凌驾于自然之上，把社会性与自然性完全对立起来，这是道家哲学绝对不能容忍的。道家站在天人和谐的立场，审视人类以自我为中心的理智主义的矛盾，一再呼吁人要懂得超越自身的有限性，用无限的观点去理解万物存在的必然性。用无限的观点看问题，就是站在“道”的立场上理解宇宙，洞察人生，化解冲突，在宥天下。用“道”的观点看世界，就是立足于自然主义原则，承认万物存在的合理性，防止人类理智的狂妄与僭越。人类理智本质上是偏狭的、功利的。它往往习惯于用一个标准否定另一个标准，用一种逻辑吃掉另一种逻辑，用自己的思维方式代替其他思维方式。结果导致理智的独断与专横，使世界丧失存在的多样性，使万物失去天真活泼的个性。“道大，天大，地大，王亦大。域中有四大，王居其一也。”（《老子》第二十五章）在道家哲学看来，把人的利益和需要看作生存世界的最高价值或唯一价值，无视大自然生命价值的内在性和整体性，这是人道对天道的冒犯，局部对整体的宰制，文化对自然的虐杀。

道家“天人合一”的自然主义哲学有三大要义：第一是对大自然的热爱。道家始终认为，天道高于人道，自然的世界比为我的世界更真实、更公正、更永恒。“天之道损有余而补不足，人之道则不然，损不足以奉有余。”（《老子》第七十七章）天道比人道更合理，这是道家告诉世人的道理。庄子说“不以人灭天”，人即人为，天乃自然真性，告诫世人不要以自己的偏见、爱好去破坏自然的和谐。大自然的“天籁”之音，是天地万物顺其性情由衷而发的和声，它比任何有为而发、为我而吟的音乐都更加真实地表现了宇宙生命的律动。人只有和光同尘，乘乎天钧，托命大道，把自己融化在自然的怀抱中，独与天地精神往来，才能找到生命的本源。

第二是对事物存在多样性的尊重。道家认为，万物都是它所当是、所必是的那个样子，都不是它所不当是、所不必是的那个样子。所以，一切既成的存在都是真实的存在，都具有存在的合理性。让万物按其天性存在和发展就是幸福，万物以本体（道）而显起，各得其所，用不着人为地去安排造作，否则，对任何事物来说都是不幸。

第三是对个体感性生命的珍重。老子讲致虚、守静、去奢、去泰，德比赤子；庄子讲心斋、坐忘，委运任化，全性葆真，养生尽年：都是教人懂得珍惜个体当下自然生命的真实性，不要为了某种意义、某种外在的功利性目的，“与接为构，目以心斗”（《庄子·齐物论》），丧失了本真的生命体验，成为终身役役而不知所归的物化人。人的生存离不开自然界，人与自然应该和谐相处，这是中国儒家、道家天人协调自然观的一个方面。

（二）人是自然界生命价值的主体

天人协调的自然观的另一层含义是：人是自然界生命价值的主体，是大自然生命的承担者、呵护者、实现者。《易·系辞传上》说：“易与天地准，故能弥纶天地之道……一阴一阳之谓道，继之者善也，成之者性也。”中国的不少哲学家都认为，人是天地的产物，天地之间只有人有精神（心），所以人的精神就是宇宙的精神（天心），或者说人之心即天地之心。天地虽无心，但人心即天心，在天人之间本来就没有一条鸿沟或界限。程颢《答横渠张子厚先生书》云：“天地之常，以其心普万事而无心；圣人之常，以其情顺万事而无情。”这种无心而又有心、无情而又有情的说法，实际上是说，天地以生物为“心”而无私心，人的性情与自然界“生生之德”是相通的，所以圣人情系万物而无私情。古人讲天地无私心、圣人无私情，立意并没有否定人的主体性，相反，它恰恰是在强调和突显人对天地万物的道德责任，这就是儒家所说的“人能弘道”“万物皆备于我”“为天地立心”及《中庸》所讲的“参赞化育”。这也是一种主体性。此种主体性不是对生态世界的宰制掠夺，而是主动实现自然界的“生生之德”，履行人类对天地自然的根本义务。

儒家认为人与自然界一体相通，不可分割，如果将人与自然对立起来，以“立法者”和主宰者自居，那就不可避免会出现人的生存意义的丧失、精神家园的颠覆。从这个意义上说，对待自然界的态度，不是在“主客二分”的逻辑上产生的一种外在性关系，而是建立在“生命整体性”世界观之上的内在性责任：人类损害自然，就是伤害自己。儒家认为，人与天地万物是相互依存的，是同属于宇宙生命的整体，本无所谓内外、人我之别。人与万物是一个生命整体，万物就如同自己身体的一部分，不可缺少，更不可伤害。人与万物的区别，在于人能“思”而动物不能“思”。“思”的作用在于“求通”，即思维超越感性经验的有限性而把握世界的生命整体性，体悟万物一体之仁。儒家特别是宋明时期的儒家都有这种普遍的生命关怀、宇宙关怀。周敦颐不除窗前草，因为窗前草同样体现了自然界的“生意”。程颢说，万物生意最可观，如鱼跃鸢飞，活泼地表现着宇宙生命的和谐。儒家提倡“成己成物”。“成己”就是修己，一个人有“仁”的精神修养，对自然万物就能自觉地爱护，而不会任意破坏。“成物”不仅是指生命之物，而且包括无生命之物。因为所有的物，都是宇宙大生命的组成部分。不是要人被动地回归自然状态，而是主动地去完成天地所赋予的使命。总之，建立和谐生存世界归根到底是人的问题，人是自然界生命价值的承担者与呵护者，是实现可持续发展的历史主体。天人协调的自然观是中国文化中非常鲜明的一个特色，这也能说明为什么面对大自然，中国人总能感到一种由衷的亲近感。在自然山水中我们可以放松自己，可以抒发情感，可以寄托理想。南朝文学家陶弘景写给朋友谢中书的书信《答谢中书书》很能体现天人协调的自然观。作者沉醉山水的愉悦之情、能和古今知音共赏美景的自豪之感以及在山水之中飘飘欲仙的自得之态，在信中表露无遗。

自然山水被赋予如此深厚而多样的文化意蕴，如同一个洞庭湖，范仲淹的《岳阳楼记》写出先天下之忧而忧，杜甫的《登岳阳楼》写出戎马关山北，而孟浩然的《望洞庭湖赠张丞相》则写出他希望得到高官的扶持以建功立业。围绕自然山水产生这么多脍炙人口的传世名篇，这在世界文化中不说独一无二，至少也是罕见的。

四、天人合一的处世观

（一）中华民族的生存智慧

1. 刚健有为、自强不息

刚健有为、自强不息是指一个民族所具有的独立自主、奋发向上、不断进取的精神。它既是个人应有的文化素质，也体现着国家和民族独特的精神品格。张岱年《中国文化的基本精神》认为，作为中华民族精神，自强不息具有独特的历史内涵，主要表现在政治生活、个人生活及生活态度上。在政治生活上，自强不息表现为对外反抗侵略、对内反抗暴政。张岱年指出，仅从中国人民传统的共同心理结构来看：“一、中国人民有反抗外来侵略的传统，对外来侵略不能容忍。”“二、中国人民对内有反抗暴政、反抗压迫的传统。”“这个优良文化传统，可以用《易传》中的四个字‘自强不息’来概括。”自强不息、奋发图强的精神，为历代文化所承传，绵延至今，为中华民族优秀儿女所认同，发扬光大。可以说，哪里有中华民族文化，哪里就有中华民族自强不息的精神。

刚健有为、自强不息是人们处理各种关系的原则，是中国人积极人生态度最集中的理论概括和价值提炼。《周易·乾》说：“天行健，君子以自强不息。”《系辞下》说：“天地之大德曰生。”天体运行，健动不止，生生不已，人的活动乃是效法天，故应刚健有为、自强不息。这里阐明了效法天行之健，充分发挥人的主观能动性的思想。《易传》还说：“刚健而文明，应乎天而顺乎人。”“刚健中正，纯粹精也。”它把刚健当作一种最重要的品质，同时又要求刚健而中正，即不妄行，不走极端，能够坚持原则，以“中正”的态度来立身行事。这就防止了主观盲动等片面性的弊病。

从战国到清代，历时两千年，《易传》关于刚健有为、自强不息的思想深入人心，不仅对知识分子，对一般民众也产生了强烈的激励作用。“文王拘而演《周易》；仲尼厄而作《春秋》；屈原放逐，乃赋《离骚》；左丘失明，厥有《国语》；孙子膑脚，《兵法》修列；不韦迁蜀，世传《吕览》；韩非囚秦，《说难》《孤愤》；《诗》三百篇，大抵贤圣发愤之所为作也。”（司马迁《报任少卿书》）这段有名的话，反映了中华民族愈是遭受挫折愈是奋起抗争的精神状态和坚忍不拔的意志。如果说，这只是知识分子和上层人士自强不息、积极有为思想的表现，那么，“人穷志不短”等民间俗谚以及中国古代针对儿童与青少年教育的“蒙学”类著作，都有大量激励人奋发向上的内容，这些都反映出自强不息精神广泛的社会影响和普遍意义。

与自强不息联系在一起的，便是中华文化讲正气、气节，讲爱国的精神。行健、刚毅、正气、气节、爱国，在中华文化思想中，这些概念都是相互联系、密不可分的。做人不可不讲正气、气节，孔子把为真理、为国家、为民族牺牲视为最大的“仁”，即所谓“志士仁人，无求生以害仁，有杀身以成仁”（《论语·卫灵公》），认为“三军可夺帅也，匹夫不可夺志也”（《论语·子罕》）。中国人自从进入“自为”阶段，便极为重视民族气节，凡为民族捐躯者则流芳百世。

2. 自然无为

老子强调人的自身本然属性，即自然之道——“常”道。“常”道即人的生命永恒不变的道理。这种生命的“永恒”不同于“固定”，固定不变是呆滞的、死寂的，而永恒不变则是活泼的、创生的。因此，“常”有生生不灭、周流不息的意思，它指的是人的生命自身本然的规定，唯有它与自然最接近，但它并不是自然的现象，而是使之自然而然的法则。老子曰：“反者，道之动。”道之为道，其之所以具有真实性，而不流于死寂；常之为常，其之所以具有永恒性，而不至于板滞：乃是由于它们循环往复于变与不变之间。“大曰逝，逝曰远，远曰反。”

在老子看来，大道是处于永恒的发展中的，发展到最后又回到原来的地方。所以，这里的“反”是“复返”的意思。在当时的社会背景下，老子认为，人的德性偏离了自然本性，导致了社会的不稳定。所以人应当通过道德的修为返璞归真，返回生命的本然状态中。“知其雄，守其雌，为天下豁。为天下豁，常德不离，复归于婴儿。”这里的“婴儿”状态，指的是无知无欲的纯朴境界，但这种境界不是那种浑浑噩噩的无知无欲，而是具有了深厚道德品性的至真境界。也只有在这种自然的状态下，人才能获得心灵的宁静与精神的自由，社会因此才能安定有序。“弱者，道之用。”老子认为，“弱”是道的自然状态。“弱”在这里并非“求弱”“虚弱”“不堪一击”，而是骨子里的“强”，所谓“坚则毁矣，锐则挫矣”（《庄子·天下》）。愈坚硬的东西，愈容易折断；看似柔弱的东西，却充满了韧性。坚木易折，柔条难断。因此，“弱”是为了“强”，暂时的“强”不是“强”，只有永恒的强才是真强。水是“柔弱”的，却是最坚强的，它屈顺于万物，但它的穿透力却能最终销蚀所有坚强之物，“滴水穿石”就是这个道理。“天下莫柔弱于水，而攻坚强者莫之能胜。以其无以易之。弱之胜强，柔之胜刚。天下莫不知，莫能行。”“柔弱胜刚强”或许就是对“柔弱”最好的定位。在老子眼里，道的本性与水相似：“上善若水，水善利万物而不争。处众人之所恶，故几于道。”人应当拥有水一样的品性，造福万物却不与人相争。

“自然无为”是老子思想的核心精神。“无为”并非让人无所事事、毫无作为，相反，“无为”的结果是要“无不为”。在老子看来，“无为”本身就是一种“有为”，所作之“为”乃顺万物自然之为，最后所达到的是万物能自由生长、和而不同的“无不为”境界。自然这种“无为”的本性贯注于人，就要求人在做事情的时候不能因自己的私欲强加妄为，破坏事情本身的秩序，而应当顺应事情发展的规律，最终达到成功的目的。在老子看来，国家的治理也应当是无为的：“我无为，而民自化；我好静，而民自正；我无事，而民自富；我无欲，而民自朴。”

在老子看来，执政者若能不妄为、不妄动、不生事、无贪欲，社会就安定了。在老子的思想中，“无为”“不争”“柔弱”等并非消极怠慢、毫无斗志的生命态度，相反，是难能可贵的积极有为。对于“道”的追求，孔子与老子有着不同的路径；对于“德性”的修为，孔子与老子也有着不同的思路。孔子之道追求作为人的真性情的“仁”，这是人的生命最真实的境界；老子之道通过对人的自身本然、自然而然状态的觉悟，追寻人的生命最真实的本性。孔子与老子对于生命的追求所开辟的道路不同，但他们的“道”却是殊途同归的，因为他们都在“真”当中寻得了生命之真理。

3．执中致和

“中和”，即中正和谐，是中国传统文化的核心观念之一。这种观念的要旨是通过恰到好处的、合理的中道原则，化解人与人、人与社会、人与自然之间的矛盾冲突，以达到一种和谐安定的局面。由“中和”思想所揭示的人性道德品格，成为中华文化传统和谐精神的内核。随着时间的流逝，这种“中和”的思想观念积淀到中华民族的道德血液与行为准则中，内化为一种集体无意识，几乎渗透到古代各家学派所阐发的思想领域，如阴阳相和、礼乐之和、伦理道德之中庸等，覆盖了中华民族传统文化的大部分视野。

“中和”思想在我国源远流长。《尚书·大禹谟》就提出了著名的“十六字心传”：“人心惟危，道心惟微，惟精惟一，允执厥中。”“尚中”与“尚和”是联系在一起的。“中”的本义是不偏不倚，“和”的本义是和谐的状态。《中庸》对“中和”的观念进行了阐发：“喜怒哀乐之未发谓之中，发而皆中节谓之和；中也者，天下之大本也，和也者，天下之达道也。致中和，天地位焉，万物育焉。”

“中”是人的性情尚未发生时的自然本有状态，“和”是人的性情合时宜地发生并能够做到的有条不紊、稳中有序的和谐状态。内在不偏不倚的“中”与外在状态之“和”的统一，即是“中和”的境界了。当人的情绪发生时，便会打破心境原本和谐的自然状态，就会产生“不和”，因此需要“发而皆中节”。“发而皆中节”，才能保证内心的平静，才能“守中”；有意识地保持内心的平静（即“守中”），才能调控自己的情绪，使之“趋和”。

西汉思想家董仲舒在《春秋繁露·循天之道》中这样解释“中和”：“中者，天地之所终始也，而和者，天地之所生成也。夫德莫大于和，而道莫正于中。”“守中”与“趋和”

是相辅相成的。“和”是价值观，表征的是事物存在的最佳状态，它所具有的和谐、协调、平衡、秩序、协同、和合的性质体现了中华民族根本的价值取向和追求。“中”是方法论，表征的是事物存在和发展的最佳结构、最佳关系和人的行为的最佳方式，进而成为中华民族构建和调节主客体关系的最一般方法论原则。

“中”“和”相依，构成了生命存在最理想的状态，孔子为此感叹：“中庸之为德也，其至矣乎！民鲜久矣。”（《论语·雍也》）中庸是最高的道德状态，因此可以成为“至德”。

孟子也注意到了“中和”的作用：“天时不如地利，地利不如人和。”（《孟子·公孙丑下》）社会的稳定需要天时、地利与人和相协调，但是，“人和”比“天时”“地利”对社会的稳定更具有决定性的作用。常言道“家和万事兴”，就是这个道理。

“中和”是儒家重要的思想观念，也在道家思想中占据重要地位。冯友兰曾指出：“中庸之道儒家的人赞成，道家的人也一样赞成。‘毋太过’历来是两家的格言。”《老子》说：“多言数穷，不如守中。”（第五章）“含德之厚……和之至也。知和曰常，知常曰明，益生曰祥，心使气曰强。”（第五十五章）在老子看来，道德涵养浑厚，即是心灵宁静、和谐的状态，这也是事物自身本然的状态。“中和”的思想落实到现实层面，老子认为，统治者应当“清静为天下正”，人民的生活才能达到“甘其食，美其服，安其居，乐其俗”的状态。

在古人的文化视野中，“中和”是个人应当葆有的道德品性与处事原则，也是社会秩序应当拥有的安定有序状态。“中和”的思想方法强调处事恰到好处、适中合理，最终达到和谐的状态。孔子要求君子做到“惠而不费，劳而不怨，欲而不贪，泰而不骄，威而不猛”（《论语·尧曰》）。孟子评价孔子的行为“不为已甚”就是最好的解释。在先哲眼中，“人可以通过尽己之性而尽人性，尽万物之性而尽天地之性，使之贯通为一，一旦达到这种与天地自然契合的境界，人与他人、与天地万物的差别遂消逝，就能从容中道，德性显露，培育出厚德载物的胸怀与天人合一的境界”。

中华民族独特的“中和”观念，作为稳定的思维定式与价值取向，在精神信仰、文化心理以及行为方式上为古代中国人提供了一种内在的指导。这种对于现实已然状态的体悟以及理想应然状态之设想，对传统文化发展进程的影响细致入微、无处不在。作为一种纯粹的生存态度，“中和”精神所表现的并非狂放不羁的情感抒发，而是含蓄蕴藉的生命情致。

（二）“君子”人格的塑造

中国传统文化一个很重要的特点就是特别重视“君子”，上述几种处事原则，实际上也是对君子行为举止的规范，是塑造君子人格的标准。君子人格的提出肇始于孔子，历经千年的磨合完善，大概形成了以下几种类型：

1. 天下兴亡，匹夫有责

范仲淹的《岳阳楼记》吟咏出“先天下之忧而忧，后天下之乐而乐”的济世情怀。杜甫穷困潦倒，仍在《茅屋为秋风所破歌》中写下“安得广厦千万间，大庇天下寒士俱欢颜”的诗句。对社会、对国家深重的责任感，让这些君子即使身居卑位，仍须臾不敢忘忧国。

梁启超的《最苦与最乐》把责任感说得很透彻："我说人生最苦的事，莫若于身上背着一种未了的责任。"当责任完成，如释重负，海阔天空，人自然就无比的快乐。责任越大，背负的时间越长，实现之后所能体会的快乐就越多。对于中国传统的读书人来讲，为国为民的责任很重大，而且遥遥无期，所以体会快乐的机会很少、时间很短，常常处于忧患之中。所以责任感常常与忧患意识联系在一起。

责任感又与忠君爱国联系在一起。屈原宁可自沉汨罗江也下不了决心离开家国，廉颇、蔺相如虽然心有芥蒂，但仍以国家为重，负荆请罪、将相成和，这些行动正是忠君爱国的责任感的表现。龚自珍的《己亥杂诗》第五首，写诗人辞官归乡，虽然载着"浩荡离愁"，却表示仍然要为国为民尽自己最后一份心力，"化作春泥更护花"。这种心态，亦是忠君思想的责任感使然。

2. 建功言事

"学而优则仕"是每一个传统读书人的人生理想，也是中国文化为读书人预设的远大前程。曹操《短歌行》以沉稳顿挫的笔调抒写了诗人求贤若渴的思想和统一天下的雄心壮志，建功立业之音掷地有声。年轻的王勃在《滕王阁序》中抒发其意欲建功立业的豪情壮志，正与初唐昂扬向上的激情相应和。苏轼《江城子·密州出猎》表达了强国抗敌的政治主张，抒写了渴望报效朝廷的壮志豪情；而《念奴娇·赤壁怀古》近看月夜江上壮美景色，遥想雄姿英发、风流倜傥的周瑜，对月饮酒虽略显低落，但是作者关注历史和人生的旷达之心却字字可见。身处顺境时应意气风发有所作为，身处逆境则不妨对酒当歌、泰然处之，苏轼这两首词表达的豁达放旷亦是君子人格的展现。

3. 淡泊自由

这种君子人格可以陶渊明为代表。《饮酒》中"采菊东篱下，悠然见南山"的悠然自得，《归园田居》中"狗吠深巷中，鸡鸣桑树颠"的宁静意味，《归去来兮辞》中"三径就荒，松菊犹存。携幼入室，有酒盈樽"的洒脱与淡泊，成了多少中国读书人精神的家园、心灵的港湾。唐代诗人刘禹锡的《陋室铭》，则通过细致描写"陋室"恬静、雅致的环境和主人高雅的气度来表现作者不与世俗同流合污、不慕名利的人生态度。其高洁超然的情操和安贫乐道的隐逸情趣，可说是对淡泊自由思想的又一展现。

当然，君子也有怀才不遇的境况，该如何自处呢？从司马迁的《悲士不遇赋》开始，"怀才不遇"就成为中国文学的主题。李白的《行路难》抒发的正是怀才不遇的情怀，在悲愤中不乏豪迈气概，在失意中仍怀有希望，表现出一种积极的追求、乐观的自信和顽强地坚持理想的品格。鲁迅的《自嘲》以愤激的反语披露"横眉冷对千夫指，俯首甘为孺子牛"的真心，也是怀才不遇的另一种表达。

五、天人合一的养生原则与艺术精神

（一）天人合一的养生原则

"养生"一词最早见于《庄子》。养生的内涵是延长生命的时限，提高生活的质量。中医养生文化以达“和”为精魂，即茫茫宇宙，浑然一体，你中有我，我中有你，斗则俱损，和则两利。故人类与自然应“和”，人类本身应“和”，每个人的身心也应“和”。中国养生文化所追求的实际上是一种人体生命与自然万物的整体和谐状态。这一方面是由于机体内环境的平衡协调和人体外界环境的整体统一，乃是人体生命活动赖以存在的必要条件，即人们只有做到内在机体与外在自然环境的和谐协调，才可能实现祛病延年的养生目的；另一方面，它也是中国传统文化中天人合一的哲学思想在人体科学领域中的必然延伸。

首先，天人合一的思想是古代养生家探讨人体奥秘的理论武器。宋代俞琰在《周易参同契发挥》中就提出：“反身而观，三才（日、月、星）皆备于我，盖未尝外吾身而求之他也。”其次，天人合一的思想为传统养生理论的形成提供了哲学依据。在传统的养生理论中，阴阳五行学说占有十分重要的地位，而这种学说的产生，恰恰是以天人合一思想作为自己的哲学依据的。所谓“天以阴阳而化生万物，人以阴阳而营养一身”，实质上正是天人合一哲学理论在人体阴阳学说中的具体展现。最后，天人合一的思想是传统养生方法创立的认识论基础。以气功养生法为例，它的产生和完善显然与天人合一的思想息息相关。俞琰《周易参同契发挥》称：“夫天位乎上，地位乎下，二气则运行乎其中，一升一降，往来不穷，犹橐籥也。人受冲和之气，生于天地间，与天地初无二体，若能悟天地之妙，此心冲虚湛寂，自然一气周流于上下，开则气出，阖则气入，气出则如地气之上升，气入则如天气之下降，自可与天地同其长久。”

天人合一的思想是中医养生文化赖以生成的理论基础，把握住了它，就不啻掌握了一把养生文化的钥匙。人生天地间，一切生命活动与大自然息息相关。顺应自然以养生有两重含义：一是指顺乎自然界的阴阳变化以护养调摄，即所谓“和于阴阳，调于四时”，顺乎自然界的四季阴阳变化，人才能健康无病。二是指顺乎自然之理，即必须认识和掌握人与自然界间的自然规律，按其规律养生，才能有益于健康。

中国养生文化所追求的是一种人体生命与自然万物的整体和谐状态。《黄帝内经》中所说的“法于阴阳，调于四时”和“因时之序”，都表达了这种意思。就自然界的阴阳变化而言，对人体影响最大的莫过于四季交替和昼夜晨昏的变更，因此养生也必须采取相应的措施。首先，针对春夏秋冬的气候特征，在精神修养、饮食调摄、生活起居等方面必须顺应四时的生、长、收、藏特点，做到“春夏养阳，秋冬养阴”，在此基础上，还要力求“一年之内，春防风，又防寒；夏防暑热，又防因暑而致感寒；长夏防湿；秋防燥；冬防寒，又防风”（汪绮石《理虚元鉴》）。其次，养生者还应注意昼夜晨昏的调护。一天之中，早晨阳气始生，日中而盛，日暮而收，夜半而藏，每天这种变化与四时的“春生、夏长、秋收、冬藏”规律完全一致。因此，为了资助阳气的发生，早晨应多开展室外活动，吐故纳新，流通气血，旺盛生机；傍晚日落，阳气开始潜藏，于是要相应减少活动，避免风寒和雾露之气的侵袭。这也是《黄帝内经》所告诫人们的：“是故暮而收拒，无扰筋骨，无见雾露。”

所谓顺应自然的养生，是指人们只有认识人与自然二者本身所具有的客观规律，并依循这种规律养生，才可能健康长寿。早在《吕氏春秋·季春纪·尽数》篇中，就有“天生阴阳寒暑燥湿四时之化，万物之变，莫不为利，莫不为害。圣人察阴阳之宜，辨万物之利以便生，故精神安乎形，而年寿得长焉”的论述，可见人们只有依循这种规律方可健康长寿。

《黄帝内经》倡导“上知天文，下知地理，中知人事，可以长久”的养生原则。这里明确把天文、地理、人事作为一个整体看待。人既是自然界的人，又是社会的人。人生活在自然界中，又生存于人事社会之中，不能离开社会群体而生存。影响健康和疾病的，既有生物因素，又有社会和心理的因素，这是自古以来人们已感觉到的客观事实。中医养生从天人合一思想出发，从人与自然、人与社会的关系中去理解和认识人体的健康和疾病，重视自然环境的作用，并贯穿在病因考查、诊断治疗以及保健预防的各个环节中。

（二）天人合一的艺术精神

天人合一是高远的审美境界。《庄子·秋水》篇中，庄子与惠子游于濠梁之上，他们关于鱼是否快乐的辩论大家都非常熟悉。从常识的观点看，鱼到底快乐不快乐，人到底能不能知道，也许是个永远说不清也道不明的问题。但是，进入天人合一的审美境界，有似于冯友兰所说的“自同于大全”的“天地境界”的庄子，由于超越于“物我”之外，摆脱了俗世物质、人身、心理等的依附关系，深切体悟到自由的生活是美的，人与自然和谐统一本身也是美的，因而，万物有了灵性、情感，人与鱼同乐就变得自然而然了。

庄子问：“天下有至乐无有哉?”他认为，“至乐”是有的，不过，“至乐”不是直观的“生的快乐”“死的解脱”，而是对于生死的超越过程中所获得的顺应自然的内心灵魂的舒畅（《庄子·至乐》）。这种顺应自然的内心舒畅就是对于日常经验的辩证否定，就是高蹈于“物”之外的“乘天地之正，御六气之辩，以游无穷”的艺术审美的自由自在的“无所待”的“逍遥”（《庄子·逍遥游》）。“逍遥”是庄子对“天”与“人”的超越或合一的忘我的审美体验，是“至乐”的感受。

作为审美境界的天人合一的另一典型代表是玄学的天人合一。玄学家倡导“越名教而任自然”，继而有著名的“竹林七贤”的放达和他们的“为艺术而艺术”。玄学的天人合一是群体关系的自然化，是超越了道德伦理框架的哲学境界和审美境界。这就是“魏晋风度”。所谓“魏晋风度”，正是以一种具有哲学意味的审美态度或具有审美意味的哲学态度去观照自然、体验人生，并通过自然人生去领悟、把握玄理，因象得意，得意忘象。魏晋玄学家已不再满足于浅层次的天人合一的快乐之境，而要求在哲学层次上，向俗世“存在”及其超脱意义上的天人合一的审美深境开拓、擢升，这是对生命、人的存在意义的哲学咏叹。

与庄子、玄学家等“游心于物外”的浪漫主义审美旨趣相异，唐朝诗人的天人合一审美境界却显出另一番景象。张若虚《春江花月夜》：“江天一色无纤尘，皎皎空中孤月轮。江畔何人初见月？江月何年初照人?”王维《山居秋暝》：“明月松间照，清泉石上流。竹喧归浣女，莲动下渔舟。”诗人们赋予月亮丰富的审美内涵，月亮的自然属性与人们的社会生活、情感体验，自然美与人性美，合而为一、融为一体，心灵与“天”相通而合一，人生步入高远境界。

中国古代的天人合一观念是农业文明的产物，它反映了人与自然息息相关、相依共存的密切关系，反映了人对大自然的一种依赖感与亲和感。它的不同层面的含义，都对反思文明进步所带来的负面影响——人与自然的疏离，人对自然的征服、统治，生态环境的破坏，重新建立人与大自然之间的和谐共生关系，有不同程度或不同方面的启发意义。

道家天人合一思想的主要价值是强调人要尊重生命，顺应自然，“原天地之美而达万物之理”，不做违背自然本性的蠢事。他们向往的人类生活环境是“万物群生，连属其乡；禽兽成群，草木遂长。是故禽兽可系羁而游，乌鹊之巢可攀援而窥”（《庄子·马蹄》）的“天和”“天乐”的“至德之世”。

儒家天人合一思想的人文主义特征更加突出，其中包含着肯定人是自然界的一部分，人性来源于天道，因而二者具有内在的统一性，人负有“仁民爱物”、善待自然的伦理义务等合理内容；同时在儒家看来，人性与天德相通，“与天地合其德”乃是圣贤人格的最高境界。即使是把“天”作为一种超越于人类之上的力量来崇拜的宗教天命观，对于批判对我们生存的环境不负责任的人类中心主义，也不是完全没有意义的。人类如果还存有一点对大自然的敬畏之心，就不会那么狂妄地去肆意开发、掠夺和破坏自然了。不可否认，农业文明时代也有一个“强本节用”、发展社会生产力的问题，所以在中国古代也产生了积极改造自然的思想。将改造自然与遵循自然规律结合起来的天人协调说，是中国古代天人合一学说中最有价值的思想成果。

第二节　贵和尚中

贵和尚中的思维模式也是中华民族精神的一个重要内容。《中庸》中提出：“中也者，天下之大本也；和也者，天下之达道也。致中和，天地位焉，万物育焉。”这里就将“中”与“和”作为处理人我关系的基本价值取向，认为只有在交往过程中实现“中和”，才能使天地万物各安其位、自由生长。由此可见，中华民族在实践中秉承了贵和尚中的思维模式。具体而言，此种思维模式包括以和为贵的交往原则与以中为尚的和谐尺度两方面含义。

一、以和为贵的交往原则

以和为贵作为中华民族所遵循的交往原则，具体表现为其对于和谐与和平的追求。

以和为贵的交往原则首先表现为中华民族对和谐的追求。中华民族所追求的和谐，具有十分丰富的内涵。关于这一点，许多学者都有所论及。汤一介先生就认为中华文化中所谓的和谐是一种“普遍和谐”，主要包括四个层次：自然的和谐，人与自然的和谐，人与人的和谐，人自我身心内外的和谐。此种“普遍和谐”就是中华民族在实践中所追求的目标。对于和谐的追求，起源于人们对自然和谐的认同。在中华文化中，古代的思想家们通过构建一个阴阳五行和谐、平衡、有序的图式，对自然世界的生成和运行做出了解释。在他们眼中，自然界的应然状态就是和谐，而一旦此种和谐因为某种因素而受到破坏，就会出现天灾异变。因此，自然的和谐对于人类来说具有重要的意义。以此种认同为基础，人与自然的和谐就在实践中被加以强调，进而形成了“天人合一”的观念。在中华民族的意识中，人作为自然的一部分，不仅其生存的物质基础来源于自然，而且其生活的方式也应该取法于自然。从“天生烝民，有物有则，民之秉彝，好是懿德”，到“人法地，地法天，天法道，道法自然”，再到“尽其心者，知其性也；知其性，则知天矣”，都表现出人们对天道的尊崇和向往，也都体现出追求自身与自然相和谐的渴望。于是，“与天地合其德，与日月合其明，与四时合其序，与鬼神合其吉凶，先天而天弗违，后天而奉天时”的境界，就成为人们所努力的方向。人们向往天道，不仅体现在天人和谐的追求上，同时还体现为将自然的和谐之道应用于人际交往和现实政治当中。汉代的董仲舒就通过“人副天数”“祥瑞灾异”观念，使人际和谐得到了形上的论证。他认为人与天具有相同的结构，因此天人可以相通，人间的不和谐必然会影响自然，进而导致天灾的出现；反之，只有实现人际和谐、政治升平，天地才能一片祥和、降下祥瑞。至此，人与人的和谐就成为人们维护自然和谐、实现人与自然相和谐的必要条件，进而成为人们的价值诉求。而要实现人与自然的和谐、人与人之间的和谐，就必然要求实现人与自身的和谐。此种人自身的和谐一方面体现在身体上，即中医所谓的阴阳五行相互有序协调；另一方面也体现在道德上，即实现道德与欲望、人心与天理的和谐。宋明的儒者就主张通过修养和践行而实现人自身的和谐，进而达到理想的道德境界。可以说，和谐所包含的这四层含义，虽然具体表现不尽相同，但实际上却是逻辑统一、互相依存的，这四个方面的共同作用，使中华民族崇尚和谐的传统得以确立。

在当代，此种崇尚和谐的传统得到了发展。以对自然的科学把握为基础，人与自然的和谐摒除了以往所带有的神秘主义和宗教色彩，演化为一种以强调自然与人的平等地位为基础，反对人类中心主义、重视自然平衡的生态伦理观。以人与人之间平等关系的真正建立为基础，人与人的和谐不再表现为以往对统治者的依附和屈从，而表现为一种彼此理解、彼此认同，进而实现彼此统一的群体意识。以对人之为人固有价值的肯定为基础，人自身的和谐也摆脱了以往封建伦常教条对人性的桎梏和异化，从而成为促进个体自我确认、身心协调，进而实现主体价值的自觉意识。经过此种转变的和谐意识，在当今社会显现出极为重要的时代价值。面对当代自然环境的破坏、人与人之间的冷漠与人自身信仰的缺失，1988 年的《温哥华宣言》指出：为了改善 21 世纪科学、文化和人类的生存发展，要更新思想，更新观念，要展示一个不受机械规律硬性制约的、具有持续创造力的宇宙形象。中华民族所强调的和谐意识，对于此目标的实现无疑具有重要的意义。实际上只有在当代继续发扬和谐的精神，才能更好地矫正“工业文明诞生以来日益滋长的人类自大症和急功近利、及时行乐的短视症”。

以和为贵的交往原则还体现为中华民族对和平的向往。中华民族从古至今都是一个爱好和平的民族。在先秦时期，诸子百家就都表现出对和平的向往及对战争的厌恶。例如道家认为，“以道佐人主者，不以兵强天下”“兵者，不祥之器，非君子之器”，“夫杀人之士兵，兼人之土地，以养吾私与吾神者，其战不知孰善？胜之恶乎在”，对因一己之私利而发动的战争进行了尖锐的批评。儒家则通过提倡王道、否定霸道，表达了要以仁德服天下，而不应以武力服天下的主张，其深层内涵仍然是对和平的渴望。墨家则更为明确地提出了“兼爱非攻”的主张，墨子提出“处大国不攻小国，处大家不篡小家，强者不劫弱，贵者不傲贱，诈者不欺愚”，认为人与人、国与国之间应该和平共处。而那些违背了和平的原则，随意发动战争“攻伐无罪之国”的行为，则是“天下之巨害”。一旦出现此种情况，就要坚持“大国之不义也，则同忧之；大国之攻小国也，则同救之”的原则，反对侵略，使和平局面得以维护。

中华民族爱好和平的价值取向在今天仍然有所体现。从和平共处五项原则的提出，到反对霸权主义和强权政治，维护世界和平、促进共同发展的宣言；从不首先使用核武器，不对无核国家和无核地区使用核武器的承诺，到与周边国家发展睦邻友好、实现互利合作的实践，都体现出中国人民对和平的渴望。正是此种爱好和平的精神，为中国的发展提供了保障，同时也为世界和平做出了贡献。

可以说，以和为贵的交往原则，在解决生态危机、改善人际关系、增进世界和平等方面都具有重要的意义，是新世纪中华民族在处理人我关系时所必须秉承的重要原则。

二、以中为尚的和谐尺度

如前所述，中华民族在交往中强调以和为贵的原则，但是此种原则又具有一定的适用范围，而不能不加分析地将其绝对化。关于这一点，孔子的弟子有子曾指出：“礼之用，和为贵。先王之道，斯为美；小大由之。有所不行，知和而和，不以礼节之，亦不可行也。”杨伯峻先生就将此句解释为：“礼的作用，以遇事都做得恰当为可贵。……但是，如果有行不通的地方，便为恰当而求恰当，不用一定的规矩制度来加以节制，也是不可行的。”可见，中华民族对“和”的强调，并非无限制、无原则，而要求在追求“和”的过程中，必须坚持一定的尺度。这一尺度，就是儒家思想中所强调的“中”。有的学者曾指出：“中国古代的‘贵和’思想，往往与‘尚中’的观念紧密联系。‘和’是‘中’的结果，‘中’是‘和’的表现，也是实现‘和’的方法。‘和’与‘中’，在思想方法和价值境界上都是贯通的，因而二者往往连用。”此种观点揭示了“尚中”与“贵和”两种思想在中华民族传统中的相互关系。

在中华民族的历史上，很早就出现了“中”的观念。《尚书·大禹谟》有“刑期于无刑，民协于中。时乃功，懋哉”“人心惟危，道心惟微；惟精惟一，允执厥中”的记载，从而表达了对于“中”的重视。孔子则对“中”的观念进行了更详细的阐述。在他看来，“中”首先表现为一种“过犹不及”的评价尺度。孔子提出“中庸之为德也，其至矣乎”，强调凡事都要以中庸为尺度，达不到或超出这个尺度都是不可取的。《论语》中记载：“子贡问：‘师与商孰贤？’子曰：‘师也过，商也不及。’曰：‘然则师愈與？’子曰：‘过犹不及。’”，这就表明在孔子看来过与不及都不符合中庸之道，因而两者同样不值得提倡。以此为基础，孔子又通过对具体问题的分析对“中”的意义加以阐发。他提出，“质胜文则野，文胜质则史，文质彬彬，然后君子”，强调文采与质朴两者的有机协调，才能达到君子的境界；“不得中行而与之，必也狂狷乎！狂者进取，狷者有所不为也”，指出过分激进、一意向前与有所不为、退守原则都不能算是符合中道，只是得不到中道退而求其次的表现。这些都体现出孔子对于不偏不倚的中道的崇尚。同时，孔子还将“中”作为一种解决问题的方法。他说：“吾有知乎哉？无知也。有鄙夫问于我，空空如也。我叩其两端而竭焉。”认为应该通过对问题进行正反两个方面的考虑，把握和揣摩其中的含义，做到“执其两端而用其中”，进而给出答案。孔子对于“中”的重视，被后来的儒家所继承，《中庸》中所谓的“不偏之谓中，不易之谓庸，中者天下之正道，庸者天下之定理”，成为后世儒家所一贯坚守的信条，并融入了中华民族的性格深层。

此种以中为尚的和谐尺度，在历史中曾发挥了积极的作用。但也应看到，由于时代的限制，对此种尺度的理解和把握也具有一定的局限，甚至常常出现对其的歪曲与误解。因此，在今天必须用历史的、发展的眼光重新审视此种尺度，一方面还原其原意，一方面也为其增添新的时代内容。只有理性的对其进行时代的解读，此种尺度的意义才能得到更好的展现。

在当代，此种以中为尚的和谐尺度，作为一种处世态度，它一方面要求人们公正平直、不偏不倚，站在客观的角度对待处于不同立场的事物，而不能感情用事、弊于私利，单纯凭自身的利益和主观的好恶任意地赞成或反对某一方；另一方面，它要求人们明于事理、宽厚平和，而不能固执己见，走入极端。作为一种思维方式，它要求人们看到问题的正反两面，通过对问题的全面把握进而找出适当合理的解决方式。

可以说，正确地把握“尚中”观念的真正含义，并在实践中使其得到弘扬与发展具有重要的意义。从个人身心健康的角度来说，它有利于自我的全面发展和完善人格的塑造；从人际关系的角度来说，它有利于维护人们之间群而不党、和谐有序的关系；从整体发展的角度来说，它有利于真正建立起公正、公平的整体运行机制。可以说，“贵和”观念强调的是整体和谐，而“尚中”观念则强调和谐当中的公正原则。只有坚持“尚中”，“贵和”才能真正得以实现和维持；只有强调中正平直，和谐才具有存在的基础和意义。

以和为贵的交往原则与以中为尚的和谐尺度，共同构成了中华民族贵和尚中的价值取向，并成为中华民族精神一个重要内容。当然，“贵和”“尚中”的观念并不是要随波逐流、取消原则、一味中立，而是在坚守原则的基础上，对对立的双方进行正确的评价，对正确的给予支持、对错误的予以纠正；它不是要求人们长袖善舞、左右逢源，而是提倡在保持自己人格独立的基础上广泛听取正反两方面的意见，从而避免走入误区而不自知的情况；它也不是意图取消矛盾、以单纯调和的方式去解决所有问题，而是在承认矛盾普遍存在的基础上，对矛盾双方进行正确的把握，进而促成矛盾双方由对立向统一的转化；它也不是一种简单的一刀切似的平均主义，而是在对全局具有整体把握的基础上，以整体利益为取向，兼顾个体利益的思维方式。作为中华民族的智慧结晶，它对于现代文明所带来的生态危机、社会危机以及人与人之间关系的危机都具有积极的补救作用。因此，此种思维模式的继承与发展，对于中华民族的未来具有十分重要的意义。

第三节 刚健有为

“以志为纲”讲的是自强不息的奋斗和弘毅坚韧的执着，目的还是为了自身内心的价值目标的实现，为了“有为”。刚健有为就是要充分发挥自己的主观能动性，敢于克服一切困难和忍受一切不幸，百折不挠，愈挫愈勇，不达目的誓不罢休。志向不等同于贡献，志向对自己有用，贡献对社会有用；志向的存在有利于贡献的实现，但志向本身并非贡献。“意仅可曰志，不可以为功，必得楹、得禽而后可以云功也。志与功不可相从而得以志为功也。故志是志，功是功，当辨也。”君子不仅要有伟大的志向，还要有实现志向的执着坚韧，甚至为了志向“舍生而取义”（《孟子·告子上》），但这些都不是目标。君子志存高远是要去为民请命、为民造福，而不仅仅是去牺牲自己。

一、勇于革新

刚健有为的一个突出表现，是勇于革新，开拓进取，与时俱进。“穷则变，变则通，通则久”（《易传》）。不可否认，前人为我们留下了宝贵的物质财富和精神财富，正如一首歌所唱，“我的祖先早已把我的一切烙上了中国印”。但这并不意味着我们要全盘接受祖宗留下的东西，事实上祖宗也只是根据当时的科技、生产力环境等制订出适合当时的规定，我们不能希望也不可能指望祖先为现代留下完全适合现代的规定。因此，因时而变也就在实践中不断被人们所接受。“苟日新，日日新，又日新”（《礼记·大学》），言下之意是所有的东西都是新的，当祖宗之制与现在发生冲突时，变是唯一出路。“自古至今，法无不改，势无不积，事例无不变迁，风气无不移易。”（龚自珍：《上大学士书》）从哲学角度看，唯一一成不变的事务就是变革本身。“凡在天地间，莫不变……故夫变者，古今之公理。”（梁启超：《变法通议》）由于体现为制度的法律规定具有很强的稳定性、持续性，其在实践中也就自然地成为人们所革新的对象。“圣人之为法治也，随时而立义，时移而法亦移也。”（康有为：《日本书目志序》）“法既积久，弊必丛生，故无百年不变之法。”（康有为：《上清帝第六书》）显然，要想刚健有为，成就自己的一番伟业，完全萧规曹随是行不通的，必须要有勇气去打破充满陈规陋习的旧世界，然后才能建设一个新世界。

二、积极进取

刚健有为离不开积极进取，用自己的努力去实现目标，进而实现自己的人生价值。毛泽东用自己的行动证明了自己年轻时的誓言：“与天斗，其乐无穷；与地斗，其乐无穷；与人斗，其乐无穷。”据此，积极进取可以概括为两个方面：一是征服自然，包括掌握科学文化，探讨自然规律；二是征服人类，包括人际关系、权术斗争等。在征服自然的问题上，我国也有过人定胜天的探讨。“人定胜天，既可转贵、富、寿为贫、贱、夭，则贫、贱、夭亦可转为贵、富、寿……祈天永命，造化自我，此造命之君子，岂天所拘者乎?”（魏源：《默觚上·学篇八》）遗憾的是，我国在征服自然的问题上并没有被引向深入，但在人际征服的问题上却得到了超乎寻常的重视。“古代中国人的关切对象，决定其思想体系既不同于希腊式多方‘爱智’的知识系统，也不同于希伯来式虔诚‘敬神’的一神教系统，而是注重社会因果关系和人类正当行为的伦理分解式的‘历史系统’。”正是在这种背景下，自然的奥秘与人类的事务合而为一，对天体运行及其性质的探讨兴趣，被对伦理的、社会因果关系的关注所压倒、取代。

三、有志者，事竟成

志存高远、刚健有为不是欺世盗名，而是要实实在在地做出一些成绩，最重要的还是要有所作为。“无实而有名者，盗也；小实而大名者，幸也。孔子愿以执御名，而天下后世称圣焉，实也。”（薛应旂：《薛方山记述》上篇）无论是顺境、逆境、险境，都要能够不改初衷，坚忍执着，实现抱负。尤其需要指出的是，很多惊天业绩都是在逆境中完成。“文王拘而演《周易》；仲尼厄而作《春秋》，屈原放逐，乃赋《离骚》，左丘失明，厥有《国语》；孙子膑脚，《兵法》修列；不韦迁蜀，世传《吕览》；韩非囚秦，《说难》《孤愤》；《诗》三百篇，大抵圣贤发愤之所作也。”（司马迁：《报任安书》）因此可以说，关键不在于环境如何，而在于自己的努力和执着，所谓“种瓜得瓜、种豆得豆”。“有志者，事竟成，破釜沉舟，百二秦关终属楚；苦心人，天不负，卧薪尝胆，三千铁甲可吞吴。”当然，也不可能每个人只要去努力都会实现自己的志向，但至少要比你不努力所得到的收获要大得多。“有失败之英雄，有成功之英雄。英雄而成功也，人讴歌之；英雄而失败之，人哀吟之。若夫屡失败而将来有成功可望之英雄，则世界之视线集焉。”

第四节 厚德旷达

一、厚德

关于“厚德”主要有两种理解，一种是从“量”的方面来理解，认为“厚德”即“增厚美德”“积累道德”，如此，君子则能像大地承载万物一样承担事业。上网“百度”或“维基百科”等，输入“厚德”或“厚德载物”，可以发现很多人是这样来理解“厚德”的。除清华大学外，很多大学校训中使用的“厚德”一词，也可以从语文逻辑上推断，他们也是这样理解“厚德”的。如北京邮电大学的校训“厚德博学、敬业乐群”，燕山大学的校训“厚德、博学、求是”，国防科学技术大学的校训“厚德、博学、强军、兴国”，中国政法大学的校训“厚德明法、格物致公”，等等。

另一种则是从“质”的方面来理解，认为“厚德”即“宽厚之德”，所谓“厚德载物”即君子应像大地一样以宽容、宽柔的态度待人接物。张岱年先生即是这样来理解的。他说："厚德载物，即待人接物，要具有宽容、宽柔的态度。既肯定自己的主体性，也承认别人的主体性；既要保持自己的人格尊严，也要承认别人的人格尊严。""厚德载物显示着以和为贵的基本精神。"

那么，哪种理解才是正确的，更符合"厚德"本意？或者在语言逻辑上更具有合理性？笔者认为是第二种理解，即将"厚德"理解为一种宽厚、宽容、宽柔之德。而第一种理解可能是错误的，是望文生义、牵强附会的。

首先，我们回到《周易》来理解"厚德"。《周易》是一部充分体现"天人合一"思想的经典，它一方面描述、概括宇宙自然运行变化的规律，另一方面则试图确立人类社会的道德规范。并且，把这两者联系起来，用宇宙自然的现象来"占卜"人类社会的吉凶祸福，用宇宙自然的本质规律来启示、诠释、说明人类行为应当如何（即道德规范）的合理性。"《象》曰：天行健，君子以自强不息"，翻译成现代文，即《象辞》说天道（天之规律）运行刚健、永无止息，所以君子应当自强不息。前半句"天行健"是对宇宙自然现象的本质规律的揭示，后半句则是对人类社会道德规范的确立。两者联系在一起，后者以前者为根据，或者说，后者是因为受到了前者的启示。"君子"为什么应当"自强不息"？因为"天行健"。"《象》曰：地势坤，君子以厚德载物"，翻译成现代文即，《象辞》说坤象征大地，君子应当像大地一样以宽厚的心态待人接物。同样，"地势坤"是对宇宙自然的描述，而"厚德载物"则是对人类社会道德规范的建构。大地显而易见的本质特征是"宽厚"（而非不断增加或积累的过程），大地以其宽厚承载万物，所以君子也应当效法大地"厚德载物"。亦即，君子应当在其行为中体现一种类似于大地本质特征的"宽厚"，只有这样来待人接物才是合理的、好的。这也就是说，《周易·象》中的"厚德"并非强调增厚、积累美德，其"厚"并非动词或形容词，而是名词，是一种美德的名称。因为"地势坤"的描述中并无增厚、积累之象，并不能给人们以增厚、积累美德的启示。

为什么说《周易》所谓的"厚德"之"德"只是指一种美德而不是全部美德，也是因为除"厚德"外，《周易》还提出或强调了"自强不息""俭德""顺德"等美德。这也正是我们认为不能将"厚德"理解为增厚、积累美德的原因。如果将"厚德"理解为增厚、积累美德，则其"德"就应该是指全部美德，而这与《周易》的语文逻辑显然不符。

《周易》说，"天行健，君子以自强不息"，其"自强不息"无疑也是一种美德，而且是一种明显不同于"厚德"的美德类型。"自强不息"是人们在对待自己、要求自己、自我交往中体现的美德，而"厚德"是人们在对待他人、与他人交往中体现的美德。此外，《周易·象》说："天地不交，否；君子以俭德辟难，不可荣以禄。"意思是说，否卦为"天地不交"之象，意味着灾难和危险，在这种情况下，君子应当俭朴、节约，而不能贪图荣华富贵。其所谓"俭德"无疑是指一种俭朴、节约的美德，既不同于"自强不息"也不同于"厚德"。《周易·象》还说："地中升木，升；君子以顺德，积小以高大。"意思是说，升卦为地里边生长树木之象，树木由矮小到高大，是一个自然上升的过程。所以，君子应当顺应自然，逐步积累以成就高大完美（的人格或事业）。其所谓"顺德"，即顺应自然，不急功近利、盲目冒进，则无疑又是人的一种美德。

其次，从“德”的意涵来理解“厚德”。“德”主要是指人基于对“道”的认识体悟而体现在行为中的内在品质、秉性。即朱熹所谓：“德者，得也，行道而有得于心者也”（朱熹：《四书集注·论语·学而》）。人的行为是自由的、自觉的，人们一定是依照其所觉悟的“道”而行动的。人们依“道”而行，其行为必然蕴含一定的品质或秉性，即一定的特征，即“德”或“德性”。因为人们的“德性”以人们对“道”的认识体悟为前提，而人们对“道”的认识体悟可能是不一样的，有人真正认识体悟到了“道”有人则未必，况且人们依道而行的情况也不一样，所以人们的“德性”也是不一样的。那么，不一样的“德性”都同样是好的、美的吗？显然不是，它们有高下优劣之分。这也就是说，“德”或“德性”实际上是一个中性词，它不一定指美德，也包括“恶德”，“恶德”也是一种“德”或“德性”。其实，我们提出或强调“美德”的时候，就意味着承认“恶德”作为“德性”的存在。因此，所谓“厚德”必定是指“德”或“德性”的一种类型，即像大地一样的宽厚之德。而如果将“厚”理解为积累、增厚，将“德”理解为“美德”，则“厚德”意思就变得非常模糊、空虚、贫乏了。这样既不符合《周易》“厚德载物”的本意，也将使“厚德”一词失去其既有魅力。

最后，对照“厚道”“忠厚”等词来理解“厚德”。“厚道”是中国人经常使用的一个词，人们常用来告诫自己或劝诫他人：“做人要厚道”。意思是说，我们与人交往、相处要宽厚、宽容等，要遵循一种“厚”的原则、规范，不要太尖锐、刻薄、苛刻等。人们也常用这个词来评价一个人的品质、德性，说：“某人很厚道”，或“这个人不厚道”。当“厚道”一词被用来评价一个人的德性时，即是说这个人有“厚德”。“道”与“德”有区别（道是规律或规则，德则是规律或规则在人的行为中的体现），而“厚道”之“厚”与“厚德”之“厚”是没有区别的。

“忠厚”也是人们常用的一个词，它主要被用来评价一个人的德性。“忠厚”由“忠”与“厚”两个词组成，“忠”意思是其对人（或组织）一心一意、尽心尽力，“厚”则与“厚道”之“厚”，“厚德”之“厚”意思相同。

显然，“厚道”之“厚”，“忠厚”之“厚”，都是指人的行为规范或品质、德性而言的，没有增厚、积累之意。“厚德”与“厚道”“忠厚”三者意涵相近、相通，而其中的“厚”字意思完全相同。

二、旷达

从我国古代士大夫文人的生命观、人生观中可以看出，儒、道二家都追求生存得合“道”、生存得和谐、生存得快乐而有益，这种生命的美好境界，就是旷达的美学意蕴。“何如尊酒，日往烟萝。花覆茅檐，疏雨相过。倒酒既尽，杖藜行歌”，这六句描绘的自然、自由的生存境况昭示了旷达之美的生命境界。但这只是旷达之美的一种形态，确切地说是身处唐末乱世的司空图在现实人生的无奈中选择的、可以实现的旷达之美的生命境界。如果全面地加以概括，旷达之美的生命境界，可以分为四种不同的类型：

第一，游戏人生。在中国数千年的文明史上，随着“人”自身的不断发展，“人”的内涵的不断丰富，人对“人”的认识，有一个不断深化的过程，这也就是“人”历史地、逐步地走向自觉的过程。从殷、周之际到春秋、战国，人逐步走出了“神道”迷雾的笼罩而发现了“社会性总体人”（儒家）和“自然性总体人”（老、庄），也就是把每一个人都看作一切人的社会性或自然性的共同本性的体现。而发展到了汉末魏晋时期，人又逐步认识到每一个人都是有血有肉、有情有欲的人；换言之，就是人把“人”的“类本真”越来越明确地看作一个个鲜活的肉体生命。于是，中国古人从“总体人”的发现，逐步跃升到了个体人肉体生命的自觉。人们对此产生的第一反应就是开始着意追求肉体生命的快乐，追求肉体感官的享受。这当然是在最浅层次的意义上，对人的肉体生命的自觉。但它毕竟初步丰富、发展乃至改变了先秦以来“总体人”的观念的历史内涵，标志着“个体人生命意识觉醒时代”的到来。这种新的文化思潮表现在文学作品中，最典型的要属《古诗十九首》了。

《古诗十九首》这组诗歌所体现出来的“游戏人生”的态度，主要表现在两个方面：一方面是看透了肉体生命的短暂，认为不能虚度人生，于是把享受肉体生命看得高于一切，及时行乐就成了人们的普遍追求。《驱车上东门》：“浩浩阴阳移，年命如朝露。人生忽如寄，寿无金石固。万岁更相迭，圣贤莫能度。服食求神仙，多为药所误。不如饮美酒，被服纨与素。”《今日良宴会》：“人生寄一世，奄忽若飙尘。何不策高足，先据要路津？无为守贫贱，坎坷长苦辛。”《青青陵上柏》：“人生天地间，忽如远行客。斗酒相娱乐，聊厚不为薄。……极宴娱心意，戚戚何所迫。”还有《生年不满百》中的“生年不满百，常怀千岁忧。昼短苦夜长，何不秉烛游！为乐当及时，何能待来兹？”人生既然如此短暂，管什么“修身、齐家、治国、平天下”，第一要务就是吃好、喝好、穿好、玩好，还要掌握权势，以为保障。于是，放纵生命、及时行乐，成为人们共同追求的生命境界。在人类历史上，曾经发生过多次内容不同、意义不同的“人”的解放运动，但几乎每一次都是从情欲、物欲的解放入手，这大概是个铁定的规律。此类作品所展示的自由、旷达的生命境界，虽然带有一定的消极色彩，但从人性发展的历程着眼，仍具有不容忽视的革新意义和审美价值。

另一方面则是对人的自然、合理的情欲有了正面肯定，男女之情被纳入审美领域。细细玩味，有的作品在表达上甚至是赤裸裸地、毫无拘束地直陈对情欲、肉体、感官满足的渴望。《行行重行行》：“行行重行行，与君生别离。相去万余里，各在天一涯。道路阻且长，会面安可知？胡马依北风，越鸟巢南枝。相去日已远，衣带日已缓。浮云蔽白日，游子不顾反。思君令人老，岁月忽已晚。弃捐勿复道，努力加餐饭。”《青青河畔草》写道：“青青河畔草，郁郁园中柳。盈盈楼上女，皎皎当窗牖。娥娥红粉妆，纤纤出素手。昔为倡家女，今为荡子妇。荡子行不归，空床难独守。”《冉冉孤生竹》说：“冉冉孤生竹，结根泰山阿。与君为新婚，兔丝附女萝。兔丝生有时，夫妇会有宜。千里远结婚，悠悠隔山陂。思君令人老，轩车来何迟！伤彼蕙兰花，含英扬光辉。过时而不采，将随秋草萎。君亮执高节，贱妾亦何为？”《涉江采芙蓉》：“涉江采芙蓉，兰泽多芳草。采之欲遗谁？所思在远道。还顾望旧乡，长路漫浩浩。同心而离居，忧伤以终老。”《客从远方来》：“客从远方来，遗我一端绮。……文彩双鸳鸯，裁为合欢被。著以长相思，缘以结不解。以胶投漆中，谁能别离此！”南朝徐陵编《玉台新咏》专收“艳歌”，开卷所选就是《古诗十九首》。可见，所谓专以男女之情为审美对象的“六朝艳歌”，《古诗十九首》首开其端。它不仅影响了整个的六朝诗风，而且为此后的历代“艳体”诗歌提供了范本，并把原属本能性的情欲，提升为旷达之美生命境界的有机部分。马克思说过，人类的历史就是人历史地向着“人”的生成的过程。人性自身的丰富内涵是随着历史的发展而逐步展开的。在审美层面上将情欲、肉体的价值铺展开来，把它作为“旷达”之美的一层意蕴，是应该给予肯定的。不过，这种“游戏人生”的旷达之境，毕竟是对生命意义表层的理解。随着中国古代农业社会的士大夫文人对生命意义认识的不断深入，生命中“旷达之美”的境界也在向着更高的境界提升。

第二，回归自然。回归自然即是向人的本真回归，使人的个体生命与自然亲和，回归田园，退守林泉，从而超越官场、超越苦恼，做个真正自由的我，以保持内心的宁静和适意，获得生命的美感。我国中古时期著名的“田园诗人”陶渊明就是回归自然的典型代表。

陶渊明生活在晋宋之际。这一时期，个体人对短暂生命的超越已成了十分自觉的行为，再加上陶渊明汲取了道家因任自然、旷达自适的思想，就铸成了他淡薄、高雅的自由人格。他不与世同浊，坚持真我，宁愿过得清贫些，也不愿为了“五斗米”而委身于污浊的官场，于是弃官不做，飘然归隐，以获得身与心的双重解脱。正如《归去来兮辞》中所说的：“归去来兮，田园将芜胡不归？既自以心为形役，奚惆怅而独悲？”一开头还像是在自我宽解，但接着“舟摇摇以轻飏，风飘飘而吹衣”，就淋漓尽致地抒发了回归自然亦即重获自由的欢欣。

回归后的陶渊明开始了躬耕的生活，虽然田间劳作是辛苦的，但农村的自然风光，与农民之间质朴的人际关系，给了他“欣然有托”、回归“真我”的淳朴的欢畅。《归园田居》其三：“种豆南山下，草盛豆苗稀。晨兴理荒秽，带月荷锄归。道狭草木长，夕露沾我衣。衣沾不足惜，但使愿无违。”《饮酒》其五：“结庐在人境，而无车马喧。问君何能尔？心远地自偏。采菊东篱下，悠然见南山。山气日夕佳，飞鸟相与还。此中有真意，欲辩已忘言。”这些诗句所展示的生活，表面上看显得劳苦、孤寂，可细细咀嚼，一个“沾”，一个“悠然”，确是发自心底的欢畅，是活泼的。回归田园后的陶渊明，与自然、与农民有着淳朴、和谐的人际关系，完全进入了与“天和”，与“人和”的生命境界。《归园田居》其二：“野外罕人事，穷巷寡轮鞅。白日掩荆扉，虚室绝尘想。时复墟曲中，披草共来往。相见无杂言，但道桑麻长。”《归园田居》其五：“怅恨独策还，崎岖历榛曲。山涧清且浅，遇以濯我足。漉我新熟酒，双鸡招近局。日入室中暗，荆薪代明烛。欢来苦夕短，已复至天旭。”《五柳先生传》：“性嗜酒，家贫不能常得。亲旧知其如此，或置酒而招之。造饮辄尽，期在必醉，既醉而退，曾不吝情去留。”这不就是回归人的本真吗？这种本真、自由的生命之境不就是一种“旷达之美”吗？

第三，自我超越。自我超越即是在人生境遇难以改变或无须改变的情况下，自觉地从精神层面跳出现实的苦难和挫折，而获得身心的解脱。所谓“大隐隐于朝”，想开了，无所谓身在何处。苏轼就是自我超越的典型代表。

苏轼的后半生基本上是在迁谪中度过的，可他却有着旷达自适的情怀，无论身处何境，都能找到生命的乐趣，都能实现自我生命的价值。被贬至琼州（今海南）后，他并没有颓废自放，反而积极调整心态，为琼州百姓做了不少好事。他直面现实，在现实的苦难中安顿生命，以求自适。他自觉地与自然环境相融，与当地百姓相融，不仅“九死南荒吾不恨”，还享受了“兹游奇绝冠平生”的奇乐、大乐：“野径行行遇小童，黎音笑语说坡翁。东行策杖寻黎老，打狗惊鸡似病疯。”“半醒半醉问诸黎，竹刺藤梢步步迷。但寻牛矢觅归路，家在牛栏西复西。”“总角黎家三小童，口吹葱叶送迎翁。莫作天涯万里意，溪边自有舞雩风。”在《谪居三适三首》中，诗人由“旦起理发”，到“午窗坐睡”，至“夜卧濯足”，谪居生活中难以想象的困苦不仅了无痕迹，还在字里行间洋溢着超迈的情致，读来令人忍俊不禁。请看《旦起理发》：“解放不可期，枯柳岂易逢。谁能书此乐，献与腰金翁。”《午窗坐睡》：“身心两不见，息息安且久。睡蛇本亦无，何用钩与手。神凝疑夜禅，体适剧卯酒。我生有定数，禄尽空余寿。”《夜卧濯足》：“土无重膇药，独以薪水瘳。谁能更包裹，冠履装沐猴。”这逸趣横生的诗句，绝非含泪的微笑可比，而是自由生命的生动写照！

作于黄州的《定风波》一词，也尽显苏轼自我超越的旷达情怀：“莫听穿林打叶声，何妨吟啸且徐行。竹杖芒鞋轻胜马，谁怕？一蓑烟雨任平生。料峭春风吹酒醒，微冷，山头斜照却相迎。回首向来萧瑟处，归去，也无风雨也无晴。”风雨袭来，处变不惊；风雨过后，笑看人生。“道是无情还有情”，在苏轼看来，这就是生活的本真！

第四，超越自我。“超越自我”和“自我超越”虽然同属于“旷达之美”的范畴，但却是两种不同的生命境界。如果说“回归自然”“自我超越”是个体人“感性生命”自觉后向老庄式“自然性总体人”的提升，那么，“超越自我”则是个体人生命意识自觉后向儒家“社会性总体人”的突进。其共同点则是：参透生死，达观人生。而其差别则可以说：前者是老庄式的“旷达”；后者则带有儒家的色彩，而在对待有限生命的问题上，超越了“达则兼济天下，穷则独善其身”，接近于对“治国、平天下”的执着。其特点是：以积极的态度、奋进的方式对待自我短暂的生命，争取人生价值的最大化。这是一向被人忽略的另一种“旷达”。当然，单纯的奋发有为、济世安民、建丰功伟业，这不属于“旷达”的范畴。但敢于正视生命短暂，通达天人之理，不以人生苦短而颓然自放，顺天而与天争，则是“旷达”的题中应有之义。在中国历史上，这样的人物为数不多，曹操大概是最典型的一个。作为政治家、军事家和杰出诗人的曹操，他奋发有为不是出于儒家“修齐治平”的人生纲领，而是出于对短暂个体生命的感悟。在他的诗作中处处流荡着鲜明强烈的生命意识。他对生命的必然既有无奈，又不甘心；既要顺应，又要抗争，总在必然性与可能性之间，争取人生的最大空间。旷者，放也；达者，通也。不以必然自限，不以修短挂怀，放飞生命，自由翱翔，还不算“旷达”么？他的一曲《短歌行》真是另类的生命咏叹：“对酒当歌，人生几何？譬如朝露，去日苦多。”这是对生命的无奈！“慨当以慷，忧思难忘。何以解忧？唯有杜康。”看似消极之思，实为诗情转折。“青青子衿，悠悠我心。但为君故，沉吟至今。呦呦鹿鸣，食野之苹。我有嘉宾，鼓瑟吹笙。明明如月，何时可掇？忧从中来，不可断绝。越陌度阡，枉用相存。契阔谈宴，心念旧恩。月明星稀，乌鹊南飞，绕树三匝，何枝可依？山不厌高，海不厌深。周公吐哺，天下归心。”呼唤贤士归来，追求建功立业，超越自然的有限生命，争取最大的生命价值；超越一己小我，营造无限大我，这还不算旷达的生命之歌吗？《龟虽寿》则竟是直面生命与天抗争了：“神龟虽寿，犹有竟时。塍蛇乘雾，终为土灰。老骥伏枥，志在千里。烈士暮年，壮心不已。盈缩之期，不但在天。养怡之福，可得永年。幸甚至哉，歌以咏志。”《观沧海》写道：“东临碣石，以观沧海。水何澹澹，山岛竦峙。树木丛生，百草丰茂。秋风萧瑟，洪波涌起。日月之行，若出其中；星汉灿烂，若出其里。幸甚至哉，歌以咏志。”小沧海，大宇宙，树木百草，秋风洪波，日月星汉，好一组大生命的灵动乐章！

第三章　中国传统哲学

第一节　中国传统哲学的发展

中国传统哲学萌芽于殷周。西周初年的《尚书．洪范》就提出五行学说，以金木水火土五种元素作为构成世界最基本的事物。殷周时期的《周易》，就有了原始的“阴阳”观念，《易经》从人们生活经常接触的自然界中选取了天（乾）、地（坤）、雷（震）、山（艮）、火（离）、水（坎）、泽（兑）、风（巽）八种东西作为说明世界上其他更多东西的根源，体现了朴素的唯物主义，同时，它又以上述八卦来说明自然现象和社会关系，体现了朴素辩证法思想。春秋战国时期，诸子蜂起，百家争鸣，成为中国哲学史上最为辉煌的时期，从此开始中国哲学在其两千多年的发展中出现了许多的哲学家和哲学流派，他们各自体现了其时代的精神面貌，成为中华民族精神文化的不同基因，以致在今天仍然有着广泛而深刻的影响。中国传统哲学影响最大的阶段及哲学派别有：先秦哲学、两汉经学、佛教哲学、宋明理学。

一、先秦哲学

先秦时期，在诸子蜂起、百家争鸣的环境下，产生了儒、道、墨、名、法、阴阳、纵横、农、杂等各家，其中最为重要的是儒、墨、道三家。

（一）先秦儒家的哲学思想

先秦的儒家也往往被称之为原始儒家，其发端于孔子，其代表人物另有颜子、曾子、子思、孟子、荀子等，从原始儒家的经典《诗》《书》《礼》《乐》《易》《春秋》《论语》《孟子》《荀子》《礼记》等可以把握原始儒家的思想。

1．孔子的哲学思想

儒家的开山鼻祖是孔子，孔子儒学思想产生的时代是春秋末期，其时，“天下无道”，周礼已崩溃。为了恢复周礼，实行自己的政治理想，孔子提出了以“仁”为核心的一整套学说。孔子关于“仁”的论述很多，最基本的是仁者“爱人”和“克己复礼为仁”。

“仁”的具体含义是“爱人”，即是一种博大的同情心，凡是人都有仁性，天生的恻隐心，能对别人的痛苦与欢乐产生共鸣；仁是一种宽容忠恕的精神，能做到“己所不欲，勿施于人”，“己欲立而立人，己欲达而达人”；仁还是一种效忠的品质，能做到在家庭、家族内部父慈子孝、兄友弟恭，在社会生活中“忠君爱国”。“仁”在这里实际上是人的完美的品质修养和高尚的精神境界。孔子企图用温柔敦厚的君子人格，来规范人们的修养，进而调节人际关系，缓和社会矛盾，维护社会秩序。而“克己复礼为仁”，意思是克制自己的欲望，使言行视听都合乎“礼”的要求，这样就达到“仁”了。这就涉及“仁”与“礼”的关系。如果说“仁”是人的完美的品质修养和高尚的精神境界，那么“礼”就是制度、规范。“仁”是内在的自觉性，“礼”就属于外在的强制力。通过外在“礼”的强制作用，可以促使人的内在品质修养和精神境界达到“仁”的高度，而内在的品质修养和精神境界的提高，又会促使人们自觉按照“礼”的要求行事。两者相互作用，可以造就出完美的人格现象。

2. 孟子的哲学思想

孟子继承和发展了孔子的“仁”的思想，不仅为“仁”找到了人性的根据，即人天生就有“恻隐、羞恶、辞让、是非”四种善端的萌芽，经过一番“修身”“养性”的培养，就可以发展成以“仁”“义”“礼”“智”为内容的“四德”，而且他进一步以这种人性论为基础，提出了“仁政”学说。“诸侯之三宝：土地、人民、政事”，“民为贵，社稷次之，君为轻”，“桀纣之失天下也，失其民也。失其民者，失其心也。得天下有道，得其民，斯得天下矣。得其民有道，得其心，斯得民矣”，这些“重民”的思想在中国历史上产生了深远的影响。孟子对儒家学说的另一重大发展，是建构了一个天人合一的思维模式，以及与之相应的尽心、知性、知天的认识路线，“尽其心者，知其性也；知其性，则知天矣。存其心，养其性，所以事天也。”。

3. 荀子的哲学思想

和孟子天人合一的思路不同，荀子主张“天人相分”，即自然界和人类社会各有其职能和规律，他提出了“天行有常，不为尧存，不为桀亡”，即自然运行法则是不以人们意志为转移的客观存在，并提出“制天命而用之”的人定胜天思想。和孟子的性善说相反，荀子认为人性生来是“恶”的，“其善者伪也”要有“师法之化，礼义之道”，才可以为善，他重视环境和教育对人的影响，这就是他所谓的“化性而其伪”。同孔子和孟子不同，荀子不仅“隆礼”，而且“重法”，认为礼和法是同时产生，作用相同，密不可分，由此可看出荀子要建立他的礼治和法治相结合的政治观，坚持儒家“正名”之说，强调尊卑等级名分的必要性，主张“法后王”，即效法文、武、周公之道。

先秦儒家思想奠定了整个儒家学说的基本格局，奠定了中国政治哲学、道德哲学和历史哲学的基础，对中国传统文化的形成和发展，产生了极其深远的影响。

（二）先秦道家的哲学思想

在中国的历史上，能够长期与儒家相抗衡的是道家，道家自先秦时期形成后，历两千年而不衰，深刻地影响了我们民族的心理状态、思维方式和精神面貌。先秦时期的道家的代表人物是老子和庄子。

1. 老子的哲学思想

老子建构了一个以“道”为核心的哲学体系，“道”既是宇宙万物的本原，又是天地万物运动变化的规律，同时也是人们在社会生活中应该遵循的准则。他用“道”来说明宇宙万物的产生和演变，提出了“道生一，一生二，二生三，三生万物”的观点；他提出

“道”是“莫之命而常自然”，即“道法自然”，“道”完全是在按照自身固有的规律运动变化，“道”对万物的作用是自然而然的，即“生而不有，为而不恃，长而不宰”，然而没有一件事物不是它的所为，“道常无为而无不为”，据此，他还提出了“无为而治”的政治主张；他提出了包含丰富辩证法思想的“反者道之动”的命题，猜测到一切事物都有正反两面的对立，并意识到对立面的转化，如“祸兮福之所倚，福兮祸之所伏”，并从事物的矛盾性角度，提出了“不争”的处世与修养原则。

2. **庄子的哲学思想**

庄子继承和发展了老子“道法自然”的观点，认为“道”产生天地，天地和气产生万物，物生是气的“聚”，物灭是气的“散”；他也认为“道”是无限的、“自本自根”“无所不在”的，强调事物的自生自化，否认有神的主宰，这些思想都包含了丰富的辩证法思想。庄子哲学最有特点的是他的人生哲学，他认为，儒家所高扬的仁、义、礼、智恰恰是违背“民之常性”即人的自然本性的，应当全部抛弃，以使人们能按本性生活。除此之外，要按人的自然本性生活，还要消除名利欲望，保持心灵的恬淡虚静。然而，现实生活与他的理想却大相径庭，因为在现实世界中人要受到是非之辨、贵贱升降、贫富变迁、生死祸福等因素的困扰，受到各种物质条件的限制，人们有所依赖，有所期待，有所追求，这一切造成了人们的痛苦、不自由，这叫作“有待”。而此身有限，吾生有涯，以有形有限之生投入天下，人们要面对无限的时空、知识、意义、价值等等这些“无限”，令他不安。如何化解这些痛苦、困惑和不安？庄子的人生哲学提示人们超越“有待”，而达到“无己”“无待”。“无己”，就是从精神上超越一切自然和社会的限制，泯灭物我的对立，忘记社会和自我；“无待”，就是不依赖任何条件。庄子在《逍遥游》中为我们描述了这样的人生境界：超越有待，不为俗累，宛若大鹏神鸟，遗世独立，飘然远行，背云气，负苍天，翱翔太虚。

老子、庄子哲学开创了中国哲学的自然主义先河，对中国哲学中的本体论、辩证法有较大贡献，他们人生哲学中的反等级、宗法、专制思想，以及崇尚自由的思想，对中国知识分子的心理有较大的影响，成为中国文化深层结构的一部分。

（三）先秦墨家的哲学思想

墨家是先秦时期与儒家双峰并峙的学派，同被称为“显学”，墨子是墨家的创始人。在反对儒家学说的过程中，墨子提出“兼爱”思想。他认为，当时天下的种种纷争、世风日下，是“以不相爱生也”，要稳定社会秩序，就要使人们“兼相爱，交相利”，即“视人之国若视其国，视人之家若视其家，视人之身若视其身”。与孔子“仁爱”的“差等之爱”不同，墨子主张“兼爱”应当是“爱无差等”，与孔子主张的“义以为上”不同，墨子认为“利”是“爱”的具体内容和表现。为了贯彻他的“兼爱”思想，墨子抬出了“天志”和鬼神，认为“天志”是一种“规矩”，是评判社会政治、判别是非的标准，按“天志”的要求，人们应当实行“兼爱”。但他在宣扬“天志”鬼神的同时，又赋以“非命”的内容，对当时盛行的命定论进行了揭露和批判，认为天下的治乱、人们的生死祸福、寿夭贫富在于人事本身，而不在于“命”，“命者，暴王所作，穷人所述，非仁者之言也”，所以

“不可不强非也”。在认识论方面，他制定了作为认识真理准则的“三表”：“上本之于古者圣王之事”；“下原察百姓耳目之实”；“废以为刑政，观其中国家百姓人民之利”，把人民群众的经验和实际利益作为判断是非的标准，这在真理标准问题的探讨上，确实是一个贡献。

墨家在战国时期一直保持着“显学”的地位，与儒家争雄一时，但随着封建大一统帝国的建立和巩固，儒学“独尊”地位的确立，墨家就由“显学”而成为“绝学”了。

二、两汉经学

（一）“经学”释义

1. “经”的本义及演变

“经”的本义是指“编丝缀属之称”。古代典籍由熟牛皮绳贯穿竹简而成，形制颇似纵横交织的纺织物。在战国时代，各家著作都称为“经”。汉武帝以后，儒家独尊，“经”成为儒家典籍的特称。

2. “经”的内容范畴

“经”的内容，起初仅限于孔子删定的《诗经》《书经》《易经》《礼经》《乐经》《春秋经》这“六经”。西汉时，《乐经》失传，故当时只有“五经”。东汉时，加上《孝经》《论语》，发展为“七经”。至唐朝，《礼》分为《仪礼》和《周礼》《礼记》，《春秋》分为《左传》《公羊传》《谷梁传》，这些合称“九经”。宋代以后，“九经”复加上《论语》《孝经》《孟子》《尔雅》，合称“十三经”。从此，传经之学和注经之学成为专门学问，这就是从汉代至清代的官方哲学——“经学”。

（二）两汉经学的形成及其主要内容

汉武帝实行“罢黜百家，独尊儒术”的文化政策，故其哲学流变由先秦诸子之学转入两汉经学。两汉经学是以先秦儒家思想为经典发展起来的经院哲学体系，它以宣扬天人感应、君权神授为特色，其代表人物是董仲舒。董仲舒认为，天人是相互感应的，感应的根据是天人皆有阴阳，而阴阳消长的原因，在于五行的“相生”和“相胜”，五行生胜，才导致了宇宙间万事万物的生成变化，诸如自然界的四时代谢，社会上王者四政（庆赏刑罚）迭用，个人四气（喜怒哀乐）转换。在这种运动变化中，始终体现着天的意志和德性，阳是天的恩德的体现，阴是天的刑罚的体现，天“亲阳而疏阴，任德而不任刑”。根据“天人感应”的原理，他认为，“天”对地上统治者经常用符瑞、灾异分别表示希望和谴责，用以指导他们的行动，为君权神授制造理论。从“天人感应”论出发，董仲舒提出了他的“性”“情”说，“性”是先天素质，其中包括贪仁或称善恶两方面，“情”是“人欲”，虽然人性中有善质，但要变成现实的善，还需要一番严格的修炼的功夫，这就是要按照“三纲五常”的标准严格要求自己，发挥善性，克制人欲，最终达到善的境界。这样，董仲舒以他的天人感应论为基础，对君臣、父子、夫妻之间的主从关系，作了全面系统的神学论证，同时提出了“仁义礼智信”五常之道，是包括王者在内的所有人的修身正己的道德要求。“三纲”“五常”结合起来，从而形成了一个完整的社会规范系统，这对维护社会稳定、巩固封建统治作用是巨大的。董仲舒还将天道和人事牵强比附，企图论证“道之大原出于天，天不变，道亦不变”，假借天意把封建统治秩序神圣化、绝对化。

（三）两汉经学的地位和作用

两汉经学是中国文化在先秦学术大发展的基础上，以儒家思想为主所进行的第一次综合，“天人感应”论使儒家天人合一的思想罩上了神学的色彩，而三纲五常的伦理规范，一方面是对先秦儒家崇尚仁义，注重个人修养思想的继承；另一方面，则是从社会制度的角度，以明显的自觉意识，从社会控制的角度，对先秦儒家修养论的理论性发展。阳德阴刑、独尊儒术的主张，则反映了儒家学说与封建专制王权相结合、为专制王权服务的自觉性，这表明，儒家思想发展到了一个新阶段。

三、中国佛教哲学

（一）佛教的传入和演变脉络

佛教自印度传入后，通过汉代到唐代六百余年的消化，中国人创造了自己中国化了的佛教哲学。中国佛学渗透了中国哲人的智慧，特别是渗透了道家、儒家和魏晋玄学的哲理。中国化的佛教宗派，主要有天台宗、华严宗、法相宗和禅宗，其中禅宗是中国佛教宗派中流传最长、影响最大、最中国化、最世俗化的宗派。

（二）禅宗的主要哲学思想

禅宗一扫天台宗、华严宗、唯识宗等佛教流派的烦琐，摆脱了烦琐的修炼过程和经纶词句的解释，由思辨推理转入神秘直觉，用“顿悟成佛”的天国廉价门票，来增强佛教法力，吸引广大群众，禅宗把中国传统哲学中诸如孟子和庄子等人的思想融入佛教，把宗教进一步精炼化、哲学化、世俗化。这些特点可以从禅宗以下的观点中看出：禅宗认为，现实世界的一切，都依存于心，法和佛也就在“心”中。禅宗的代表人物惠能提出“万法尽在自心，何不从心中顿见真如。”“汝今当信佛知见者，只汝自心，更无别佛”，就是强调向内心追求成佛的道路。他所谓的“自性迷，佛即众生；自性悟，众生即佛”就是他的“见性成佛”理论的简明概括。这种理论强调现实生活中的人能否成佛完全在于自我的心性认识，只要能认识自我的本性，就可以成佛，这在客观上设定了人人皆可成佛的现实可能性。与此同时，禅宗还提出了“凡夫即佛”的命题，“凡夫即佛，烦恼即菩提。前念迷，即凡夫；后念悟，即佛。”（《坛经》），凡夫与佛的区别只在一念之差，只要能自我超脱，现实的苦难人间即是彼岸的安乐世界，这样一来，禅宗把佛性由遥远的彼岸移到现实的、此岸的“凡夫”心中。与佛教其他流派不同，禅宗强调顿悟与直觉，主张“顿悟成佛”，“一闻言下便悟，顿见真如本性”（《坛经》），这种顿悟的修行方法，不需要进行累世的苦修苦练，也不需要布施财物，只要靠自己的灵知，一刹那间有所领悟，便可达到成佛的境地，这实在是一种简便快捷、经济实惠的“成佛”方法。从认识论的角度看，顿悟成佛的方法，是一种神秘的直觉认识方法。

(三) 中国佛教的地位和影响

从人生哲学的角度看，中国佛教的人生哲学模式渗透了儒家乐天知命、安贫乐道、顺应时势以及道家无为不争、安时处顺的人生理想，只是这种人生哲学更加消极。佛教理想的人格是超尘脱俗，泯灭七情六欲的“超人”。这种人对尘世的一切荣辱沉浮、喜怒哀乐都可以无动于衷，可谓“心如古井”“形如枯木”；这种人不关心现实的命运，更无从向未来进取，只能是随缘而安；这种人认为，世界上的一切都是命定的，一切要顺其自然，与世无争，任何计较都是违背佛性的。佛教的这种人生哲学模式给后世的中国社会心理产生了深远的影响，特别是对中国广大的知识分子更是产生了极其消极的影响。

四、宋明理学

(一) 宋明理学形成与发展脉络

宋明理学是宋明时期的一种思潮，它是儒道释思想在宋元明时期的新综合，是儒学发展史上的一个新阶段。宋明理学以儒学为主干，吸收了佛道的智慧，建立了以理气论、心性论为中心的道德形而上学体系，它发端于北宋，创始人为周敦颐、邵雍、张载、程颢、程颐；其成熟于南宋，朱熹集其大成，他建立起比较完备的理学体系；其兴盛于明代，王守仁发展了陆九渊的学说，建立起心学体系，以与程朱理学相抗衡。

(二) 宋明理学的主要代表人物及其哲学思想

1. 朱熹

朱熹是宋代理学的集大成者，他的理、气、心、性的范畴，不仅继承了孔孟、周程的思想，而且还吸收了佛道两家的思想内容。他将上述范畴熔铸为“天理”，将儒学的伦理规范、道德精神提升为宇宙本体，然后再通过理本气末、理一分殊论证世界万物的产生及其统一性，以“性即理”为中心命题从宇宙本体论中推衍出人性与物性，并以天地之性与气质之性来论证人性中的善恶问题，最后再通过居敬穷理的修养功夫达到人性的完善、人性与天理的统一。朱熹把理气论和心性论融为一体，形成了一个比较完备的理论思想体系，它适应了统治阶级重视纲常伦理，强化中央集权的需要，因此成为中国封建社会后期的统治思想，并对以后的中国政治和思想文化，产生了深远的影响。

2. 王守仁

王守仁是宋明理学中“心学”的集大成者，其“心即理”“知行合一”“致良知”的学说，颇具特色。他断言“夫万事万物之理不外于吾心”，“心便是天理”，否认心外有理、有事、有物，“心外无物”是说物不可离心而独立存在，“心外无理”是说理在心中，而不能独立于主体之外，从而凸显了“心即理”的本体论。“知行合一”是王守仁心学体系中的又一重要内容，他从“知行本体”的概念揭示“知行合一”的内涵，知是指人的意识——主要是道德意识；行是指人的一切行为，包括主观见之于客观的践履行为和纯主观的心理行为。所谓“知行的本体”是指知行的本来意义，即真知行。“知”中包含“行”，知而必能行。所以知行不可分为二，而是合一的。应强调，王守仁的“知行合一”论，与我们今天所说的“知行合一”的意义是不同的，他的强调的是道德意识与道德实践的合一，“一念发动处便是行了”，“一念”即道德意识，“行”即道德实践，由此看来这是一种道德哲学。与“知行合一”相联系，王守仁提出“致良知”学说，所谓“致良知”，即是扩充良知，一方面除去心中的自私念头和不正当欲望，保持善良心地；一方面在现实生活中接受磨炼，习行践履，把心中的善意具体地表现出来，由此看来“致良知”实际上是一套修养德性的工夫。

3. 宋明理学的地位和影响

宋明理学作为儒学发展的重要阶段，将中国哲学的思维水平提高到一个新程度，其理论意义和价值应值得肯定，但是理学在成为封建社会后期的官方哲学后，其部分观点被统治阶级所利用，成为压制和扼杀人的本性以及维护封建专制主义的工具，给中国社会和中国人民带来了深重的灾难。

中国传统哲学经过几次大的发展，到宋明理学已经达到其发展的高峰，再往前发展是中国传统哲学的终结。

第二节　中国传统哲学范畴初析

中国传统哲学在其发展的行程中，从先秦到五四运动，构筑了一个相互联系的整体哲学范畴体系。这一范畴体系是中华民族在认识和改造客观世界的过程中逐渐形成的，反映了中华民族理论思维和认识外部世界水平逐渐深化的过程。

一、中国传统哲学的范畴体系

根据李中华教授的概括，中国传统哲学的范畴体系基本由五个方面构成。

（一）五方面构成说的大致内容

（1）属于宇宙论方面的范畴有：阴阳、五行、天、天道、理、气、太极等。

（2）属于本体论方面的范畴有：有无、体用、一多、本末、动静等。

（3）属于知识论方面的范畴有：知行、能所、言意等。

（4）属于历史哲学范畴的有：王霸、义利、理势、理欲等。

（5）属于人生论（或道德哲学）范畴有：仁、义、礼、智、诚、心、性、情、欲等。这五个方面的概念范畴又相互交叉，形成中国哲学的范畴网络。

（二）中国哲学范畴体系是从单一向相对过渡的过程

李先生将以上五个方面的范畴织成了一个网络图。从中可以看出，中国哲学范畴体系的形成是一个从单一的范畴向对偶性或相对性范畴过渡的过程，是一个从抽象到具体的思维逻辑进程。人类的思维，在其形成范畴的过程中，是从单一的范畴开始的。自然界和社会现象都是以单一的整体形态呈现在人们面前，然而任何对象的单一形态实际上都包含着质、属性等差别，是一个复杂的多层次的单一体，但是人的思维并不能直接把握客体对象的具体单一形态，而只有从不同的客体对象中，把共同点抽出来，撇开对象质、属性的差别，抓住共同点，从而形成单一形态的范畴，比如天、五行、气、物、人等范畴，随着人类思维和认识水平的提高，在认识了对象的同一性后，需要进一步从同一性中把握差异，这样，原来单一形态范畴，已经不能反映同一体内部的对立统一关系了，这样单一形态的范畴便向对偶性或相对性范畴过渡，形成了中国哲学范畴系统中的阴阳、道器、有无、理气、心物、形神、心性、理欲、善恶、性情、名实、知行、王霸等范畴。这些单一形态的和对偶性或相对性的范畴经过不断地整合，经过进一步地从抽象到具体的思维加工，最后形成了李先生所概括的十二个基本范畴：天、道、理、气、体、用、一、多、心、性、知、行，这十二个基本范畴可以作为中国哲学的中心观念，它起着中国哲学范畴之网的网上纽结的作用。尽管经过漫长的历史发展，中国哲学范畴层出不穷，浩如烟海，但其中理气、心性、知行、天人等重要的范畴从古至今保持不变，保持了稳定的形式和基本的内涵。

李先生的中国哲学范畴网络图，还揭示了中国哲学范畴之间的交叉蕴含关系，其中尤其以人生哲学范畴交叉最广，它几乎构成全部的扇面，而它的核心概念是心、性、命。由此我们就不难理解中国哲学何以人生哲学最为发达了。

二、中国哲学范畴体系的特点

中国哲学范畴的形成和发展是中华民族认识自然、社会的思维结晶，由于中华民族在哲学逻辑思维方法、体系结构的方式以及理论侧重等方面的特点，使得中国哲学范畴体系具有鲜明的民族特点，张立文教授把这些特点概括为：

（一）整体的和谐性

《易传》揭示了中国哲学天、地、人的统一和谐生成过程，“有天地，然后有万物；有万物，然后有男女；有男女，然后有夫妇；有夫妇，然后有父子；有父子，然后有君臣；有君臣，然后有上下；有上下，然后礼义有所错。”这是一个由天地自然万物到家庭以及国家和礼义等级秩序的整体化和谐过程。这个进程的内在根据，就是人可与天地参。这种整体和谐思想贯彻在整个中国文化的各个领域，也渗透在中国人的思维方式中，因此也成为中国哲学范畴体系的特点之一。

（二）传统的延续性

中国哲学范畴延续千余年，但先秦哲学提出的天人、道器、有无、阴阳、性命、仁义、动静、常变、知行、心物等重要范畴到明清之际，无论从形式还是从内容上都保持了比较稳定的状态，这充分体现了中国哲学范畴具有传统的延续性。

（三）结构的有序性

其具体情况为：一是指范畴的排列在时间上与空间上的有序性；二是指范畴排列的逻辑次序。《周易》中的《序卦传》，就是从六十四卦的结构中，依照时间和空间作有序的排列，而六十四个概念范畴之间相互联系、相互作用，又构成了整体结构的次序。

第三节　中国传统哲学的特征

中国传统哲学派系庞杂，众说纷呈，即使是各流派内部，在许多问题上往往互不一致。但是相对于西方哲学，中国传统哲学还是有其基本特征。当然这些基本特征只具有相对意义，不能将其绝对化。概括起来说，中国传统哲学有以下的基本特征：

一、重人生

中国古代的哲学家，常常从生活实践出发，研究各种哲学问题，因此特别注重人生的研究。儒家哲学中所讲的心、性、情、气、意、良知等都表示对人生、人性以及人的生命的一种认识；道家从另外一个角度给予人生以极大的关注，理想的人生境界即精神的逍遥与解脱，是道家矢志不渝的追求，那飘逸洒脱、高洁绝尘的风骨神韵，历来是道家所向往人生境界；佛教则把追求净化超升，从而达到“涅槃”境界，作为人生的终极目标。把儒家的真性、道家的飘逸、佛教的超脱融合起来，就可以参悟出中国古代人生哲学的境界。

二、重践履

知行关系是中国传统哲学家特别关注的问题之一，它所涵盖的是理论理性和实践理性的统一，中国传统哲学家偏重于践行尽性，履行实践。孔子讲，“知之者不如好之者，好之者不如乐之者”，所谓“乐之”，就是依其所知以实践，而获得一种乐趣。中国传统哲学家的兴趣不在于建构理论体系，不只是把思想与观念表达出来就罢了，而在于言行一致、知行统一。自己所讲的与自家身心的修炼必相符合。但须指出，这里的践履并非人类的生产实践，而是偏重于个人的修德重行。由此，便引出以下第三点。

三、重道德

中国传统哲学从本质上讲可以说是一种道德哲学。无论是儒家的三纲领（明明德、亲民、止于至善）八条目（格物、致知、正心、诚意、修身、齐家、治国、平天下），还是道家的修道积德，无不以道德实践为第一要义。通过道德实践，可以提高人的道德修养，从而达到社会整体关系的良性互动——君仁臣忠，父慈子孝、夫敬妇从、兄友弟恭、朋友有信。这种重视道德践履的传统，是中国哲学中知识论不发达的原因，也是中国古代宗教不发达的原因。

四、重和谐

重和谐是中国传统哲学一贯的传统。《易传》：“乾道变化，各正性命，保合太和，乃利贞”，所谓“太和”，就是至高无上的和谐，最好的和谐状态，而张载提出：“太和所谓道，中涵浮沉、升降、动静相感之性，是生氤氲相荡胜负屈伸之始”，即太和便是道，是最高的理想追求，即最佳的整体和谐状态。但这种和谐是包含着浮沉、升降、动静等矛盾和差别的和谐，因此这种和谐是整体和动态的和谐，是一种更高意义上的和谐。与追求人与自然的和谐相一致，中国传统哲学也十分重视人与人之间的和谐，孟子的所谓“天时不如地利，地利不如人和”，强调的就是要以和谐为最高原则来处理包括君臣、父子、夫妇，乃至国家和民族的关系，从而达到“人和”的境界。儒家在此基础上进一步阐述了要实现“和”的理想，最根本的途径是“持中”，并通过对持中原则的体认和践履，去实现人与自然、人与人、人与社会、人与天道之间的和谐与平衡，这就是“极高明而道中庸”，因此中庸之道是中国传统哲学的基本精神之一。

五、重直觉

中国传统哲学不重视形式上的精密论证，也没有形式上的条理系统。而只注重生活的实证，或主体的直觉体验，体验久久，有所感悟，以前的种种疑惑豁然开朗，日常的经验得到贯通，这样也就有所得，所得所悟的记录就是现在还可以看到的哲学著作。由于是所得所悟的记录，因此中国哲学著作少有西方哲学著作那样的严密论证和逻辑结构，而多是一些文章断片。这些哲学思想是哲学家们所得所悟的思维以及直觉体验的结晶，无论是影响深远的“天人合一”“道”，还是孟子所讲的尽心、知性、知天，养“浩然之气”，庄子讲“天地与我并生，万物与我为一”，魏晋玄学家讲“言不尽意”，“得意忘象”，都是一种并不能由语言概念来确指、来表现，而只能靠主体依其价值取向在经验范围内体悟的思想。至于中国禅宗更是把中国哲学重直觉的特点发挥得淋漓尽致，所谓明心见性、立地成佛全靠直觉与顿悟。由于中国传统哲学具有忽视逻辑的推理和概念分析的特点，这也是中国传统哲学知识论贫乏和道德哲学发达的根本原因。

第四章　中国语言文字

第一节　汉语的特点与魅力

汉语是世界上使用人数最多的语言，也是人类最优秀的语言之一。汉语从其产生的本源讲是指汉民族的语言，从今天使用的人群来讲是指中华民族的语言，华语、中文都是指汉语。毫无疑问，汉语是世界上使用人数最多的一种语言，世界上大约有 1/5 的人将汉语作为母语。不仅如此，汉语对其周边国家语言文字都产生过重要影响，如日语、韩语、越南语中都保留有大量的汉语借词以及汉语书写体系文字。

一、汉语的特点

汉语作为世界上特有的象形文字语言，文字高度统一和规范，语法简洁，音韵和美，词汇的衍生与兼容性很强。

（一）音韵和美

汉语语音的最大特点是一字一音节，并且每一个音节必含元音，这样的语音结构决定了汉语音韵和美。用汉语写成的篇章，不论是用于朗读，还是用于歌唱，都能够将声韵的魅力发挥到极致。这是因为，一个汉字一个音节，不论是读的短促也好，延长节拍也罢，节奏的随意处理并不影响单字所表达的基本语义。一个单词多个音节的拼音文字就不具备这样的优势，因此其音韵就难以和汉语比美。此外，汉语句子的强调重音可依其语义表达的不同分层次进行处理，这一点拼音文字也不具备。

（二）无与伦比的文字

汉字是象形文字，可以察形识义，尤其是对已认知的汉字的字形进行分析，不仅可以探知其本意，而且可以由此引发联想，获得更多的感悟。并且，汉字是构词的基本单位，掌握了汉字的基本意思，就可以基本掌握其所构大部分词语的意思。

汉字的构字规律性极强，利用其构造规律，可以“触类旁通”，在短期内突破识字关。此外，由于汉字相互组合的自由度特别大，只要掌握了为数不多的汉字，就可以具备一般的日常阅读能力。

由于汉字的诞生因物象而生，并且成字方法极其简单，不论多么久远的文字都很容易被破译。因此，用汉字记录的历史不易被割断。

汉字构字部件数量少，易识易记，在现代信息处理方面比拼音文字具有更大的优越性。

（三）“海纳百川”的词汇系统

汉语的词汇兼容性极强，它可以吸收任何语言的新鲜词汇以丰富自身，并且可以随时借用其他语言的词汇而不减自己的魅力。如余光中《听听那冷雨》中的一段话：“太初有字，于是汉族的心灵，祖先的回忆和希望便有了寄托。譬如凭空写一个‘雨’字，点点滴滴，滂滂沱沱，淅沥淅沥淅沥，一切云情雨意，就宛然其中了。视觉上的这种美感，岂是什么 rain 也好 pluie 也好所能满足？”在这段文字中，不仅用了英语的“rain”，而且用了法语的“pluie”，汉语自身的语言魅力未受到丝毫影响。此外，大量的音译外来词进入汉语语汇系统，也使汉语的表现力大大增强。

（四）简洁的语法

中国有句话：“大道至简。”用这句话来形容汉语的语法再恰当不过了。汉语语法非常简洁，十分规范，逻辑性特别强，很少变化。这一特点使得汉语学习变得十分轻松愉快，而且魅力无限。

总之，汉语是世界上最优秀的语言，其文化的承载力、辐射力都堪称世界之最。

二、汉语的特殊魅力

随着信息技术的发展，尤其是汉字计算机输入技术的不断成熟，原来被世人视为汉语缺陷的东西已经不复存在。不仅如此，随着人类认识科学的发展，汉语的巨大优越性已经被世界各国的语言学家和认知科学家所公认。今天，汉语正凭借其独有的魅力走向世界。

（一）人类最宝贵的思维利器

语言是思维的工具。大量的对比实验结果表明：中国人的思考速度比美国人的思考速度快。更准确地说，运用汉语的思维速度要比运用英语快得多。这是什么原因呢？汉语的词汇以单音节和双音节占绝大多数，语音对语义的区分度极高。一般情况下，人们感知到汉语的音节后会在极短的时间内对其所表示的语义作出判定。英语则不同，其一个单词常常由多个音节组成，并且单个音节没有对应的语义，人们感知多个音节后，经过较为复杂的思维过程才能判定其一组音节所表示的语义，这样一来，整体思维速度就大大降低。有人还做过这样的比较实验：用英语和汉语背诵乘法口诀，汉语用了 30 秒，英语用了 45 秒。这一事实也说明借助于汉语思维比借助于英语的思维速度要快得多。

认知科学表明：相同时间，思维速度快的人，自然能够思考更多的问题，当然也就更聪明。研究结果显示：中国人最聪明的原因就在这儿。最明显的对比就是日语与汉语。很多汉字让日本人念，必须用两个或者三个音节，中国人只需一个。假设一个汉字对应日语的两个音节，那么，日本人接受信息的速度，只有中国人的一半。

总之，与拼音文字支撑的语言相比，汉语的思维信息传递速度得天独厚——汉语是人类最宝贵的思维利器。

（二）超强的信息承载能力

汉语的语素主要是表示实在意义的单字，这样的语素可以自由组合新名词、新概念，以表达新思想，可以从容应对信息和知识爆炸的冲击而不会给人们带来识别上的压力。而在这一点上，英语就显得十分的笨拙。每当一个新生事物产生时，英语必须创造一个新的单词来给它命名。这样就大大增强了人们的认知难度。譬如“火箭”，汉语只需用“火”与“箭”两个字采用偏正构词法就可以构成一个新词，而英语只能创造一个新的单词：rocket 或者 mislle。

如此下去，英语单词每天都在以可怕的数量增长，从而给人们的阅读带来困难。从另一个角度讲，汉语具有极强的兼容性，用汉语写成的学术论文可以由汉语、阿拉伯数字和西方拼音文字的混用而成，但英语论文却很难融入一个汉字。中国的物理学专家可以凭借他在中学时代的化学基础知识通读化学专家的论文，反之亦然，而英美不同行业的专家要交流他们的学术成果，首先遭遇的是文字的难关——因为不借助于专业词典，他们就无法阅读用英文写的专业论文。

英语是一种二维符号，即只有音和义作为记录信息的载体，没有“形”的功能，而汉语却具备音、形、义三重信息载体，所以表达能力更强。对于英语国家的人来讲，不掌握上万单词，没法正常读书看报；不掌握 5 万以上的单词，不能进行某一领域的深入研究；而那些资深专业人士，往往需要掌握 10 万单词。随着当代信息量的增加，英语单词成为沉重的负担。相比之下，汉语就显得十分的轻松：只要掌握 3500 个常用字，读书看报搞研究就没有任何问题。

方块字的规整与独字成义、双字表意的特点使汉语成为最省俭的语言。同样内容的一本书，西方语言要比汉语浪费 2 倍的纸张。联合国用五种工作语言写成的文本中，汉语文本总是最薄的那一本。

（三）简洁、平易而不失严谨

因为产生于对物象的描摹，汉语是人类最平易的语言，其最大的优点是可以“望文知义”——一篇文章即使有许多字不认识，也不影响阅读。即便是阅读古汉语，哪怕有很多不认识或者不明白意思的字词，但只要联系上下文一琢磨，就能大概理解它的意思。而英语就不同，一篇文章中哪怕只有几个关键单词不认识，都很难读懂。

在科技专业用语的表达方面，无论是翻译外语专业词汇，还是自创专业词汇，汉语都有着欧美语言所不具备的独特优势。如关于 internet 一词，日语的 yintaunetto 只是音译。如果是不懂英语发音的日本人，如果不上网，就不知道它是什么意思。同样，如果是上网的中国人，即使不懂英语的 internet 是何意，但也知道互联网的意思。即便是不上网的中国人，只要知道“互”“联”“网”三个汉字的意思，大概也能猜出“互联网”表达的意思。事实上，英语中很多科学的专业词汇，就连以英语为母语的人，如果不是该专业的，也难以理解。比方说，Scialytic，即便是英美的高中生甚至大学生，若非医学专业，几乎都不知道该词的意思，使用时也只能是死记硬背。但与此对应的汉语“无影灯”一词，别说高中生、大学生，只要是上过学，知道“无”“影”“灯”三个字的意思的中国人，就是猜也能猜到该词的意思是“没有影子的灯”。

对于以汉语为母语的人来说，只要掌握了最常用的 2000 个左右的汉字，就可读懂

95%的流行于社会的一般文本，而且丝毫不会感到有任何阅读方面的困难。这在西方语言的文字里是无论如何也办不到的。学过外语的，无论英法德俄，日意西葡，都知道有所谓的“专业词汇”，一门专业一本（甚至多本）词典。其“语文”同知识一样，也必须“活到老学到老”，需要用一生的时间来学习，其任务之艰巨，难度之大，也就可想而知。唯独汉语是个例外。一个人只要小学毕业，已足以供他在日后的阅读生涯中应付。无论将来从事何种专业，也无论该专业将涌现多少新术语，都一律采用“增词不增字”的方式从容应对，故而从无“专业词典”一说，凭一本《新华字典》便可畅行于所有专业之间。外国人到中国留学，也有这种体会。只要过了语言文字关，就可以毫无困难地学习各种专业——包括使用不少古汉语的中医。

总之，汉语是十分简洁和平易的语言，不仅易学易通，而且使用起来左右逢源。

值得注意的是，汉语简洁、平易，但不失表意的严谨。这是由汉语本身的构词规律所决定的。如汉语词汇中关于鸡的概念，只要以“鸡”为中心，加上适当的修饰语素“小”“公”“母”就可以准确地表达出基本意思相同但又有差异的几个意思，并且能够使人们看到基本意思相同的词语间的相互联系。而英语则不同，公鸡是cock，母鸡是hen，小鸡是chicken，不仅看不出公母和大小之间的联系，而且识记也很困难。

（四）强大的生命力

汉语是世界上生命力最强大的语言，其顽强的生命力主要表现在这么几个方面：一是延续性。现在的中国学生，可以朗朗上口地诵读2000年前的《诗经》，其主要一点就在于汉语的延续性。正因为割舍不断的延续性，人们才能读懂上古的篇章，了解远古的历史。二是强大的同化力。历史上每一次外来民族入侵、占领中原之后，过不了多久，就开始说汉语，最终遗弃了自己的民族语言，成为汉语的传承者。三是无与伦比的凝聚力。中国是一个多民族的国家，疆域辽阔、方言众多，尽管他们的口语交流障碍重重，但只要有方块字在，他们的心就息息相通。

（五）独特的益智功能

汉字本身是表意文字，具有很强的形象启示性。很多用象形手法造出来的汉字，能够引发人的联想。这样，不仅字义容易理解，而且能够促使思维的发展。国内外的大量研究表明：说汉语比说英语能更多地使用右脑，即使用汉语的人智力更好。

当然，汉语不仅仅属于我们中华民族，它属于全人类，是全世界仅存的少数古老而优秀的文化遗产。

第二节　汉字的特点与发展

一、汉字的特点

汉字和其他古老的文字一样，都经过由图画文字到表意文字的阶段，而它与其他古老文字不同的是，那些古文字在演变中有的停止使用而丧失了生命力，有的变成了拼音文字，有的甚至不可识读，被外来文字取代。唯有汉字，从未间断地被使用，并在数千年的历史发展中，顽强地维护着自己的表意文字特点，成为世界上最古老、最系统严密的表意文字，代表着世界文字的重要发展方向。

（一）超越时空的巨大魅力

跟拼音文字相比，汉字具有超越时间和空间的巨大魅力。从时间的角度讲，汉字形体的演变具有很强的延续性。虽然古今汉语字音的差别很大，但2000多年来字形相当稳定，字义的变化比较小，所以先秦时期的古书今天一般人还能看得懂。而用拼音文字写的古书，现代人就根本无法读懂了。

古埃及、古巴比伦的文明史被割断就是一个例子。从空间上讲，中国疆域内方言众多，语音差别也很大，不同方言区的人彼此不能交谈，可是只要写成汉字，他们就能互相沟通。连使用汉字的日语，在部分使用汉字的地方，说汉语的人都能够看明白意思。

（二）形义关系十分密切

在古文字阶段，汉字的构字方法主要有四种：象形、指事、会意、形声。象形就是对事物的外部特征进行描绘，使人一看便知。如“山”“水”“鱼”。指事是用抽象符号或者在象形字的基础上加上抽象符号表示难以直接描绘的事物或位置，如：“本”是在“木”的下部加上一横指示树根的位置。会意是把两个或两个以上的字合在一起表示一个新的意思，如“休”用“人”倚“木”表示“休息”义，“尘”用“小”和“土”会合出“尘土”义。形声是用表示意义类别的构件和表示声音的构件合起来表示一个词义，如“湖”用“氵（水）”表示意义类别，用“胡”表示读音，“袍”用“衤（衣）”表示义类，用“包”表示读音。在这四种构字方法中，前三种都没有表音成分参与，字的形体直接跟词的意义相联系。第四种虽然有表音成分参与，但人们还可以依靠表意的成分来理解字义，起主要作用的仍然是表意构件。在漫长的发展过程中，汉字这种据意构形的特点一直没有改变。汉字是典型的表意文字，也造就汉字的独特文化，元宵节或一些活动中的字谜游戏，就是根据汉字意义和形体的特点，把汉字分析拆拼，对谜面或谜底的文字形状、笔画、部首、偏旁进行增损变化或离合归纳，使原来的字形发生变化。这类谜往往虚实结合，须仔细推敲斟酌，才能求出谜底。如“绿树村边合”（打字一）谜底是“林”。谜面摘自唐代孟浩然《过故人庄》，今运用别解手法，以“绿、树、村”三字的“边”分扣“木、木”，是为离，再将这两个偏旁合起来成为“林”，是为合。

（三）独特的形体构造

就形体的特点而言，汉字是在一个二维平面上构形的。这个二维空间为汉字构件的结合提供了许多区别的因素，除了不同的构件可以组合成不同的汉字以外，相同的构件也可以构成不同的汉字，如“木”“林”“森”是构件多少的差别造成的，“叶”与“古”“呆”与“杏”是构件位置不同造成的，小篆“比”“从”“北”“化”的差别是构件置向不同造成的。这些在两维空间内造成的区别与拼音文字由字母线性排列而结合是不一样的。所以汉字书写灵动自如、形象传神、飘逸潇洒，富有运动感，字的大小、笔画都有一种变化美。

（四）音、形、义三位一体

汉字是音、形、义的三位一体，在声音上的特点是音节中元音占优势。汉字音节中可以没有辅音，但不能没有元音，元音成分比例大。同其他语言相比，汉字读出来声音响亮，悦耳动听。

三、汉字的发展

汉字是中华民族的通用文字。它和埃及圣书字、古代苏美尔文字、原始埃兰文字和克里特文字等，同是世界上最古老的文字。

一般认为汉字起源于图画，今天所能见到的最早的汉字是殷商甲骨文，此后经历了西周金文、春秋金文、战国大篆、秦代小篆、汉代隶书和魏晋以来的楷书。汉字的历史变化主要表现在书写和构造两个方面。

殷商甲骨文是刻在龟甲兽骨上的文字，内容多为占卜记录。甲骨文是笔骨板，因此线条瘦硬，多有方折。从结构来看，甲骨文已是相当成熟的文字体系，传统六书中的象形、指事、会意、形声等结构方式在甲骨文中已经具备，这说明当时人们已经懂得用已有的字作构件构成新的字，这为汉字系统的进一步完善奠定了基础。但是甲骨文中有些字的构件还不固定，如“牢”字的字形，画的是一个牢圈形，牢圈中可以是一头牛，也可以是一只羊，还可以是一匹马。

金文是铸在钟鼎等青铜器上的文字，线条肥厚粗壮、圆浑丰润，字形庄重美观，大小趋于一致，排列越来越整齐。金文中形声字大量增加，异体字相对减少，结构趋于定型，这说明金文比甲骨文更成熟了。

大篆，也称籀文。周宣王时有位太史叫籀，因其对我国文字进行第一次大改革，著有大篆十五篇，籀文因此得名。战国时期，诸侯纷争，文字异形，离周王朝故地越远的地方，字形变异越大。不但国家之间字形歧异，一国之内，异体现象也很严重，书写随意性较强。但不管怎么变异，七国文字都是上承西周春秋金文。

小篆是秦始皇统一中国后推行“书同文”政策所采用的字体。小篆的书写完全线条化，象形性减弱。从构造来看，已经形成了相当严密的文字体系：一方面，异体字大量减少，构件的写法趋于一致，同一个构件在不同的字中、在一个字中的不同位置写法基本一致，另一方面形声字大量增加。这些都增强了字和字之间的联系，使汉字在总体上形成一个相互联系的体系。

隶书创于秦代，是在汉代成熟且通行的字体。隶书打破了小篆的线条化，实现了书写的笔画化，从此汉字失去了图画性，突出了符号性。隶书是汉字形体的又一次大变革，是古今汉字的分水岭。

楷书流行于魏晋，成熟于隋唐，一直使用到今天。楷书的形体由隶书的扁方变为正方或竖长方，偏旁部首也随之标准化，有了固定的形体。楷书结构严谨，字字独立，易写易读，完全成了由点画组成的方块形，明显摆脱了汉字的图画意味，比隶书又进了一步。汉字从历史的演变，可以分成两大阶段：自甲骨文到秦代小篆，通称古汉字，自隶书

以后，通称今汉字。古今汉字的重要区别是书写单位笔画的形成。在古文字阶段，汉字的书写单位是各种各样的线条，这些线条是随着事物形体的变化而或曲或伸形成的，由这些线条构成的汉字，带有较明显的图形性。而隶、楷阶段的今文字的书写单位，则是各种类型的笔画。这些笔画经过自然发展和人为规范，逐渐变得样式固定、数量有限、书写规范，由这些笔画书写出的汉字，原始的图形性已经淡化了。

从汉字所经历的实际变化中，我们可以看到汉字发展的几个规律和趋势：

(1) 汉字一直顽强地坚持表意特点，不断采用新的方式，增强个体符形和整个符号系统的表意功能。例如，当汉字记录的词所指的事物发生变化后，汉字总是及时调整它的义符，以适应新事物的特点。“砲”本是用石头做进攻武器，所以义符从“石”。火药发明后，形体改为从“火”的“炮”。“州”本像水中陆地的样子，后来在书写过程中变得不象形，就再加义符“水”来增加意义信息。这说明，汉字最终要最大限度地在符形上增加意义信息，来坚持自己的表意特点。

(2) 汉字在易写与易识的矛盾中，不断对个体符形进行调整，以实现简繁适度的优化造型。汉字职能的发挥由两个不可缺少的环节组成，这就是书写和识读。就书写而言，人们总是希望符号简单易写，而就识读而言，人们又希望符号丰满易识。然而越简化，就越易丢掉信息，给识别带来困难，追求信息量大、区别度大，又难免增加符形的繁度，给记录增加负担。二者的要求是矛盾的。汉字就在二者的矛盾中相互调节，以追求简繁适度的造型。如：鱼、鸟，都是将象形的尾巴简化为“一横”。“火”做底时简化为四点，如“点”。

(3) 汉字在发展中不断完善和简化自己的构形体系。表意文字所遇到的最难解决的问题，是随着词汇不断丰富、意义不断增多，字形便会无限增加，致使符形量超过人们有限的记忆能力。为了解决这个问题，汉字必须在对构件进行规整的前提下，形成一个严密的构形系统。许慎的《说文解字》在人为调节的基础上，第一次把这个构形系统整理和描写出来。从小篆起，汉字就有了一批兼有意义和声音的成字构件作为构形的基础，这样的成字基础构件共有400多个。其他汉字都是由这400多个构件充当义符或声符按一定规律拼合而成的，这样就产生了一大批义符和声符相互制约的形声字。凡同义的字，用声符别词，如“檀”“榆”“枫”“柏”都是木名，义符从“木”，用声符来区别，“桐”“铜”“筒”“洞”都是“同”声，用义符来区别。这种形声字，大约占汉字总数的87%以上，成为汉字的主体，汉字便形成了以形声系统为中心的构形体系。

汉字在漫长的历史中，遵循着删繁就简、避难趋易的原则发展，而且在自行发展的基础上进行人为的规范，在尊重汉字社会通行状况的基础上进行规范，在掌握汉字发展趋势并因势利导的前提下加以规范，使规范具有社会性和科学性。

第三节 汉语和汉字的文化功能

汉语承载了最久远、最壮美和最丰富的人类文明史，任何一种语言都不能与之相比。由于汉字几千年的延续性，使其承载的信息完整地保存了下来，因此，中国历史才有了从未被割断的延续性，中国文化才更加的丰富和辉煌。用汉语写就的诗文，成为人类文化宝库中最优美的篇章。今天，当人们激情诵读唐诗宋词的时候，当人们感受诸如“衔远山，吞长江，浩浩汤汤”，“上下天光，一碧万顷”这些文字所描绘的意境的时候，不禁会由衷地赞叹：汉语太美了！

汉语、汉字与中国文化有着极为密切的关系，它们既是中国文化的重要内容，同时又是中国文化中其他文化的载体。

一、汉语和汉字是中国文化的重要内容，是中国文化的有机组成部分

首先，汉语的诞生意味着中国文化的诞生。语言是人类区别于动物的主要特征，有了语言，人类才可以相互交流，才可以进入有组织的社会生活，成为“文化”的人。从这个角度讲，汉语这一文化内容在中国文化中的地位是相当重要的，汉语悠久的历史说明中国文化是源远流长的。其次，汉语是汉民族智慧的结晶，是汉民族创造的宝贵文化财富。不同民族有不同的语言，不同的语言代表的是不同的语言习俗，汉语以自身特殊的文化形式，构成了中国文化的重要特征。汉语同音词多，因此而形成的谐音吉利、谐音避讳等语言习俗就成为中国文化的重要内容。例如：隋炀帝的“隋”字，起初是“随”，他讨厌“走之”，就改为“隋”。汉光武帝名刘秀，便把“秀才”改称为“茂才”。

汉字也是重要的中国文化内容。首先，汉字的出现是中国文化从“史前时期”走向“有史时期”的界碑。在汉字产生以前，汉民族曾经历了一个相当长的仅用口语进行交流的时期，随着思想交流的日益复杂，人们迫切需要有一种能够将语言记录下来的东西，经过锲刻记事、结绳记事等方法的探索后，人们终于找到了汉字这种最适合记录汉语的工具。有了汉字，汉民族才有书面的历史记录，从此进入了“有史时期”。其次，汉字本身就是中国文化的一部分。每个民族的文字都具有自己的特点，不同的文字构造反映着不同的文化内涵，并且各民族都会依据本民族的文字特点形成许多的文化。汉民族根据汉字可拆可合的形体特点，形成特有的字谜游戏和姓氏避讳中的缺笔避讳，例如：晋朝帝王祖上有司马师，天下师姓皆缺笔改为为帅氏。宋代名臣文彦博，其祖先本姓敬，为了避后晋高祖石敬瑭违，才改姓文；姓敬的人又有改姓苟的。根据汉字二维构形的特点，形成了特有的汉字书法艺术和玺印艺术，这些由汉字直接衍生的文化，使汉字成为整个中国文化系统不可缺少的重要成分。

二、汉语和汉字又是中国文化的主要载体，是中国文化传播的媒介，对中国文化的发展起到了很大的促进作用

中国文化是世代发展的，这种发展相当大的一部分是靠汉语、汉字的世代传承来完成的。如果没有汉语、汉字，中国文化的积淀和发展是不可想象的。中国历代古书的失传非常严重，历史上曾有“六经”:《诗》《书》《礼》《乐》《易》《春秋》，其中《乐》在战国时代失传了，于是“六经”变成了“五经”，我们今天已无法系统了解《乐》的内容，这证明了文字记载对文化传播的重要性。中国文化行为的发生大都建立在汉语、汉字的基础上，汉语、汉字的发展对人的思维和各种社会生活、文学艺术产生重要影响。比如，汉语方言众多，这为以方言为基础的地方曲艺的形成、发展和极大丰富提供了条件。汉字是汉族文化的主要载体，随着汉民族的迁徙，汉字承载着汉文化向四周传播的使命。汉族居住地地域广阔，方言众多，汉字表意文字的特点使它在共同的地域传播中能够超越方言的局限，使各方言区的人能够顺利交流，这对促进民族文化的发展、促进统一的汉族文化的形成起了重要作用。

三、中国文化对汉语和汉字的发展演变也产生了很大的影响

中国文化对汉语的影响是多方面的。例如中国文化史上有一个重要的文化现象——言文脱节，这对文化的传播和发展是一种阻碍，新文化运动以后，言文一致，这是中国文化影响中国语言（主要是书面语）发展的一个典型例证。再如，把北京语音作为普通话的标准语音，是与北京作为中华人民共和国的首都、作为中国的政治文化中心的地位分不开的，这是文化对语音的影响；随着近代中国文化对西方文化的吸收，汉语语法出现了某些欧化的倾向，这是文化对语法的影响。在语言的各要素中，文化对词汇的影响最明显，词汇常常会因社会生活和社会思想的变化而变化，如随着封建社会的消亡，许多表示封建社会称谓的词语，像“圣上”“宰相”等，随着那个时代的消亡而不再出现在人们的日常生活中。随着高新科技的发展，许多新词语在社会上流传开来，像“网吧”“电子邮件”“粉丝”等。

中国文化对汉字的影响也十分显著。中国文化的发展不断对汉字提出新的要求，促进汉字不断向前发展。汉字是为记录汉语服务的，周秦时期汉语词汇大量派生，原有的汉字不敷使用，于是促使了汉字的大量产生。随着近代科技的发展，大量的化学元素被发现，为了记录这些化学元素名称，制造了很多新的汉字。汉字的每一次重大变革都是在一定文化背景下产生的。秦代统一天下以后，为了实现文化上的统一，实行“书同文”政策，废除了“六国”文字中与秦国小篆不合的形体，对汉字形体进行了一次严格的规范。新中国成立后，为了解决繁体汉字难学、难记、难认、难读的问题，推行了《简化汉字方案》，对汉字进行了一次全面的改革和调整，这种改革对汉字发展和使用的影响是巨大的。

第五章　中国古代文学

第一节　中国古代文学的特点

文学的艺术特征潜藏着生命的强力，人面对文学作品鉴赏之际，就是运用全部的审美经验和意识把他的深度展开在作品中。中华民族有着自己独特的文化传统，自然也有着自己独特的审美意识，文学作品的艺术特征是一种文化的表现，必然会打上民族文化的鲜明烙印，深深积淀着民族的心理特质。

一、神似论

如何处理形神关系，是重在对对象的形貌做客观真实的描写，还是重在对对象的内在精神做深刻的发掘和展现，中西文学艺术有着明显的不同。如果说西方文学在古希腊时期崇尚的便是对现实的客观模仿，那么中国古典文学讲究的则是以形写神，注重的是神似。在我国古代诗词评论中，总是把艺术意象是否传神，是否做到了形神兼备，作为衡量作品成功与否的一个重要标准。

所谓神似，是指作品要生动地表现出所描写对象内在的精神气质和精神旨趣。也就是说，艺术意象仅仅把现实中的物象表达出来是不够的，还要传达出物象的神韵来。相传东晋著名画家顾恺之曾经画人而数年不点眼，人问其故，他回答："四体妍蚩，本无关于妙处，传神写照，正在阿堵之中。"（《历代名画记》卷五）这里，他在我国的古典文艺理论中首次明确地提出了"神似"的观点，虽然是就绘画而言的，但"神似"的艺术标准在古代的文学创作中影响也颇大。

诗词是抒情的艺术，但同时也是形象的艺术，不过它写人物形象不求齐全，只求其神而不袭其貌。贵在表现出人物的精神。因此，诗词中写人物少有细致周到的肖像描写，往往只写一颦一笑，一个侧影，取其一点而不及其余，要以"以形写神"为宗旨。如《诗经·卫风·硕人》中的第二章："手如柔荑，肤如凝脂，领如蝤蛴，齿如瓠犀。螓首蛾眉，巧笑倩兮，美目盼兮，素以为绚兮。"这章集中写卫庄公夫人姜氏之美，前五句虽然通用比喻，但看到的形象并不生动，而六七句运用白描，出奇制胜，使形象栩栩如生，达到了传神的境界。因此后人在评价时认为："至如'巧笑倩兮，美目盼兮'，则传神写照，正在阿堵，直把个绝世美人，活脱脱地请出来在书本上幌漾。千载而下，犹如亲其笑貌。"（孙联奎《诗品臆说》）李清照的《点绛唇》上篇写少女青春活泼的娇美形象，还侧重于写形，下篇则以形写神，少女看见有人来了，一阵慌乱，害羞地往屋里跑，显出一副狼狈的模样，但到了门边“倚门回首，却把青梅嗅”，是想乘机回头看看来者究竟是何等模样。词全写人物的形，但每个画面都传出一种“神”来，于是一个天真活泼、怕羞而又有些顽皮的少女神态跃然纸上。可见只有做到了形神兼备，以形写神，才能够传神写照，将描写对象的精神特质和内在意蕴鲜明地表现出来。

写自然景物也要传神，就是强调要抓住其本质特征，表现出物的内在精神。如杜甫的《春夜喜雨》：“好雨知时节，当春乃发生。随风潜入夜，润物细无声。野径云俱黑，江船火独明。晓看红湿处，花重锦官城。”此诗被后人赞誉为“通体精妙，后半犹有神。”历代写春雨的诗可谓多矣，为什么杜甫的这首被称为“名篇”呢？这主要是因为诗人不是泛泛地写春雨，而是写出了“好”春雨的“神理”。诗人把春雨拟人化，从具体的描绘中表现出它的特征：它“知时节”，它适时地给万物以滋养；它伴随着和风在夜里悄悄到来，似乎不想让人们听到声音；向野外望去一片黑沉沉，只有江船上的灯火是明亮的；等到天亮再来看，锦官城到处都是红艳艳沉甸甸带着雨珠的鲜花。春雨这么好，诗人是在内心中由衷地喜爱它，全诗却不写一个喜字，但喜意却从诗句中自然而然流露出来。

“形神兼备”的形象构成原则，在中国古典戏曲、小说的创作中同样受到了高度重视。明清时代，由于小说、戏曲的发展，这两种文学体裁更为强调形神兼备。戏曲是一门综合艺术，其形象塑造主要依靠演员的表演来完成。在这方面中国戏曲形成了一整套富有民族特色的表演体系，充分体现了“形神兼备”的美学效果，即通过程式化的虚拟动作，准确生动地传神达意，使人物角色的形态美与神态美达到完美统一。程式动作来自对生活动作的提炼和升华，是演员在唱、念、做、打等“形”的表演中所应遵循的规则，但这些规则毕竟是死的。中国戏曲美学一贯强调，演员要根据对角色内在精神的深入分析、体验，灵活自如地设计、运用“形”的表现动作，做到形生神活，理想地完成“形神兼备”的舞台形象塑造。在小说创作方面，中国小说美学是围绕“个性化”来论及人物形神统一的。所谓“个性化”，也就是人物身上内外两方面的独特性。将这两方面的独特性结合起来，便构成金圣叹所说的“性格”，所以李贽把“传神写照”说运用到小说《水浒传》评价上：“描写鲁智深，千古若活，真是传神写照妙手。”（《李卓吾先生批评忠义水浒传》第二回末总评）李贽这“传神写照”说，是根据小说的特点对以前的“形神”论的进一步发展，并且成了后来小说、戏剧创作中塑造典型形象的一个理论。显然，“形神兼备”的形象创造原则，要让人物的形神在充分个性化的基础上达到统一，即人物个性化的外在表现（表情、语言、行动）须以其个性化的精神内涵为依据，而个性化的精神内涵又须通过个性化的外在表现显现出来；同时，这种个性化的统一还要反映形神的丰富性、复杂性和矛盾性，人物的整体形象在形、神两方面越是有个性，越是丰富、复杂，就越是深刻饱满、鲜明生动，从而给人以“形神兼备”的审美享受。金圣叹说：“《水浒传》写一百零八个人性格，真是一百零八样”“一样人，便还他一样说话。”（《读第五才子书法》）李渔认为戏曲中人物语言“说一人肖一人，勿使雷同，弗使乏浮。”（《闲情偶寄·语求肖似》）孔尚任在《桃花扇凡例》中说：戏曲人物形象应“须眉毕现”“其面目精神，跳跃纸上，勃勃欲生”。洪秋蕃在《红楼梦抉隐》中说：“《红楼》妙处，又莫如描摹之肖。性情各以其人，声吻若自其口出，至隐揭奸诈胸藏，曲绘蝶亵情状，尢为传神阿堵。”以上这些说法都是对“形神”说的进一步发挥。

二、抒情性

抒情性是我国古代特别是早期文学最明显的民族特色，因为我国古代是诗歌的王国，而且诗歌也是我国古代最早最主要的文学样式，它的抒情特征最显著，我国古代的其他文学样式也不同程度地受其影响。由于“缘情”说的提出及其影响，使我国古代文学创作更有意识地强化了情感因素，从而更富有审美性，因为文学的美感作用是作品本身的情感因素在读者心目中引起共鸣的特殊效果。文学史上的一些杰出美学家、艺术家都深刻地认识到这一点。黑格尔在《美学》中说：“艺术应该通过什么来感动人呢？一般地说，感动就是感情上的共鸣。”列夫・托尔斯泰在《艺术论》中也曾深刻地认识到文艺的最主要特征之一是“用艺术家所体验的感情感染人”。但是，西方古代文论史上对文学情感特征的认识没有悠久的传统，这是由于西方古代早期文学以史诗和戏剧为主，因而重再现。可见，中西方古代文论对文学特征的认识是符合各自民族文学特点的。用抒情写意来概括中国古代文学的艺术特征应该是非常恰当的，不论是诗歌、散文，还是小说、戏剧，无不体现出一个“情”字。李清照的“守着窗儿，独自怎生得黑”的凄惨之情，辛弃疾的“了却君王天下事，赢得生前身后名，可怜白发生”的悲壮之情，“无可奈何花落去，似曾相识燕归来”的人生感伤，这种种蕴含不同的情，将中国的古代文学装扮得色彩斑斓。

我国古代文学理论从直接的创作实践立论，认为是既得的某种情感促生了文学创作。《毛诗序》云：“情动于中而形于言”，诗（即文学）正是有情感萌动于心中而表达出来的语言成果。儒家诗教关于“发乎情，止乎礼义”的论断也是首先率直地表达了文学与性情之间的原始关联。《文赋》关于“诗缘情”的见解，刘勰所谓“风雅之兴，志思蓄愤，而吟咏情性，以讽其上”，提倡“为情而造文”，反对“为文而造情”的理论见解，包括钟嵘之称“陈诗展义”“长歌骋情”，都是说明了只有抒发真情才能写出真正的诗篇来。

《诗经・国风》中的民间恋歌和氏族们的咏叹，奠定了中国文学的以抒情言志为主的基本美学特征：“彼黍离离，彼稷之苗，行迈靡靡，中心摇摇，知我者谓我心忧，不知我者谓我何求，悠悠苍天，此何人哉。”（《王风・黍离》）“蒹葭苍苍，白露为霜。所谓伊人，在水一方。”（《秦风・蒹葭》）“昔我往矣，杨柳依依。今我来思，雨雪霏霏。行道迟迟，载渴载饥。我心伤悲，莫知我哀。”（《小雅・采薇》）尽管这些诗篇咏叹、感喟的具体内容我们已无从知晓，但是它们传达出来的那种或喜悦或悲伤的真挚情感，那种一唱三叹、委婉悠长的抒情特征至今仍然感人。它们不同于其他民族的古代长篇叙事史诗，而是一开始就以这种虽短小却深沉的抒情艺术感染着、激励着人们。

正是由于中国古代文学很注重生命内在情态的表现，强调的是作品的抒情性特征，即使是客观性比较强的游记散文，在中国古代散文家笔下也绝不是自然景物的客观描写，而是借山水寄情怀，以至形成具有鲜明民族特色的“比德”的美学观念。被誉为“千古绝调”的柳宗元的《永州八记》，“写山水，幽冷奇峭；抒胸襟，旷逸高远；伤放逐，兴感慨，情甚凄楚。”（徐善同《柳宗元永州游记校评》）他笔下的永州山水胜景，大多是别人遗弃甚至是轻视的，他却因为自己的怀才不遇而同情这些山水胜景的遭遇，以山水暗喻自己，进而发不平之鸣。记游、叙事总是有感而发，写景、状物也总有一定的寓意，对山水草木、人物、事件的叙述描写，都是作者思想感情的外化。

白居易也说：“感人心者莫先乎情”，文学史上那些具有强烈艺术魅力、历久常新，使读者百看不厌的作品也莫不是因为一个“情”字。李密的《陈情表》历数作者和祖母的骨肉深情，缠绵凄恻，哀婉动人，深深感动了晋武帝，也感动了每一个读者。流传后世的《出师表》虽然“文采不艳”，但诸葛亮那种“鞠躬尽瘁，死而后已”的耿耿深情却让我们为之动容。不单诗赋如此，即使以“叙事文学”著称的我国古典戏曲、小说亦是极富情感性，往往叙事只是它们的表层属性，骨子里却还是抒情。诚如有研究者指出的那样，“元杂剧虽然已经获得了以代言体的方式表演故事这个外在的戏剧形式，但是在精神实质上它仍然是抒情诗的。”（马效平：《试论元杂剧的抒情诗本质》）比如《聊斋志异》，通常都会认为它写人妖爱情，表现了强烈的反封建礼教的精神，另外还抨击了科举制度的腐败，揭露了现实政治的黑暗，反映了人民群众的反抗和斗争。其实，有人已经指出：“观其寓意之言，十固八九，何其悲以深也。”（《聊斋志异》跋二）蒲松龄也自云：“浮白载笔，仅成孤愤之书，寄托如此，亦足悲矣。”（《聊斋自制》）文学创作中情感因素应该深沉浓郁，而且要发自内心。情感愈是深沉浓郁，就愈利于产生出成功的佳作。学术以理服人，而文学则以情动人。能否动人是衡量文学作品是否成功的主要标志。要使作品中的人和事能打动人，作者首先要被这些人和事强烈地感动过。感情的土壤愈是肥沃，育出的文学果实就愈是丰硕。古往今来，凡为佳作，无不凝聚着作家深沉或浓郁的情感。脂砚斋这样记述《红楼梦》作者创作时的深情：“壬午除夕，书未成，芹为泪尽而逝。”曹雪芹本人也说：“满纸荒唐言，一把辛酸泪，都云作者痴，谁解其中味。”

三、意境说

意境是具有鲜明中国特色的艺术范畴，是在中国古代文学艺术实践的过程中被提出的。它既是客观景物的真实再现，又是作家主观情感的充分抒发，是审美主客观相互联系在情景交融中得以升华的完美体现。唐代的刘禹锡曾说“境生于象外”，诗人只有创造出“象外”悠远的艺术空间，才能收到“言有尽而意无穷”的艺术效果。《诗品》的作者司空图则强调“韵外之致”“味外之旨”“不着一字，尽得风流”，揭示了意境含蓄蕴藉和发人想象的美学特征。后来的文论家又提出“含不尽之意，见于言外”，以及“情景”“兴趣”“妙悟”“滋味”“格调”等学说，都丰富了中国古典文学中的意境理论。

王国维将是否有境界作为评判古典诗词成败优劣的重要标志。诗词曲赋，有境界则自成“高格”。他还将意境理论引入戏曲和小说研究领域。因而，意境的开拓与营造成为包括诗词、散文、戏曲等体裁在内的中国古代文学的共同追求。

意境就是意中之境或境中之意，“意”是指诗人的思想感情或由客观景物引发的主观情思，“境”是指诗人的主观情思对客观景物进行改造、加工出来的不同于原有景物的艺术境界。这种境界是情与景的感应和交融，描写如画而又意蕴丰富。

诗词中鲜明的富于启示性的意境不胜枚举：“大漠孤烟直，长河落日圆”（王维《使至塞上》）；“无边落木萧萧下，不尽长江滚滚来”（杜甫《登高》）；“斜阳外，寒鸦数点，流水绕孤村”（秦观《满庭芳》）；“小楼一夜听春雨，深巷明朝卖杏花”（陆游《临安春雨初霁》）。当然，王国维在他的《人间词话》中还将意境分为“无我之境”和“有无之境”两类，诗人比较客观冷静地描绘景物，渲染出特定的氛围，情感是在境的基础上的悠然回味。往往先有景物，使诗人见景生情，情是由景引起的。“采菊东篱下，悠然见南山。山气日夕佳，飞鸟相与还”（陶渊明《饮酒》）；“寒波澹澹起，白鸟悠悠下”（元好问《颍亭留别》）就如王国维所说的“无我之境”。诗人比较客观冷静地描绘景物，渲染出特定的氛围，情感是在境的基础上的悠然回味。往往先有景物，使诗人见景生情，情是由景引起的。“泪眼问花花不语，乱红飞过秋千去”（冯延巳《鹊踏枝》）、“可堪孤馆闭春寒，杜鹃声里斜阳暮”（秦观《踏莎行》）就是“有我之境”。诗人感情强烈，将自己的情怀投射到景物上去，他所罗织的景物，都饱含强烈的感情色彩。往往是先有感情，移情入景，景物受情感的渲染而被赋予明显的主观因素，景是由情选择的。可以说，意境是以情感为中心，渗透作家主体情思，表现于“境”的、充满联想和想象的艺术境界。诗歌能以数言而统万形，其浩无涯。原因在于将情与景、意与境达到有机交融、相互渗透，以至天地有形、万物着彩、心声随物、情思赋景。

意境凝聚了古代文学的全部精髓，故而以其情景相生、情景交融产生了独特的境界和氛围。陶渊明《饮酒》《归田园居》之自然恬淡，岑参《白雪歌送武判官归京》之雄浑悲壮，孟浩然《过故人庄》之清新秀丽，李清照《永遇乐》《渔家傲》之婉约妩媚，辛弃疾《水龙吟》之豪迈雄浑等，是古典诗词所追求的至高境界和审美目标。

被誉为“秋思之祖”（元·周德清《中原音韵》）的元人马致远的《天净沙·秋思》：“枯藤老树昏鸦，小桥流水人家，古道西风瘦马。夕阳西下，断肠人在天涯。”诗人描绘出一幅动人的秋郊夕照图，描写旅途中秋天黄昏的景物，烘托出萧瑟苍凉的境界，以小桥流水人家的幽静气氛衬托沦落天涯者的彷徨愁苦。由傍晚凄迷的秋色反映旅人漂泊的愁绪。作者在秋天、黄昏、旅途的背景中，将许多自然的景物和形象组织在一起，形成有机不可割离的整体形象。全曲将枯冷凄清之秋景与漂泊羁旅之感伤凄苦、孤独绝望完美结合，造就了一个萧瑟苍凉的“意境”。王国维认为它“深得唐人绝句妙境”，将之视为元曲最佳者。

这种讲究意境的营造，强调主观之情与客观之景的交融同样体现在中国古典戏曲中，王国维在《宋元戏曲考》中对戏曲的意境做了言简意赅的解说：“写情则沁人心脾，写景则在人耳目，述事则如其口出是也。”（陈多、叶长海：《中国历代剧论选注》）《西厢记·长亭送别》中有《端正好》一曲：“碧云天，黄花地，西风紧，北雁南飞。晓来谁染霜林醉，总是离人泪。”我们可以把文中杂乱模糊的形象汇成一幅分明而有序的画面：在蓝天白云的映衬下，一行大雁向南飞去，凌厉的西风吹送下满地的菊花瓣，远处山上是一片经霜打红的树木……这是直接为感官所感知得到的景物，但是景物的描写大都不是为写景而写景，而是为了更好地表达剧中人物的感情，把景物描写结合在戏剧情节和人物性格的变化和发展里，这样，就可以使得剧中人物见景生情、借景抒情，情景交融，构成意味深长的意境，进一步表现情，深化情。《长亭送别》中这一幅“秋郊送别图”，如果只是写了这五个有动有静的景物，没有末句一问，景物也就失去了活力，一个“染”字沟通了景与情的联系，使得大自然的景物融入凝重的离愁，蒙上一层沉郁、忧伤的感情色彩，萧瑟的秋景与莺莺悲凄的心境化而为一，无法分开。

中国文学的创作既然注重表现意境，文学的鉴赏当然也应该力求感受和进入意境。当我们读着那些意味深远的作品时，可能暂时忽略了周围的一切，视而不见，听而不闻，整个心灵沉浸在想象的世界之中。有时是自己过去的审美经验被唤起，并和诗人取得共鸣；有时仿佛心灵打开了一扇新的窗户，得到对宇宙和人生新的理解；有时会感到超越了故我，在人格上和智力上走向更加光明和智慧的境地。

第二节　中国古代文学的发展

为了清晰地描述中国古代文学的发展演变轨迹，首先必须对中国文学的起源作出科学的解释。依据马克思主义的唯物史观，文学应该起源于人类的生产劳动。劳动创造了人类的一切财富，包括物质财富和精神财富，文学则是精神财富的主要载体。我们拟将中国古代文学的起讫点分别设定在公元前 11 世纪的《诗经》时代和清代，并以朝代为标志，以文学自身发展规律为线索，将中国古代文学划分为以下三个不同发展阶段。

一、先秦文学：中国古代文学的奠基期

所谓“先秦文学”，是指秦始皇统一中国之前华夏大地上产生的所有文学。由于原始社会的口头文学和殷商甲骨文时代书写文学萌芽阶段的文学年代久远，浑茫难辨，所以一般的文学史都将《诗经》作为先秦文学的重要起点。

《诗经》作为我国古代第一部诗歌总集，收录了西周初年到春秋中叶的诗歌作品 305 篇。依据音乐体式的不同，《诗经》分为“风”“雅”“颂”三部分。这些诗歌广泛而深刻地反映了周代社会的历史和现实，内容丰富，感情真挚，风格质朴，手法多样，语言优美，为后世文学创作奠定了深厚的人文基础和艺术底蕴，并确立了我国古代诗歌的现实主义传统和抒情特征。

继《诗经》之后，战国时期在我国南方的楚地产生了另一部里程碑式的作品——《楚辞》。如果说《诗经》是以写实手法反映丰富多样的社会生活的话，那么《楚辞》则以浪漫主义的瑰丽想象抒发了作者的思想感情。《楚辞》的主要作者屈原写下了一系列不朽诗作，成为中国文学史上第一位伟大的爱国主义诗人。他创作的《离骚》堪称我国 2300 年来最为宏伟瑰丽、感人肺腑的抒情长诗。《诗经》和《楚辞》双峰并峙，成为中国古代诗歌发展的两大源头。中国诗歌素以“风骚”二字标榜于世，足见两者对后世文学的影响之大。

从春秋末到战国后期的300余年间，实为中国社会“古今一大变革之会”（王夫之《读通鉴论》卷末）。伴随着百家争鸣局面的形成，先秦诸子散文开始大放异彩。诸子散文追求的虽然是逞词辩说的实用功效，但它“深于比兴”的特点，却往往促使其采用形象化的说理手法，从而出现了许多实用文与美文糅合一体的经典之作。早期的诸子散文以《论语》《墨子》为代表，主要采用语录体形式，行文自然明快，说理简洁深刻。中后期的诸子散文以《孟子》《庄子》《荀子》《韩非子》为代表。这些著作往往在鸿篇巨制中从容展现作者的思想观点和独特的艺术风格。其中《孟子》的文章气势充沛，极富鼓动性和说服力；《庄子》想象奇特，汪洋恣肆，仪态万方，充满浪漫情调，属诸子散文中罕见的文学杰作；《荀子》说理透彻，逻辑周密，往往通过旁征博引辩明事理；《韩非子》则文风峭刻犀利，且善于运用诸如“自相矛盾”“刻舟求剑”之类的寓言故事阐述哲理。这些都对后世的散文创作产生了极其深刻的影响。

与先秦诸子散文相辉映，先秦历史散文的文学性也达到了相当的高度。先秦历史散文主要由各国史官积累的大量档案资料整理加工而成，记载了各国政治、军事、外交等方面的事件以及统治者和策士的言论，代表著作有《左传》《国语》和《战国策》等。先秦历史散文以叙事为主，它的发展过程，概括起来说就是由简到繁。首先是《春秋》体的片言只语式的记事；继而演进为《左传》《国语》体，已成为篇幅完整的散文；及至《战国策》，不仅语多长句，且能采取民间题材，内容和形式都能做到纵横变化，丰富多彩。这些都清楚地表明，历史散文的创作在先秦已初步成型。

由于中国古代文学向来以诗歌和散文作为自己的正统形式，而先秦时期这两种文体又取得了开创性成就，所以我们完全有理由把先秦视为中国古代文学的奠基期。也就是说，后世的文学都是从先秦文学的基础上发展而来的。诚如清代学者章学诚所言：“至战国而文章之变尽，至战国而著述之事专，至战国而后世之文体备。故论文于战国，而升降盛衰之故可知也。”（《文史通义·诗教上》）

二、秦汉至明初文学：中国古代文学的发展期

中国古代文学的发展期从秦汉开始，经过魏晋南北朝、隋唐五代、宋元，到明初为止，前后长达1600余年。我们之所以将中国古代文学发展期的时间跨度设定得如此之大，主要是因为中国古代文学的各种主要体裁在此期间才得以基本定型。

公元前221年，秦始皇以武力统一中国，掀开了中国历史新的一页。秦朝由于时间短促，加上奉行“焚书坑儒”的文化专制政策，所以在文学方面几乎毫无建树。汉王朝建立后，采取了一系列相对宽松的文化政策，文学创作获得了一线生机，于是汉赋作为一种全新的文学形式开始雄踞汉代文坛。汉赋是一种介于诗与散文之间，以铺张扬厉为主要特色的特殊文体。初期的汉赋大家是贾谊和枚乘。从贾谊的代表作《吊屈原赋》和《鹏鸟赋》中可以看出，汉初的赋为“楚辞”之余绪，有屈原之遗风。枚乘的代表作《七发》夸张铺叙，规模宏大，为汉大赋的第一篇成型之作。汉赋全盛期的代表作家是司马相如和后来的扬雄、张衡等人。其中司马相如的《子虚》《上林》二赋最为著名，前者写云梦泽游猎之

盛，后者写上林苑校猎之壮，堪称歌功颂德，描写汉朝赫赫声威的汉大赋之典范。东汉以后，歌功颂德的大赋开始逐渐被抒情小赋所取代，代表作品有张衡的《归田赋》、蔡邕的《青衣赋》和赵壹的《刺世疾邪赋》。较之于汉大赋，抒情小赋多能反映作者的个性情感，故文学特征更为鲜明。

除了代表性的文体汉赋之外，汉代的史传散文也取得了辉煌的成就。代表作品是司马迁的《史记》。《史记》以洋洋 52 万余言的篇幅记载了自传说中的黄帝至汉武帝时代长达 3000 余年的历史，树立了纪传体史书和史传散文的光辉典范，被鲁迅先生誉为“史家之绝唱，无韵之《离骚》”（《汉文学史纲要》）。代表两汉诗歌新成就的是乐府民歌和五言诗。汉乐府的名篇如《孔雀东南飞》和《陌上桑》，都是千古传唱的佳作。而以《古诗十九首》为代表的汉代文人五言诗则下启魏晋三曹及建安七子的诗歌创作。

晋宋之际陶渊明的出现，使长期沉寂的两晋诗坛顿时大放异彩。陶渊明由于能亲身体味乡村恬静田园生活的深沉意趣和大自然的真谛，所以他的田园诗创作具有一种旷渺悠远、自然醇美、平淡而有韵味的特殊风貌，从而为古典诗歌创作开辟了一个全新的领域。正是从陶渊明开始，田园诗不断得到发展，至唐代甚至形成了一个山水田园诗派。从这个意义上讲，陶渊明的诗作确实可以看作唐诗出现之前我国古代诗歌创作的一座高峰，而陶渊明本人也因此被朱自清推崇为中国古代影响最为深远的三大诗人之一。中国古代文学发展至唐代进入了一个新的高峰期，其主要标志便是唐诗气象的出现。有唐一代，300 余年，诗体争奇斗艳，流派异彩纷呈，名家灿若星辰，成就前无古人。

初唐时期，王勃、杨炯、卢照邻、骆宾王号称“四杰”，他们努力开拓诗的新题材和新气象，创作出了不少刚健清新，感情质朴的诗篇。而陈子昂及其诗作《登幽州台歌》的出现，则标志着唐诗勃兴时代即将来临。

真正代表盛唐时期唐诗气象的是诗坛巨擘李白、杜甫的横空出世。人称“诗仙”的李白继承和发扬了我国古代诗歌的浪漫主义传统，以自己天马行空、遗世独立的人格特征和喷薄而出、炽热如火的情感力量，创作出了大量清新飘逸、气势豪迈的诗歌杰作，从而把唐诗的发展推上一个后人难以企及的历史高度。与李白共同构成“双子星座”，人称“诗圣”的杜甫则以自己的现实主义创作，为唐诗树立起另一座丰碑。杜甫结合自己一生颠沛流离的生活经历，以沉郁顿挫的独特诗风，唱出了乱离时代的深沉悲歌。他的诗歌在艺术上集前代之大成，同时又开启后世诗歌创作的无数法门。杜甫的诗歌作品在文学史上被公认为一代“诗史”，而他本人也无愧诗坛楷模、千载诗宗的光荣称号。诚如韩愈所言：“李杜文章在，光焰万丈长。”人们完全可以断言，如果没有李白和杜甫，也就不可能有什么唐诗气象。

当然，盛唐时期为唐诗气象增添光彩的绝非仅限于李白、杜甫二人，其他如孟浩然、王维、高适、岑参、王昌龄等人的诗歌创作，也为盛唐诗坛增色不少。他们或以山水田园诗见长，或以边塞诗称雄，均有不俗的表现。

安史之乱结束后，唐诗的发展面临转折，总体上由盛唐的浪漫热情向中唐的现实冷静过渡，并由此迎来了唐诗的第二次繁荣，先后出现了两大诗派，一是“韩孟诗派”，一是

“元白诗派”。前者以韩愈为代表，李贺、刘禹锡、柳宗元、孟郊、贾岛等人为羽翼；后者以白居易为代表，元稹、张籍、王建、李绅等人为羽翼。

晚唐之世，诗歌风格趋于卑弱，衰败之迹宛然可辨。这一时期，唯有杜牧与李商隐成就最高，世有“小李杜”之称。尤其是作为唐诗殿军的李商隐，风格深情邈绵，自成一体。他诗作中那些表达爱情体验和喟叹社会政治人生的“无题”诗，更是意蕴隽永，寄慨遥深，具有一种耐人寻味的艺术魅力。

唐代的散文虽然无法与诗歌相提并论，但同样取得了不俗的成绩。中唐时期，在韩愈、柳宗元的倡导下，形成了一场声势浩大的古文运动。古文运动的核心思想是“文以载道”，中心人物是韩愈、柳宗元，主要成员有张籍、李翱、刘禹锡等一大批著名作家。韩愈十分重视散文的艺术独创性，其说理文如《原道》《师说》《进学解》《杂说》等，议论精辟，气势纵横，具有极强的逻辑说服力，且形式新颖；其叙事散文如《张中丞传后叙》，以《史记》的笔法，将人物形象刻画得栩栩如生，表现出了极高的文学造诣。柳宗元的散文则以风貌独特多样著称于世。论说文雄辩宏阔，叙事文形象生动，寓言体散文创意新奇，山水游记清新自然。通过韩、柳等人身体力行的创作，唐代散文极大地丰富了中国古代文学史的内容，并成为后世散文创作效法的榜样。

如果说唐代文坛是诗人的天下，那么宋代文坛则由词人独执牛耳。词作为一种与音乐关系密切的新诗体，尽管中唐时期的韦应物、白居易、刘禹锡等人已对它进行过初步的尝试，而且五代时的南唐还产生过冯延巳、李煜这样一些著名的词人，并留下了《虞美人》《浪淘沙》《谒金门》等早期词作的精品，但只有进入宋代之后，词的创作才真正迎来了它的鼎盛时期。在中国文学史上，词向来被当作宋代文学的主要标志，仅《全宋词》收录的词人就多达1400余位，作品则达20000余首。

北宋前期，词坛上主要有晏殊、欧阳修为代表的名士词和柳永为代表的俚俗词。晏、欧等人主要致力于小令词的创作，形成了宋词的婉约派风格，作品多雍容闲雅的富贵气，代表作有晏殊的《浣溪沙·一曲新词酒一杯》和欧阳修的《踏莎行·候馆梅残》等。宋词“至柳永而一变”。柳永以自己毕生的经历和才华变旧声为新声，成为两宋慢词的奠基者。柳词题材以写离愁别绪和男女恋情为主，语言平实浅近，富有平民气息而流传极广，以至于达到了“凡有井水饮处，即能歌柳词”（叶梦得《避暑录话》）的程度。其词作《雨霖铃·寒蝉凄切》和《八声甘州·对潇潇暮雨洒江天》等，至今仍是传唱最广的宋词名篇。

毫无疑问，最能代表宋词成就的作家应首推苏轼。继柳永之后，苏轼进一步拓展了词的表现题材，把词这种艺术形式引向了更广阔的社会生活和人们丰富细腻的内心世界。苏词内容广博，风格多样，或明快飞扬、豪迈奔放，或清逸舒徐、柔情婉转。尤其是他的代表作《念奴娇·赤壁怀古》写江山人物，贯通古今，意境雄浑，有如黄钟大吕，振聋发聩，在“大江东去”的吟唱中开出了宋词的一片新天地。

北宋后期，词坛主流复归婉约，代表人物为秦观和周邦彦。秦观虽是苏轼的学生，但词风却迥异于苏轼。其词作往往柔笔抒情，一唱三叹，形成了婉美、妍丽、含蓄、情辞兼胜、音律和婉的风格，被后世奉为“婉约正宗”。而集北宋婉约词之大成的周邦彦则形成了一种既典雅精工，又沉郁顿挫的独特词风。历代词论家都把周邦彦及其“雅词”视为词成熟阶段的典范。

1127年靖康之变后，宋室南渡，词也进入了一个新的发展期。南宋初期的词人多跨南北宋之交，经历过惨痛的靖康之变，他们的词作往往能较多地反映当时动荡的社会生活。这一时期著名的词人主要有李清照、朱敦儒、张元傒、张孝祥等人。其中李清照为我国古代最伟大的女词人。她所创立的“易安体”言浅意深、本色当行，是婉约派的进一步发展。李清照早期的词作，人称“辞意并工，闺情绝调”；后期的作品将个人的不幸与国家的兴亡融为一体，具有动人心魄的艺术魅力。

南宋最伟大的爱国主义词人当推辛弃疾。辛弃疾生逢南宋王朝衰落之际，虽有出将入相之才和抗金报国之心却壮志难酬，于是只好把满腔郁愤寄托在词作之中。辛弃疾虽主承苏轼的豪放风格，但取径更广，善于将经史子集之语融于自己的词作之中，从而形成了一种丰富多样、博采众长的艺术个性。其小令绵密蕴藉、意趣盎然，慢词则慷慨奔放、纵横捭阖。在辛弃疾的词作中，人们既可以读到“金戈铁马，气吞万里如虎”的英雄语、豪壮词，也可聆听到“罗帐灯昏，哽咽梦中语”（《祝英台近·晚春》）和“稻花香里说丰年，听取蛙声一片”（《西江月》）之类的儿女情、农家语。尤其令人称道的是他的爱国词。作为一个从硝烟弥漫的战场上冲杀出来的爱国志士，辛弃疾并非以旁观者的身份去有意填写爱国词，而只需将满腔真情宣泄而出即成千古绝唱。总之，辛词在宋词乃至整个中国词史上都占有十分崇高的位置，产生过极其深远的影响。

除了词之外，宋代的诗歌和散文创作也有不俗的表现。宋诗的整体成就虽然不及唐诗，但它却绕开唐诗的烂熟套路，另辟蹊径，开创出了自己的一片新天地。北宋诗坛成就卓著者首推苏轼与黄庭坚。苏轼诗歌形式多样，众体兼长，极富艺术个性。其早期诗歌的风格以豪迈奔放为主，后期诗作则渐入冲淡平和之境。黄庭坚则致力于诗歌艺术手法的革新，开创了以说理见长的江西诗派。南宋诗人的杰出代表是陆游、杨万里和范成大，他们从正反两方面吸取了江西诗派的创作经验，而终能自成一家。尤其是爱国主义诗人陆游，他以似火的热情、如虹的气势，唱出了灾难深重的南宋时代的民族最强音，从而成为一代文学宗师。宋代的散文也是名家辈出，“唐宋八大家”就有“六家”出现在宋代。在宋代诸多散文名家中，欧阳修的影响最大。他不但力倡诗文革新运动，而且身体力行地创作出了《醉翁亭记》《秋声赋》等一大批富于情韵、平易畅达的散文名篇。

宋灭元兴，伴随着城市的繁荣和市民阶层的扩大，一种适合市民审美趣味的通俗文学样式——元曲，开始成为代表性的文体。元曲又称元杂剧。作为一门综合艺术，它把文学、表演、宾白、舞蹈、演奏、歌唱融为一体，以一种雅俗共赏的形式，开辟了我国戏曲的黄金时代。据史料记载，元杂剧可考的剧目多达600余种，流传至今的也超过150余种，可见当年它确实曾经盛极一时。元杂剧的代表作家是关汉卿、王实甫和马致远等人。关汉卿作为元杂剧的奠基人和元前期剧坛领袖，其创作题材十分广泛，所作杂剧已知60余种，代表性的作品有《窦娥冤》《救风尘》《望江亭》和《单刀会》等。在《窦娥冤》中，关汉卿将现实主义精神与浪漫主义色彩融为一体，通过一个妇女蒙冤屈死，使天地变异、六月飞雪的悲剧故事，塑造出了窦娥这样一个不朽的艺术形象。与关汉卿《窦娥冤》的悲剧主题完全不同，风华才子王实甫的《西厢记》则表达了“愿天下有情人皆成眷属”的美好愿望。剧中的莺莺、红娘、张生，一个个栩栩如生，早已成为家喻户晓的人物形象。全剧情节曲折，结构严谨，语言典雅华丽，充满了诗情画意。《西厢记》也因此被后来的评论家视为元杂剧的“压卷之作”，创造出了该剧在舞台上盛演700余年而不衰的奇迹。马致远的代表作是《汉宫秋》。剧本以历史上的昭君出塞故事为题材，不落传统昭君

故事“红颜薄命”的窠臼，而是着力表现汉元帝对昭君的真挚爱情和昭君的爱国爱民情怀，主题深刻，词曲优美，享有元杂剧“绝调”之称。

作为元代代表性文体的元曲除了元杂剧（又称剧曲）之外，还包括散曲在内。散曲是一种配乐演唱的抒情诗体。散曲有小令和套数之分，小令为单支曲子，套数则是由两支以上属同一宫调依次连缀而成的曲子。散曲的内容十分广泛，有反映社会政治黑暗、百姓生活艰难困苦的作品，也有叹老嗟贫、咏史归隐之作，更不乏描写爱情的风月情事之作。作为通俗文学的典范文体之一，散曲在语言表达上以大胆呈露、曲尽情怀为主要特色；在艺术风格上则力求雅致与通俗相统一。由于元代散曲的作者多为地位低下的艺人和名不见经传的文人，因此大量作品散佚湮没，为今人所确知的作者只有200余人，流传下来的小令作品有3800余首，套数470余套。其中代表性的作家作品有关汉卿的《不伏老》、马致远的《秋思》、张可久的《怀古》、张养浩的《潼关怀古》等等。

元末明初，长篇白话小说《三国志演义》和《水浒传》相继问世。至此，中国古代文学的所有体裁全部出现，中国古代文学漫长的发展期终于走到了它的历史尽头。

三、明中叶至清代文学：中国古代文学的总结期

如前所述，元末明初伴随着《三国志演义》和《水浒传》的问世，中国古代文学由发展期开始转入全面总结期。总结期主要以小说和戏曲为代表文体。

作为小说这一文体成熟标志的章回体虽然产生在元末明初，但这一文体的起源却十分久远，至少在魏晋南北朝时期，它就已经初具雏形。晋代干宝的《搜神记》和南朝刘义庆的《世说新语》堪称早期志怪小说和志人小说的典范之作。前者以写神灵鬼怪及其妖异怪诞之事为主，后者则以记载人物轶闻琐事为主。从艺术的角度看，志怪小说虚构成分浓郁，比志人小说具备了更多的小说因素。

唐代传奇的出现，是我国小说发展史上的重要里程碑。所谓“唐传奇”，实际上就是唐代出现的一种文言小说。至唐代，人们开始有意识地创作小说，无论取材现实或是历史，都重在表现人事，而有别于旨在“发明鬼神之不诬”的六朝志怪小说。唐传奇艺术上追求“著文章之美，传要妙之情”（沈既济《任氏传》），擅长运用艺术想象和虚构情节来塑造人物形象，表现人物性格。代表作品有《枕中记》《南柯太守传》《霍小玉传》《李娃传》《长恨歌传》和《虬髯客传》等等。

宋代以后，我国开始出现话本小说。所谓“话本”，即说书艺人（宋代称为“说话人”）演出的底本。由于说书艺人只能用当时流行的口语说书，所以作为演出底本的“话

本”也就成为我国最早的白话小说。小说话本一般分为以下四类：一为爱情类小说，代表作有《碾玉观音》《闹樊楼多情周胜仙》等；二为社会类小说，其中又以公案小说为主，代表作有《错斩崔宁》《快嘴李翠莲记》等；三为豪侠小说，如《宋四公大闹禁魂张》等；四为神话小说，如《张古老种瓜娶文女》等。现存较为可靠的宋代小说话本主要见于《京本通俗小说》《清平山堂话本》以及《古今小说》等书中。明代以后，出现了文人模仿民间话本而编辑或创作的案头文学“拟话本”。著名的拟话本小说集有冯梦龙的“三言”（《喻世名言》《警世通言》《醒世恒言》）和凌闬初的“二拍”（《初刻拍案惊奇》《二刻拍案惊奇》）。

除了小说话本之外，宋代还出现了一种讲史话本。讲史，亦称平话，篇幅较长，专讲朝代兴亡的历史故事。讲史话本的特点是在尊重史实的基础上进行加工创造。鲁迅先生曾经评之曰：“讲史之体，是叙史实而杂以虚辞”，“大抵史上大事，即无发挥；一涉细故，便多增饰。”（《中国小说史略》）现存比较重要的宋代讲史话本有《五代史平话》《大宋宣和遗事》等。

小说话本和讲史话本作为市民文学的产物，其共同特点是语言质朴、情节曲折、故事生动、人物性格鲜明，特别是有些讲史话本已经分卷分目，这些都为中国古代长篇章回小说的产生奠定了坚实的基础。元末明初的《三国志演义》和《水浒传》正是在宋元话本的基础上发展而来的。其中罗贯中的《三国志演义》属长篇章回小说的开山之作。该书构思严谨，情节曲折，人物形象栩栩如生。全书出现的人物超过 400 个，主要人物如诸葛亮、刘备、关羽、张飞、曹操等，均刻画得个性鲜明，像刘备的仁义、诸葛亮的智谋、关羽的忠义、张飞的鲁莽、曹操的奸诈，早已定格为人们耳熟能详的典型性格。至于另一部章回小说《水浒传》，则通常被人们称为英雄传奇，以有别于《三国志演义》之类的历史演义。小说通过一个个相对独立而又环环相扣的故事，生动地描绘了以宋江为首的一批传奇英雄“全仗忠义”“替天行道”的壮举，突出了“官逼民反”的进步主题。尤其值得称道的是，相对于《三国志演义》而言，《水浒传》在人物性格和语言的个性化方面，都有了长足的进步。

从明中叶开始直至清代，中国古代文学进入全面总结期。总结期小说创作达到了巅峰状态，先后产生了《西游记》《金瓶梅》《儒林外史》《红楼梦》和《聊斋志异》这样一些中国古典小说的典范之作。《西游记》是吴承恩在民间传说的基础上把唐代高僧玄奘赴西方天竺取经的故事，以神话的形式表现出来的一部中国文学史上成就最高的神魔小说。小说的主要篇幅是描写唐僧师徒经历八十一难赴西天取经的故事，情节离奇曲折，极具浪漫色彩。《金瓶梅》是中国小说史上第一部由作家个人创作的长篇小说，作者托名“兰陵笑笑生”，真实姓名已无法考证。《金瓶梅》的书名是从书中三个女性人物潘金莲、李瓶儿、庞春梅的名字中各截取一字拼凑而成。郑振铎先生认为《金瓶梅》是一部伟大的写实小说，赤裸裸地表现着中国社会的病态。作品以清河县恶霸西门庆为中心人物，描写了一帮社会的渣滓和寄生虫，其中有宫中太监、贪官污吏，男伶女妓、淫夫荡妇、市井恶棍、帮闲无赖等五花八门的人物，堪称十六世纪中国封建社会的现世图。《金瓶梅》艺术上的显著特色在于，它的人物不是在历史的大漩涡或激烈的社会冲突中展示性格特征，而是在平凡琐碎的家庭日常生活中显示出个性特征。清代吴敬梓的《儒林外史》是中国文学史上第一部文人的述怀讽喻之作。小说以知识分子的生活和精神状态为题材，对封建制度下知识分子的命运进行了深刻的思考和探索。小说批判讽刺的矛头直指八股取士的科举制度和被这个制度腐蚀、扭曲的知识分子的变态人格。因此，《儒林外史》堪称我国古代讽刺小说的杰作，它对晚清谴责小说的产生发挥过重要影响。继《儒林外史》之后，代表着中国古典小说最高成就的《红楼梦》终于诞生了。作者曹雪芹在这部具有深刻思想底蕴的巨著中，通过对贾、史、王、薛四大家族盛衰过程的描写，以贾宝玉、林黛玉的爱情悲剧为中心，深刻揭示了封建社会由盛转衰的必然性。在中国文学史上，还没有一部作品能把爱情悲剧写得像《红楼梦》那样富有激动人心的力量；也没有一部作品能像《红楼梦》那样把爱情悲剧的社会根源揭示得如此全面、深刻，从而在客观上对封建社会作出了鞭辟入里的批判。《红楼梦》艺术上的巨大成就，突出地表现在塑造出了众多有血有肉的个性鲜明的人物形象。小说中有名姓的人物多达480人以上，其中能给人以深刻印象的典型人物至少有几十人，像贾宝玉、林黛玉、薛宝钗、王熙凤等人更是成为千古不朽的典型形象。蒲松龄的《聊斋志异》是一部文言短篇小说集。这部小说集继承发展了六朝志怪小说和唐宋传奇小说的艺术风格，绝大部分篇章叙写的是神仙狐鬼精魅的故事，有的是人入幻境幻域，有的是异类化入人间，有的则是人、物互变，具有超现实的虚幻性、奇异性。书中的人物形象鲜明生动，故事情节曲折多变，语言典雅极具感染力，堪称古典短篇小说的纯熟之作。总之，总结期产生的上述几部作品，无论是思想内容或是艺术形式，都达到了中国古典小说创作的最高境界。它们的出现，既是明中叶以来市民文化的集中体现，更是对千余年小说创作传统与创作经验的全面总结与提升。从这个意义上说，视小说为中国古代文学总结时期的代表文体确实是十分恰当的。

总结期的另一代表性文学形式是戏曲。明中叶以后，戏曲在元代高度繁荣的基础上形成了又一个新的高潮。明代的戏曲又称“传奇”，它是在宋元南戏的基础上演变而来的一种新的艺术形式。明传奇的杰出作家是汤显祖。汤显祖的代表作是“临川四梦”（即《牡丹亭》《紫钗记》《南柯记》《邯郸记》）。其中《牡丹亭》属我国戏曲史上伟大的浪漫主义杰作。作品通过杜丽娘与柳梦梅生死离合的爱情故事，表达了作者追求个性解放、甘为“情使”的时代精神。全剧以新颖的构思、深刻的主题、生动细腻的性格描写、美不胜收的辞采，展现了富有启蒙精神的一代艺术巨匠汤显祖的不同凡响，同时也标志着我国古典戏曲的创作已经达到了它的历史巅峰。进入清代以后，传奇的创作也有不俗的表现，代表性的作家作品是洪昇的《长生殿》和孔尚任的《桃花扇》。《长生殿》叙写的虽然是流传已久的有关唐明皇与杨贵妃的爱情故事，但在这部传奇中，洪昇注入了新的内容，不仅使作品所表现的爱情主题富有沉郁的历史感，而且具有辛酸的时代感。在艺术表现手法上，《长生殿》力求情节的宛曲动人和唱词的典雅抒情，因此备受后人推崇。孔尚任的《桃花扇》则是传奇剧中“借离别之情，写兴亡之感”的典范之作。作品通过侯方域与李香君的爱情故事，深刻地展现了南明王朝走向灭亡的历史过程，真正做到了历史真实与艺术真实的有机统一。在艺术构思上，《桃花扇》也别具一格。它不但把一代兴亡的素材编织在侯、李爱情的情节线索之中，而且把离合之情和兴亡之感又具化为一柄以血痕点染而成的《桃花扇》，充分显示出了作品在艺术构思方面的独特成就。

明中叶至清代，除了小说和戏曲成就卓著之外，诗、词、散文等方面的成就虽然未能超过前代，但也进入了全面的总结期，可谓名家迭出，流派纷呈。明中叶以后在诗文方面先后出现了“前七子”“后七子”“公安派”“竟陵派”。清代之后，在诗歌方面既有遗民诗人黄宗羲、顾炎武、王夫之等人的悲壮沉郁之作，也有郑燮、袁枚等人的直抒性情之歌；词作方面则出现了“阳羡词派”“浙西词派”“常州词派”的各领风骚；散文方面，“桐城派”“阳湖派”则以其清丽雅正的风格展现了古典散文创作最后的辉煌。

第三节　中国古代文学的内容

一、中国古代诗歌

中国古代诗歌源远流长，始于先秦，盛于唐宋，至明清时已发展为多种形式，如“词”“曲”等。其内容丰富，文辞优美，不仅反映社会现实生活，还给人带来无穷的艺术享受，是中国古代文学的宝贵财富，也是中国乃至世界人民的宝贵财富。

（一）先秦诗歌

我国最早的诗歌实际上是一种劳动号子。如《吴越·春秋》卷九载《弹弓》云：“断竹，续竹。飞土，逐宍（肉）。”这是一首狩猎的歌。清人沈德潜《古诗源》就有许多这类作品。诗歌来自民间，发展至《诗经》的出现，反映了中国古代诗歌已初具阵容。

《诗经》是我国最早的一部诗歌总集，共 305 篇作品，反映了从西周初年到春秋中期的社会生活。《诗经》中的作品均为配乐歌唱的乐歌。据不同的乐调，分为风、雅、颂三个部分。雅、颂是为统治阶级歌功颂德、宣扬宗法及祀神祭祖的诗歌；风则是周朝各地的乡土乐歌，反映百姓的生活和表达他们的感情。前者如《生民》《大明》等，反映周民族史；《十月之交》《桑柔》等，反映贵族生活。后者如《七月》《伐檀》《硕鼠》等反映下层人民疾苦及反抗情绪；而《静女》《关雎》《氓》则体现爱情、婚姻生活。《诗经》以四言为主，常用赋、比、兴的表现手法，言辞质朴，音节和谐，对后世诗歌产生了巨大影响，是诗中经典。

到战国末期，出现了一代诗歌巨匠——屈原。他以丰富的想象、大胆的夸张、华美的文辞及富于变化的形式，开一代新风，成为中国积极浪漫主义诗歌的鼻祖。屈原创造了新诗体——楚辞，使诗歌随之进入了一个崭新的时代。长篇抒情诗《离骚》是其代表作，也是楚辞的代表作。后人常用《离骚》代楚辞，与《诗经》并称“风骚”。此外，屈原的《九歌》《九章》《天问》等，都是楚辞中的极品。

（二）汉赋

两汉是崇尚经学的时代，诗坛一度遭到冷落。直到东汉中后期，才出现了少量的五言诗。汉末的《古诗十九首》是当时诗歌思想和艺术的最高成就。它以抒情见长，行文平浅质朴，内容主要是汉末失意文人的低调感叹。此外，汉乐府民歌也是汉诗歌的一大成就。“乐府”发展到后来，成为一种新诗体的名称。汉乐府作品多产生于东汉，今存约40首左右，内容丰富。其中以反映婚姻爱情的长篇叙事诗《孔雀东南飞》和含喜剧意味的抗暴题材作品《陌上桑》最负盛名。汉乐府内容上反映现实生活，形式上灵活多样，以五言和杂言为主，善譬喻，想象丰富，有力地推动了中国古代诗歌的健康发展。

建安年间，诗坛出现了“三曹”“七子”，他们的作品反映了汉末军阀混战带来的灾难，同时抒发了建功立业的志向，既慷慨悲怆又激情满怀，后人誉之为“建安风骨”。建安文人中以曹植诗歌成就最高。他的诗以工于起调和修辞著称，是建安时期诗歌语言趋向华美的有力证明。其作品有《赠白马王彪》《杂诗》《田野黄雀行》均为难得的杰作。其他如王粲的《七哀诗》、蔡琰的《悲愤诗》等都以四言或五言的形式抒发了各自的情怀。

魏晋之际，置身动乱中的诗人们对生命的意义、命运有了新的思索。魏末的阮籍是这一时期的代表人。阮籍长于五言诗，他的82首《咏怀诗》，有强烈的抒情意味，开创了五言抒情组诗之体例。此外，西晋左思的《咏史诗》，东晋郭璞的《游仙诗》均为后人开辟了委婉抒怀的新风格。

东晋时，玄言诗盛行，《游仙诗》堪为代表作。而此时的大诗人陶渊明以朴素平淡的艺术风格，热爱田园生活和憎恶污浊的社会现实的真挚情感在玄言诗盛行的环境中独树一帜，代表作品有《归园田居》《饮酒》等。

南北朝时，南朝出现了专以山水为诗的诗人，并取得了相当大的成就，代表作家是谢灵运和谢朓。谢灵运的山水诗写得“如初发芙蓉，自然可爱”，善于营造画境，描摹细致深入。作品有《登池上楼》《石壁精舍还湖中作》等。谢朓的作品风格秀逸，山水造诣益深，作品有《晚登三山还望京邑》等。鲍照的诗歌成就更高，主要的贡献在乐府体上。他的乐府诗形成了雅俗结合的语言特色，改变了乐府诗雅化的趋向，代表作有《拟行路难》。齐梁时，形成了新体诗“永明体”，该体重声韵，使诗歌更富于音乐美。谢朓的《玉阶怨》《王孙怨》等五言小诗体现了这一特色。“永明体”工于韵律，文善咏物，后来演变为华靡艳丽的“宫体诗”，内容虽不足取，但文辞和音乐性方面的优点毋庸置疑。

南北朝的乐府民歌亦成绩斐然。南朝乐府诗有“吴歌”和“西曲”两大类，以情歌居多，如《子夜歌》《读曲歌》《西洲曲》等。风格婉约，叠字、谐音等手法较常用。北朝乐府诗内容很广，包括战争、百姓疾苦、爱情生活等，如《折杨柳歌辞》《陇头歌辞》及《木兰诗》等，语言明快，风格质朴、豪迈。

（三）唐诗

中国古代诗歌发展到唐代已进入了鼎盛时期。汉魏六朝诗歌的所有题材，在唐诗中都得到了继承和发展。据记载，现存唐诗总数约五万五千首，由此可知唐诗繁盛的程度。按是否讲究平仄、押韵和对仗，唐代的诗歌出现了古诗和近体诗的划分。近体诗包括律诗（八句，八句以上称排律）、绝句（四句）。唐诗，一般分为初、盛、中、晚四个阶段。初唐诗歌，自齐梁“宫体诗”之后，初唐四杰（王勃、杨炯、卢照邻、骆宾王），王绩、陈子昂、张若虚等人以各自的创作推动了唐诗的发展。“四杰”中，王的《送杜少府之任蜀州》，杨的《从军行》，卢的《长安古意》，骆的《在狱咏蝉》均为名篇。随后的陈子昂提倡“汉魏风骨”，无论是诗歌理论还是实践，均有建树。韩愈曾称赞他“国朝盛文章，子昂始高蹈”。初、盛唐之间的还有张若虚的《春江花月夜》、贺知章的《回乡偶书》等均为后世传诵。

盛唐，是中国传统诗歌的巅峰时代。各类诗歌体裁无所不包，现实主义和浪漫主义风格的作品各有千秋，田园诗派和边塞诗派相映成趣。短短五十年，涌现了大批杰出的诗人，大量绝佳的作品。

李白和杜甫代表了盛唐诗歌的最高成就。二人处于同一时代，但其性格和诗作的风格却迥然不同。浪漫主义是李白为人及创作的“灵魂”概括。他的作品内容广泛，情感丰富。有赞美祖国壮丽河山的，有体现建功立业的雄心的，也有表达怀才不遇的苦闷的，展示了大人间与小自我的丰富世界，作品如《蜀道难》《将进酒》《行路难》《静夜思》《秋浦歌》《塞下曲》《望庐山瀑布》等均为脍炙人口的佳作。杜甫则浓墨重彩地描绘了他的“现实主义”世界，其作品被称为“诗史”。他的作品善于反映现实，以小见大，并能寓情于事。“沉郁顿挫”是其作品的独特风格。杜甫诗作中最负盛名的有《望岳》《月夜》《兵车行》《茅屋为秋风所破歌》及“三吏”“三别”等。

此外，盛唐诗歌的两大流派，山水田园和边塞诗派也成就非凡。前者代表人物有王维、孟浩然等，作品言辞质朴，风格清新。王维的诗“诗中有画，画中有诗”，受后人称颂。作品如王的《汉江临眺》《终南山》，孟的《春晓》《过故人庄》等都非常有名。边塞诗派代表人是高适和岑参。其作品描绘边塞风光，情感真挚。此外，王昌龄、王之涣等也是边塞诗派名家。

中唐诗歌，流派众多成一特色，其中最主要的是元白诗派和韩孟诗派。白居易主张诗文应“为时”“为事”而作，倡导文章应反映现实的“新乐府运动”。其作品《秦中吟》是现实主义佳作，此外《长恨歌》和《琵琶行》也是后世传诵的名篇。元稹也是“新乐府运动”的中坚，著有《田家词》等。韩愈的诗文笔雄健，而孟郊与贾岛则崇尚苦吟，后人有“郊寒岛瘦”之说。此外有柳宗元、李贺等自成一派，均有佳作传世。

晚唐诗歌，以李商隐、杜牧成就最高。李商隐长于七律，其诗给人一种朦胧的艺术享受，如他的一些《无题》诗。杜牧以七绝见长，如《赤壁》《泊秦淮》等，以小见大，伤今怀古。晚唐诗坛由盛而衰，以后的皮日休、陆龟蒙、罗隐等虽承新乐府反映现实，然其气魄才气已远不及中唐。

（四）宋词

词是兼具四言，五、七言，骚体及四六骈文句式的杂言诗体。比之韵律齐整的齐言诗形式上更富变化，内容上也更利于表达。此外，“倚声填词”，乐士伶人与诗人合作，既促进了歌的传扬，也推动了诗的发展。由此，词的产生受到了诗人及世人的欢迎。

词的产生可追溯至晚唐，那时出现了词史上第一位重要词人温庭筠。他的作品以描写女性生活为主，其词风温润香软，故此，他被公认为花间词派的鼻祖。自此，词与诗的分界日渐清晰了。西蜀词人中韦庄名气最大，与温并称“温韦”。五代时，盛行三五十字的词——小令，代表人当属李煜、冯延巳等。南唐后主李煜以亡国之君的凄凉身世，以词来抒发国破家亡的感慨，一改温词的艳俗主题，使词提高到一个新的层次。李煜的作品情感真挚，极富感染力，如《虞美人》《乌夜啼》《相见欢》等。

北宋初，词坛承续五代花间派风气，代表人物有晏殊、晏几道和欧阳修。直至柳永和苏轼的出现才为词坛注入了新风。柳永的词雅俗共赏，故流传极广。在词体上，柳词多为慢词，以铺叙见长，善用白描手法，开合起伏，运用自如，充分体现了词的广阔表现空间，代表作有《雨霖铃》《望海潮》。苏轼“以诗为词”，极大地拓展了词的题材。他不仅革新了词风，开创了“豪放词派”，而且突破了词律的束缚，使其成为一种独立的诗歌体裁。苏轼本人是兼具婉约与豪放等多种风格的词坛大家。代表作有《水调歌头·明月几时有》《蝶恋花·花褪残红》等。此外，苏轼门下的“苏门四学士”黄庭坚、秦观、张耒、晁补之，也是词坛好手。其中以秦观为最，代表作有《踏莎行·雾失楼台》《鹊桥仙·纤云弄巧》，凄婉悱恻，音韵和美。

北宋最后一位大师级的词人是周邦彦。他深精礼乐，是“格律派”的代表。宋词在周邦彦手中成熟、定型，代表作有《瑞龙吟·章台路》等。

由北宋入南宋的著名女词人李清照创“易安体”。其词作清新雅致，充满生活情味。她的作品分两个阶段，北宋末的作品多写闺中生活；南渡后，多抒发国破家亡的愁与恨。她的作品因时而发，富有时代特征。代表作有《如梦令·昨夜雨疏》《声声慢·寻寻觅觅》等。辛弃疾是南宋伟大的爱国词人，他对词的运用堪称挥洒自如。其作品运用的手法丰富，风格多样，虽是豪放词的典型代表，但也不失婉约。代表作有《水龙吟·登建康赏心亭》等。继之而起的一批以豪放风格为基调的爱国词人，史称“辛派词人”，如陈亮、刘过、文天祥等人，均有名篇传世。其他如陆游的《诉衷情·当年万里》《钗头凤·红酥手》等亦是后世传诵的佳作。南宋后期有骚雅词兴起，以姜夔的《占绛唇·燕雁无心》《暗香》为代表，笔调清雅，将婉约词提升到一个新的高度。

（五）元曲

曲萌于金，盛于元，故后人称之为“元曲”。一般所说的元曲，包括散曲和剧曲。剧曲也称杂剧，是一种戏剧体裁。散曲则是继词之后一种新的诗歌形式。相比于词，散曲的曲调和行文都比较开放，表现空间更大。曲有曲牌，且全是单支的曲子，隶属于某一宫调，一贯到底，无单调、双调等之分。曲谱在正格之外可增删字，句式更灵活。尽管它在用韵方面要求一韵到底，但平、上、去三声可互叶，也可重韵。

散曲在体式上包括小令和套数。小令也叫“叶儿”，是单支的曲子，体制短小。套数又称“散套”，是同一宫调中的多支曲调缀合而成。大致来说，小令雅而套数俗。这样的体制特点，配以多用口语、多用赋的表现手法，使其显示了质朴、明快，直白而少含蓄的特色。散曲分北曲和南曲两类。北曲主要盛行于元代，南曲则至明代才流行开来，成为曲坛主宰。北曲曲风豪放，南曲则偏于婉约。

元代散曲，大致可分为前后两期。前期代表人有关汉卿、马致远、白朴、王实甫、张养浩等人。其中，马致远、张养浩的作品风格体现豪迈特色。如马的《越调·天净沙·秋思》，张的《中吕·山坡羊·潼关怀古》等多采用白描手法，风格质朴；而关汉卿、白朴等的作品风格趋于清丽。著名作品有关的《双调·沉醉东风·送别》，白的《中吕·喜春来·题情》。后期作家主要有张可久、乔吉、徐再思等。其作品追求典雅、清丽风格，华美文辞，注重声律，大多反映文人自身的生活和感受，著名作品有张的《中吕·卖花声·怀古》、乔的《双调·折桂令·荆溪即事》等。

元散曲作家中以马致远和张可久两人为最。马致远有“曲状元”之称，今存小令、套数共130多首，以《天净沙·秋思》最为著名。张可久的作品多寄山水，怀古抒情，风格清丽，今存作品700首。

（六）明清诗歌

明初，洪武年间刘基、高启、林鸿等人以社会现实生活和文人心境为内容，创作出了许多佳作。如刘基的《陇头水》、高启的《登金陵雨花台望大江》等。继之而起的是“台阁体”诗歌，以杨士奇、杨荣、杨溥为首。之后，以李东阳为首的“茶陵派”作品，承继“台阁体”一派，单纯追求韵律而内容空洞，脱离现实。弘治年间，以李梦阳、何景明为代表的“前七子”和以谢榛、李攀龙为首的“后七子”终于摆脱了“台阁体”的束缚。他们极力倡导复古，并使之成为明中叶一大特色。前后七子均有名篇传世。如李梦阳的《秋望》、何景明的《岳阳》、谢榛的《塞上曲》及李攀龙的《送明卿之江西》等。晚明，以“袁氏三兄弟”（袁宗道、袁宏道、袁中道）为首的“公安派”及以钟惺、谭元春为代表的“竟陵派”提倡性灵，使诗歌在理论上更进了一步。大致上，前者的作品风格质朴、率真，后者则体现幽深风格。明末，社会动荡，各类矛盾日深。此时的一些志士仁人凭借诗歌来抒发其悲壮的现实情怀。著名作品有陈子龙的《小车行》、顾炎武的《精卫》及夏完淳的《别云间》等。

此外，明中叶复兴的散曲也取得了很大成就。南北两派，风格各异。北派的冯惟敏，人称“曲中辛弃疾”。其作品内容丰富，风格豪放，著有《玉芙蓉·喜雨》等。南派作品追求华丽的文辞，看重音律，内容却脱离现实。如以沈仕为首的“青门体”，内容多享乐之作。沈璟的散文则工于辞律，近于“词”。陈铎、王磐兼两派之长。陈铎的《沉醉东风·闲情》风格柔婉，而其《滑稽余韵》136首则风格泼辣，反映下层社会生活。王磐的代表作如《朝天子·咏喇叭》等也体现了他融合二派的风格。

明代民歌堪称一绝。它们大多以反映城市下层生活为内容，其中更以爱情题材居多。如冯梦龙的《山歌》《挂枝儿》等语言朴素，风格泼辣。清代诗歌，流派纷呈。明末清初，涌现了大批重量级诗人，如钱谦益、吴伟业等。吴伟业以歌行体叙事诗见长，代表作有《圆圆曲》《捉船行》等。此外，王士禛的《真州绝句》《秋柳》等作品胸怀开阔，意境颇高，倡导诗以具“神韵”为要。

清代时，词也得到了相当的发展。清初有陈维崧、纳兰性德等都是写词好手。陈维崧是“阳羡词派”代表人，其词风豪迈、激荡，代表作有《醉落魄·咏鹰》等。纳兰性德词风婉丽、自然。他尤其擅长小令，代表作有《蝶恋花·辛苦最怜》等。此外，有顾贞观的

《金缕曲》，风格隽永，富创意。还有“浙西词派”代表人朱彝尊的《桂殿秋·思往事》等具骚雅之风，蕴意深远。清中叶有“常州词派”兴起，过分强调寄托，流于生涩、迷离。晚清诗人有蒋春霖、文廷式等，颇负才学，创作了不少好作品。清末，梁启超的《水调歌头·拍碎双玉斗》，语言明快，风格豪迈。王国维的《蝶恋花·昨夜梦中》词风清新婉约。总之，中国古代诗歌历史悠久，内容丰富，流派众多，体现了中国传统文化深厚的文化底蕴，为我们留下了宝贵的文化遗产。

二、中国古代小说

“小说”一词，最早见于《庄子·外物》：“饰小说以干县令，其于大达亦远矣。”意思是说，用修辞短小的言辞以求取高名，那离聪明通达的境界就远了。这里“小说”是指不合大道的浅薄琐碎的言论，还不是一种文学体裁，到了东汉开始有了小说家的名称。班固《汉书·艺文志》把小说列为诸子十家中的最末一家，说：“小说家者流，盖出于稗官，街谈巷语，道听途说者之所造也。”这里，班固把“小说”指为来自民间的口头传说，这才与后世所说的小说含义相同。

（一）魏晋南北朝小说

我国小说的发展，可以追溯到先秦两汉时代。《山海经》和《穆天子传》中所保存的许多神话传说，诸子散文中夹杂的寓言故事，以及汉代杂史如《吴越春秋》和《越绝书》中所记的人物奇闻等，都可以说是我国小说的萌芽。小说的真正发展始于魏晋南北朝时期。这一时期，中国处于300多年的分裂、割据状态，各种思想流派千花竞秀，层出不穷。魏晋南北朝小说就是在这样的文化氛围中产生的。

这一时期的小说主要分为两类。一是志怪小说，二是轶事小说（志人小说）。

志怪小说指的是描写鬼神灵怪的小说。现存的比较著名的有西晋张华的《博物志》10卷，西晋干宝的《搜神记》20卷，陶渊明的《搜神后记》10卷等，其中干宝的《搜神记》是这类小说的代表。

轶事小说指的是描写现实生活中人物言行的小说，与“志怪”相对，也称“志人”小说。这类作品主要有刘宋时期刘义庆的《世说新语》。

与先秦两汉小说相比，在思想内容方面，魏晋南北朝小说有如下两个特点：

1. 人文主义色彩浓厚，写作的着眼点从“神”向“人”转变

先秦的许多神话故事如“夸父追日”“后羿射日”“嫦娥奔月”等充满了神异色彩，主要反映的是人与自然的关系。而对人本身，人的价值、思想、情感关注得较少。

魏晋南北朝小说则注重表现人，反映了人的主体意识。如《搜神记》中《吴王小女》写了吴王小女为爱而自我牺牲，化为鬼后又与爱人重逢的故事，表现了作者对生死问题的思考，对理想世界的向往。又如《世说新语》中《怪诞》篇，写了阮有意摆脱礼法的束缚，醉卧在邻妇身边，喜欢跟嫂子聊天儿，宣称“礼岂为我辈设也”。个性色彩极为强烈，曲折地表达了世人要求尊崇自然、不拘一格的真性情。

2．“文”“史”不分，写实气息浓厚

志人小说多取材于真人真事。如《世说新语》就是描写魏晋以来士族文人的生活风貌的小说，通过对他们的言行进行如实的记录，反映当时社会思想动态和政治面貌。如《汰侈》篇写石崇每宴宾客，常令美人陪酒。客人不肯饮尽，即斩美人，一次竟连杀三人，反映了豪门的残暴。

志怪小说虽是奇闻逸事，但也并非子虚乌有捏造的，而是作者对传闻的如实搜集和记录。

总而言之，这一时期的小说还没有明确的创作意图，文学虚构成分不强，篇幅也较短小。主要是对其所在年代的所见所闻进行简单的整理和记述。

（二）唐代传奇

唐代传奇是在魏晋南北朝小说基础上发展的一种具有“史才”和“诗笔”双重品格的文学种类。具体来说，有如下两个特点：

第一，体例上十分重视小说的“史料价值”。

唐传奇在写作手法上，依照史传的体例，开始交代故事发生的具体时间、地点、主要人物的籍贯和身份。如《霍小玉传》的开篇说：“大历中，陇西李生名益，年三十，以进士擢第。其明年，拔萃，俟试于天官。夏六月，至长安。”这种写法，与司马迁《史记》中的人物列传简直如出一辙，而且在结尾往往针对故事中的人物事件，发表议论。尽管故事纯属虚构，却读来让人觉得倍感亲切，真实可信。

第二，在内容方面，极富“诗情画意”。

唐传奇主要以才子佳人的爱情为主要内容，如陈鸿的《长恨歌传》描写的是唐明皇与杨贵妃的爱情。白行简的《李娃传》描写荥阳生与妓女李娃超越世俗的爱恋。

此外，主人公用诗歌来表情达意，推进情节，也是唐传奇的一大特色。如元稹《莺莺传》中莺莺作诗一首，送于张生，曰：“待月西厢下，迎风户半开，拂墙花影动，疑是玉人来。”暗示张生晚上来幽会。又如《本事诗》中的“崔护觅水”，写落第士子崔护郊游时遇见一位少女，并向她要水喝。第二年再来时，却见不到少女了。崔护便在门上写了一首诗：“去年今日此门中，人面桃花相映红，人面不知何处去，桃花依旧笑春风。”少女的父亲见到此诗，告诉他说，少女因思念他而死。崔护便再三呼唤，少女竟然复活了。这则故事完全是围绕一首诗展开的，其实是用小说诠释这首诗。

唐传奇成果辉煌，分为单篇传奇和传奇专集。其中单篇传奇的代表作有陈玄祐的《离魂记》，李朝威的《柳毅传》，白行简的《李娃传》，元稹的《莺莺传》，陈鸿的《长恨歌传》，李公佐的《南柯太守传》，蒋防的《霍小玉传》等。专集中著名的有杜光庭的《虬髯客传》等。

唐传奇的繁荣有赖于唐朝经济的昌盛、政治的宽松和文化的发达。此外，古文运动的兴起也在客观上促进了写作水平的提高。更重要的是科举制度在唐深入人心，士人考试前，为提高录取机会，纷纷将自己作品投献名公巨卿，请求他们的指导帮助。因为唐传奇“文备众体”，综合了诗歌、散文、史传等多种文学表现形式，又容易引起阅读的兴趣，士人竞相为之，这促进了传奇的繁荣发展。唐传奇在艺术上的成熟，对后世的文言短篇小说、话本小说、元人杂剧，明清传奇都产生了深远的影响。

（三）宋元话本

话本是说话人所用的底本，说话就是讲故事。宋元时期，由于城市经济的繁荣，“说话”已成为一种专门职业，出现了自己的行会组织，即“雄辩社”和“书会”。前者是专门负责说书表演的，后者则主要负责话本创作。说话艺术的繁荣，极大地丰富了市民生活。进入元代，由于统治者大搞民族歧视，为防止社会混乱，明令禁止“说话”行业的公开存在。迫使艺人们将“说话”由勾栏（一种娱乐场所）改置书坊，艺人们大量刊刻“说话”底本以谋利。“说话”便由口头表演技艺转化为案头文学形式，话本小说便大量产生了。

话本小说散佚很多，尚存二十多种。散见于《京本通俗小说》《清平山堂话本》以及《喻世明言》《警世通言》《醒世恒言》。内容可分为四类：即爱情类，如《碾玉观音》《快嘴李翠莲》；公案类（侦探系列），如《错斩崔宁》；侠义类，如《宋四公大闹禁魂张》；神怪类，如《西山一窟鬼》等。后一类思想和艺术都较为低劣，此外还有反映民族矛盾的作品，如《杨思温燕山遇故人》等。

（四）明清小说

明清时期，随着资本主义萌芽的出现，商品经济的发达，封建制度开始从内部走向衰落。这一时期，在继承前代文学艺术成就的基础上，出现了大量的长篇白话小说，即章回小说。自此从语体上构成了文言小说、话本小说（白话短篇小说）、章回小说（白话长篇小说）三足鼎立的新格局。

这一时期是小说的黄金时期，按思想内容，可以将小说大致分为五大类：（一）历史演义；（二）神怪小说；（三）世情小说；（四）话本小说；（五）讽刺小说。

第一，历史演义。

历史演义一般是根据某一朝代的历史事件敷衍而成的小说。代表作有明代《三国演义》和《水浒传》。《三国演义》是中国第一部长篇小说，它既是章回小说的开山之作，也是历史演义类小说的鼻祖。《三国演义》的作者是明朝的罗贯中，故事依据陈寿的《三国志》而编写。从汉灵帝中平元年“祭天地桃园结义”，到晋武帝太康元年“王睿智取石头城”，前后叙述了九十七年的历史，描写了魏、蜀、吴三国的兴衰始末，反映了三国时期尖锐复杂的政治、军事斗争，成功地塑造了诸葛亮、关羽、张飞、周瑜、曹操、刘备等众多的人物形象，是一部妇孺皆知，很有影响的历史小说，对后来褚人获《隋唐演义》的编写产生了重要的影响。

历史演义的另一种形式，是描写英雄人物的传奇，其中成就最高的是《水浒传》。

《水浒传》的作者是明朝的施耐庵。故事大部分取自南宋以来有关梁山人物的传说。据《宋史》记载，梁山首领宋江确有其人。

作者在史实的基础上进行了再创造，大大地丰富了故事情节，描写了一支以宋江为首的农民起义部队从形成到发展的英雄事迹及后来由招安到灭亡的惨痛悲剧，塑造了武松、鲁智深、李逵、林冲、宋江等众多个性鲜明的人物形象，深刻地描写了“官逼民反”的历史事实，揭露了封建统治阶级的罪恶，热情地歌颂了起义英雄的高贵品质和反抗精神。《水浒传》是我国古典小说现实主义成熟的标志，在中国小说发展史上有巨大影响。

第二，神怪小说。

神怪小说是一种专门描写神魔狐鬼之类的小说。最著名的有明代吴承恩的《西游记》和清代蒲松龄的《聊斋志异》。

《西游记》取材于唐朝的《大唐慈恩寺三藏法师传》和南宋人编的《大唐三藏取经诗话》及民间流传的有关取经的故事，以唐僧西天取经为故事的基本线索，着重描写孙悟空大闹天宫的叛逆精神以及他皈依佛门后和猪八戒、沙和尚一起保护唐僧到西天取经，一路上跟各色各样的妖魔及种种险恶的自然环境展开英勇机智的斗争，历经九九八十一难，终于到达西天取到真经，自己也“功成正果”的曲折历程。《西游记》以奇妙瑰丽的想象，诙谐风趣的艺术手段巧妙地将现实生活中的善恶之争渗透在浪漫主义的神魔大战中。它既是一部具有民主色彩的成人童话，也是一部形象化的宗教哲学寓言，其中融合着佛、道、儒学的智慧，也曲折地反映了现实社会的人情世态。这一切使《西游记》成为风格独特的优秀神话小说。

《聊斋志异》是中国最负盛名的文言短篇小说集。它的出现，标志着自唐传奇实现艺术辉煌以来，文言小说的又一个艺术顶峰。《聊斋志异》的作者是清代的蒲松龄，他以自己的亲身见闻，结合当时的民间传说，创作了以狐魅花妖为主要形象的艺术作品，从而曲折地表达了自己对现实生活的爱憎。其中以描写爱情婚姻的《青凤》《婴宁》，批判了封建礼教对人身心的桎梏；又如《叶生》《司文郎》等抨击了腐朽罪恶的科举制度。还有《促织》《席方平》等，揭露了现实政治的腐败和统治阶级对人民的残酷压迫。《聊斋志异》树立了用传奇笔法写志怪故事的艺术典范，同时吸收了史传文学的创作经验，成为一部可与《史记》媲美的“狐鬼史”。

第三，世情小说。

世情小说是通过描写琐碎的日常生活，以此来反映现实社会风貌和普通人情感的小说。一般以家庭生活为中心展开故事，是这类小说的基本类型。明代后期产生的《金瓶梅》是世情类小说的奠基之作，清代的《红楼梦》是其艺术高峰。《金瓶梅》与《三国演义》《水浒传》《西游记》并称为“明代四大奇书”，其作者不详，只匿名为“兰陵笑笑生”。由于它鲜明地暴露了明中叶以后，封建统治阶级内部上下勾结，狼狈为奸，虐害百姓的罪恶行径及明争暗夺荒淫无耻的糜烂生活，屡遭毁禁。现存最早的刻本，是明万历四十五年刊刻的《新刻金瓶梅词话》一百回，简称“词话本”，现藏于美国国家图书馆。

第四，话本小说。

话本小说在明清时期经历了“典雅化”的发展历程。即在文辞上更适用于书面阅读，减少了其口语化成分，创作技巧、谋篇布局都比前代有很大提高，出现了像“三言二拍”《无声戏》《十二楼》等优秀的作品，涌现了如明代的冯梦龙、凌濛初，清代的李渔等著名的话本小说家。

“三言”即《喻世明言》《警世通言》《醒世恒言》，是由明代著名的通俗文学家冯梦龙整理编辑而成的三部短篇小说集。李渔是清代最优秀的白话短篇小说家，也是继冯梦龙，凌濛初之后最重要的话本作家。他的话本小说集《无声戏》和《十二楼》，充分汲取了戏曲的艺术营养，妙趣横生，雅俗共赏，不愧为寓教于乐的话本喜剧，具有欢畅诙谐的艺术风格，特色十分鲜明。

第五，讽刺小说。

讽刺小说是指针砭时弊，揭露社会现实的小说。

清代吴敬梓的《儒林外史》是中国古代最杰出的长篇讽刺小说，它全面而深刻地揭示了科举制度给社会带来的严重祸害，开创了小说直接评价现实生活的范例。书中塑造了如范进、周进、匡超人等一批深受八股科举制度毒害的酸腐的儒生形象，反映了士风和世风的败坏，控诉了八股对知识分子灵魂的扭曲，精神上的残害。

此外，清代李汝珍的《镜花缘》也与《儒林外史》有异曲同工之妙。它通过描写主人公唐敖游历海外的惊险境遇，和唐闺臣等一百名女子金榜题名、宴饮赋诗的故事，讽刺了清代社会人情世故、纲常礼教的虚伪和做作，批判了男尊女卑的封建观念，肯定和颂扬了女性的智慧和才能，具有一定的民主色彩和进步意义。

到了晚清时期，特别是鸦片战争后，中华民族遭受了西方列强的入侵，开始沦为半殖民地半封建社会。以梁启超为代表的一批爱国知识分子，掀起了“小说界的革命”。即主张改革旧小说，创作为改良政治服务的新小说，以此开启民智，变法图强，推动社会的变革。这一时期更多地强调了小说所发挥的社会功能。

著名的有李伯元的《官场现形记》，吴沃尧的《二十年目睹之怪现状》，刘鹗的《老残游记》、曾朴的《孽海花》。以上四部被称为清末“四大谴责小说”。这些小说洋溢着浓厚的时代气息，显示出了高度的民族责任感和强烈的政治批判意识，为中国社会的发展进步作出了不可低估的历史贡献。

四、中国古代散文

中国古代散文源远流长，引人注目。然而当我们翻开那历史的一页时，有必要先了解一下古代人们对于散文的定义和范畴的规定。

中国古代，散文指非韵、非骈的“散行文字”，它与古代常用的“文章”概念大致相同，包括了文学的散文和非文学的文字。它的内容涉及文学、哲学、史学等各领域，“像《左传》《战国策》里的不少篇章，就被认为是很好的散文；《论语》《孟子》里的有些段落也是这样的情况，这就是广义散文”。而现在我们所指的散文是指归于文学的，与小说、诗歌、戏剧等并列的一种体裁，这是狭义散文。而要研究古代散文，我们则应遵从前者的划分。

（一）先秦散文

中国的散文，从先秦开始便形成了自己的传统。它经历了一个由简到繁、由官府独占到百家争鸣的过程。

散文的产生，始于文字记事。从商代开始，有了甲骨刻辞及铜器铭文，其特点是内容简单，辞语简朴，主要是记录事实。殷人迷信鬼神，每事占卜，卜辞是当时散文的主要内容和形式。此外，还有比卜辞更进一步的发展——卦爻辞。它不是简单的日常记事，而是颇有思想深度的文辞，约产生于殷末周初。卜辞和卦爻辞是当时神权统治的一种文化形式。周时，占筮者将卜筮之辞汇集在一起，便是《周易》。到了西周，散文的内容增加了历史经验和道德说教，文章也更具文采了。周时的铜器铭文由殷时的几十字发展到几百字。如《毛公鼎》《大盂鼎》等都已算是长篇了。《周易》表达情意的方式较为生动，但仍比较繁杂，大体代表了古代散文形成阶段的状况。真正标志了中国古代散文正式形成的是约编定于战国时期的历史文献集《尚书》。该书收集了夏商周的典、谟、训诰、誓、命等文献，记言记事，是真正的“三代”文书，大多已体现了谋篇布局，有的还具有一定的文采。其写作格式对后世应用文的写作影响颇大，其记言记事并存的风格，则直接启动了先秦时代的历史散文和诸子散文。

春秋战国时代，是奴隶制向封建制过渡的历史阶段。此时礼坏乐崩，文化不再为官方独占，而是下移民间。于是，私学兴盛起来，散文也由此得到了划时代的大发展。主要分为两大方面：一是历史散文，二是诸子散文。

历史散文，因秦皇焚书，官修史著无存，今天只存私著的历史著作，代表作品主要有《春秋》《国语》《左传》和《战国策》。《春秋》的思想倾向，主要是维系世道，希望恢复奴隶主政权的“统一”局面。《春秋》记事简约，用语凝练，常用一字一句表达其褒贬的态度，这种特点被后人称之为“春秋笔法”“微言大义”。《国语》是我国第一部国别体历史著作。全书二十一篇，包括周、鲁、齐、晋、郑、楚、吴、越八国的历史。《国语》体现了散文的新发展。秦、齐、楚、越、魏、燕、宋卫、中山等国之事，记言记事都很擅长，尤善写战国时期谋臣策士的事迹和言论。长于铺陈，文辞绚烂，但多夸张之语，与史实不尽相符。

诸子散文，是当时各派思想家表达政治思想、学术观点的著作。《论语》《孟子》《荀子》是儒家的代表作；《墨子》是墨家著作；《老子》《庄子》是道家著作；《韩非子》是法家著作。《论语》一书主要记述孔子及其弟子的言行。其内容广泛，涉猎到政治、哲学、教育、文学等各方面；行文溢文采，富哲理，是中国古代第一部语录体散文。《孟子》一书继承孔子思想，又有所发展。“道性善，言必称尧舜”是其思想概括。书中文章基本上是对话体，少部分长篇接近专题论文。该书行文好用排比，善比喻，文辞流畅，气势恢宏。《墨子》一书是墨家学派的言论汇集。行文逻辑性强，论证严密，这在先秦诸子中是独树一帜的。《老子》又称《道德经》，传为道家先驱老聃所著。全书五千言，语言凝练，说理透彻，又富感情，常使文章情理交融。《庄子》现存33篇，书中大都是独立成篇的专题论文。善引寓言故事以论证其观点，想象奇特，富于浪漫色彩，使文章妙趣横生又风情万种。《韩非子》以正面论证的长篇论文为主，论证缜密，笔锋犀利，长于驳难，代表了先秦议论文的最高成就。此外，还有《孙膑兵法》《山海经》《吕氏春秋》《列子》等书也分别代表了当时各种学术思想，都对后世散文产生了不同程度的影响。

（二）汉魏散文

1. 汉朝散文

自从秦始皇统一天下，推行禁锢思想的文化政策，春秋战国时代散文的百家争鸣现象由此结束。此时法学思想受到重视，如《韩非子》前已提过，此外李斯是当时著名的法学家。他的《谏逐客书》是一篇精彩的驳论文。

汉初论说杂文尤为盛行。其言事论政，多是战国纵横之学，如贾谊、晁错、陆贾、贾山等。贾谊是当时学问大家，他最有影响的文章是《过秦论》和《陈政事疏》。内容主要是总结秦朝灭亡的教训，以警当世。其行文富于文采，谋篇也颇为严密。晁错是一个学兼百家、博古通今的人物，著作有《贤良文学对策》和《论贵粟书》等，后者是传诵的名篇。与贾谊相较，他的文章更为切实，言之有物。

汉初最有时代特征的文体是赋体之文，内容有歌颂功绩和抒发愤慨两种。汉初有司马相如，其赋体之文，以《子虚》《上林》著称，既讽诸侯，亦谏天子。他的颂功之作是《封禅文》，内容充满空洞的歌颂，但写得典雅庄重。此外，扬雄著《剧秦美新》赞美王莽的新朝。汉晚期又有班固的《典引》，亦为歌颂之文；抒愤者有武帝时东方朔的《答客难》等。在汉武帝罢黜百家之前，汉朝占统治地位的思想是“黄老”之学，主张“无为而治”，这正迎合了汉初休养生息的政治心理。主要代表作品是《淮南子》，为淮南王刘安所著。他主张学术不尚一尊，反对文化统治，这本书就是合儒墨兼名法而以黄老为主的著作。

汉武帝时，武帝采纳了董仲舒“罢黜百家，独尊儒术”的建议，加强了对思想文化的统治。此时文风发生了一些改变。代表这一时期的早期作家是董仲舒，现存的代表作品是《贤良对策》和《春秋繁露》。他的文章提出天人感应，宣扬神学迷信，坐而论道，而不再纵横驰骋，对汉朝后来的思想和文章产生了深远的影响，思想上具有先导的作用。武帝时，同时或稍后出现了“究天人之际，通古今之变，成一家之言”的作者司马迁。司马迁著《史记》，是我国第一部纪传体通史，也是一部划时代的史学兼文学著作，代表了汉代散文的最高成就。两汉时有复古之风，代表人物是扬雄，著作有《太玄》《法言》。王充也主张复古，作《论衡》一书。汉朝晚期有班固的《汉书》。《汉书》是我国第一部纪传体断代史，它集中体现了汉朝的正统思想，并自此为后世历代正史确定了体制。相比于《史记》，它缺少批判现实的精神，但能引经据典，因之更带学术气息。

2. 魏晋南北朝

魏晋南北朝时期社会变动频繁，文章亦随之受到影响。建安时期，曹操当权，改变了豪族专政的政策，清除了引经说教的风气，战国诸子的文风渐兴，并成为此后趋势。这时代表人物是曹氏父子和建安诸子。曹操多写政令文章，代表作品有《自明本志令》《求贤令》等。曹丕的文章颇有特色，如《典论·自叙》，自叙身世，行文随意，生动，活泼；《与吴质书》是书信，行文亲切有味；《典论·论文》专论文学，观点新颖。曹植为文，极富文采，颇显锋芒，意气奔放，无可比拟。如《与吴季重书》及《求自试表》等。建安诸子之中，孔融文章以议为主，锋芒尽露又极富文采，如《盛孝章书》。其他如陈琳的《为袁绍檄豫州》，行文带骈体意味和纵横家特色。七子之外，蜀汉诸葛亮的《出师表》堪称名篇，语言朴实，感情炽热，为后世称颂。魏晋之时，阮籍、嵇康的文章深具个性。阮籍的《大人先生传》韵散结合，想象丰富又极具激情；嵇康的《与山巨源绝交书》嬉笑怒骂，笔锋犀利。两晋之文，渐趋骈偶，然有王羲之《兰亭集序》清新疏朗，文笔洒脱。陶渊明《五柳先生传》《桃花源记》独树雅淡之风，表现了作者脱俗的理想和情趣。

南北朝时，骈文极盛。重文采，讲骈俪，喜用典的风气风行一时。然有范缜《神灭论》、裴子野《雕虫论》、颜之推《颜氏家训》等堪称佳作。另外，这一阶段的历史散文也发展到相当水平。如陈寿的《三国志》、范晔的《后汉书》等。

（三）唐宋散文

1. 唐朝散文

唐朝前期，包括初唐，盛唐时期，散文掺杂了骈文，这是沿袭了六朝遗风。此时，王勃的《滕王阁序》及稍后的骆宾王的《讨武瞾檄》是这一现象的代表作。它们以其雄壮的气势、动人的艺术魅力为后世传诵。此时并存的散体散文的作品也很多，如魏征的《谏太宗十思疏》，劝谏太宗，寓意深刻，行文洒脱清晰，言简意赅。此外，唐代许多大诗人也是散文大家。如李白《与韩荆州书》《任城县厅壁记》，想象丰富，感情奔放，风格清新俊逸。杜甫的《秋述》用语凝练又富于变化，细致地表现了作者因仕途坎坷而产生的失意心情。其他如陈子昂的《修竹篇序》、李华的《吊古战场文》均是中国古代散文的名篇。

主张剔除骈俪文，而完全使用散体散文写作的古文运动，在中唐达到了高潮。唐前期陈子昂最早反对骈俪文风，至中唐有韩愈、柳宗元极力倡导秦汉时的散文文体。韩愈写了大量的新体散文，品种多，文章美，冠绝一代。如《原毁》《师说》为论说文，论辩滔滔，有理有据；《毛颖传》《柳子厚墓志铭》等为记叙文，形象鲜明，层次井然；《祭十二郎文》《送孟东野序》等为抒情文，抒情、叙事、议论相融合，有很强的感染力。柳宗元的散文题材广泛，有论说文如《师友箴》《捕蛇者说》，层次清晰，论点鲜明，文笔锋利；有传记文如《种树郭橐驼传》，深入浅出，寓意深刻。此外有山水游记散文如《游黄溪记》，文中有画、情景交融，还有寓言故事如《黔之驴》《蝜蝂传》等，简短精练却引人深思。

唐朝后期散体散文占据主导地位。如杜牧的《阿房宫赋》，是唐后期赋体文章散文化的证明。此时主要作品如陆龟蒙的《野庙碑》、罗隐的《越妇言》和皮日休的《原谤》《鹿门隐书》等，均为愤世之作，抨击不公，见解深刻。

2. 宋代散文

唐末宋初，骈俪文又兴，而后又有古文运动，宋初古文运动开拓者有柳开、穆修、石介等人，同时王禹偁、范仲淹也以其杰出的创作实践为古文运动树立了榜样。范仲淹的《岳阳楼记》《严先生祠堂记》都是广为传诵的名篇。

北宋时，欧阳修是古文运动的领袖。他不仅亲自写了大量散文以倡导朴实文风，还奖掖后进，提拔了王安石、苏轼兄弟、曾巩等人。欧阳修的作品平易晓畅而又摇曳多姿，如《朋党论》《醉翁亭记》等。王安石为文简练，雄辩，有锋芒，如《答司马谏议书》。苏轼有《日喻》《留侯论》等。苏辙文章曲折，淡泊，如《黄州快哉亭记》等。曾巩有《墨池记》，文以幽雅平正著称。韩愈、柳宗元、欧阳修、王安石、曾巩、苏洵、苏轼、苏辙的文章代表了唐宋古文的最高成就，他们被誉为“唐宋八大家”。

靖康之难后，战乱频仍，国家危难。南宋散文内容上多表现对国家安危的关切或抒发内心积愤，如陆游的《跋傅给事帖》，叙事生动，感情激越；文天祥的《指南录后序》和谢翱的《登西台恸哭记》更为有名。此外，李纲、陈亮、叶适、朱熹、李清照、王质等人均有名篇传世。金元散文不及唐宋，只有王若虚、吴澄等写过一些较好的作品。

（四）明清散文

1. 明代散文

明代出现了许多文学思想家，文学流派异彩纷呈。明初主要的散文大家是宋濂、刘基、高启、方孝孺等。其散文深沉苍劲，言之有物，能反映现实生活。如宋濂的《送东阳马生序》、高启的《游灵岩寺》等。另外，刘基的《郁离子》是一部寓言体散文，博奥精深，富含哲理。

明代各流派的散文始于“台阁体”，其内容多是歌功颂德，而形式则追求典雅华丽。代表作家是杨富、杨荣、杨溥。稍后是“茶陵派”，领袖人物是李东阳，其作品内容脱离现实，终未引起太大影响。继之而起的是“前七子”，他们反对台阁体，倡导秦汉古文，但只停留在模仿阶段，未有创新。前七子中以李梦阳、何景明的文章最具代表性。李的《禹庙碑》文笔质朴，言简意深。何的《师问》揭露现实，言之有物。与七子同时的散文大家王守仁也值得一提，他的散文雅健雄沉，有自己的见解。七子文风并未持久，嘉靖初年，“唐宋派”现身文坛。他们主张以唐宋文章为法旨，文章应“直抒胸臆，信手写来，如写家书”，对散文形式的革新有一定贡献。唐顺之、归有光是其代表。归有光的《项脊轩志》《寒花葬志》及《沧浪亭记》等感情真挚，文笔淡疏，体现了平淡的风格。唐宋派后又有七子重掀复古风，代表人是王世贞和宗臣。

晚明，“公安派”和“竟陵派”影响最大。公安派反对复古主义，提倡文学冲破儒家思想束缚，代表人是袁宗道、袁宏道，袁中道三兄弟，他们的散文以山水游记为最，如袁宏道《满井游记》，袁中道《西山十记》。竟陵派提倡幽深孤峭风格，代表人是钟惺、谭元春。后者有《游玄岳记》为名篇。此外有刘侗的《水尽头》、张岱的《湖心亭看雪》《柳敬亭说书》等；又有徐宏祖的《徐霞客游记》堪称古今第一。明末，战乱不断，国家临难，散文作品慷慨激昂。如张溥《五人墓碑记》，夏完淳的《狱中上母书》等。

2. 清代散文

清初，有才识的文人提倡经世务实之学，代表人物有顾炎武、黄宗羲、王夫之，其文章体现了明道致用，激励民族气节的特点。他们在文学史上被称为“明代三遗民”。如黄的《原君》、王的《论梁元帝读书》等。此外，又有散文三大家，有侯方域著《李姬传》；魏禧善人物传记，有《大铁椎传》；汪婉为文平实流畅，有《周忠介公遗事》等。

清代中期是散文发展高潮。此时主要的散文流派是桐城派和阳湖派。但阳湖派此后逐渐消亡。桐城派散文言之有序，言之有物，用语雅洁、通畅。代表人物方苞是桐城派创始人，著《狱中杂记》。姚鼐是桐城派集大成者，著《登泰山记》。此时还有散文作家姜宸英、邵长衡、全祖望、袁枚等人，均有名篇传世。如袁枚的《马骨记》通脱俊逸，富有情趣。

清代后期，鸦片战争前后，中国文坛又有新人、新篇，内容以反帝爱国为主，代表作品如龚自珍《病梅馆记》，文笔细腻，立意新颖，思想深刻。林则徐的奏折，文笔锋利，分析透彻。此外，曾国藩及曾门四弟子：张裕钊、黎庶昌、吴汝纶、薛福成等也是散文名家，称“湘乡派”。曾国藩的散文，清新自然，文辞凝练，其书牍文章更是娓娓道来，深入浅出。

光绪末年，发生了中日甲午战争。文坛诸人纷纷抒发爱国情怀并提倡向西方学习。如维新派的康有为、梁启超、谭嗣同、严复；革命派的邹容、陈天华等。其中，梁启超的《少年中国说》条理清晰，感情奔放；谭嗣同的《仁学》是风格雄健的哲理散文名篇；陈天华的《警世钟》则文词浅易，通俗流畅，易为广大人民群众所接受。

五、中国古代戏曲

戏曲一词最初见于元末陶宗仪《南村辍耕录》卷二十五录载“院本名目”前的一段话：“唐有传奇。宋有戏曲、唱诨、词说。金有院本、宋剧、诸宫调。”不过，这里所说的戏曲，当时特指温州一带的地方戏，并未对什么是戏曲作出科学界定。及至宣统元年，王国维著《戏曲考源》，这才由他给“戏曲”一语下出颇具戏剧内涵的较为明确的定义：“戏曲者谓以歌舞演故事也。”

（一）戏曲的产生

文学艺术起源于生产劳动，戏曲也植根于人类早期生产生活的需要。上古时期的先民在劳动中创造出语言，进而产生了诗歌舞蹈，用于传递生产斗争经验，表达内心的思想与愿望。如《尚书·尧典》记载：“予击石拊石，百兽率舞。”《吕氏春秋·古乐篇》中写道：“葛天氏之乐，三人操牛尾，投足以歌八阙。”从这个记载我们可以看出，早期人们将器乐（如石器）和歌唱、舞蹈动作结合到一起，模拟狩猎等生产活动的情节来用于庆祝丰收或祈祷平安。这种原始歌舞，已经有戏曲表演的因子，被看作是戏曲的胚胎。

及至奴隶社会，商周时期，统治者通过大型的祭祀活动来为自己“歌功颂德”，产生了像“巫傩”“尸祭”这样由巫觋在祭祀活动中装神扮鬼的歌舞表演。这里有了化身装扮表演的性质，被称为戏曲的萌芽。

春秋时期，从古巫中分化出“优”。“优”又叫“倡优”“优伶”，是专门服侍统治者的宫廷艺人。他们载歌载舞，常用幽默而机智的谈吐对君王进行讽刺。《史记·滑稽列传》中记载楚国一名著名的乐人“优孟”，他以演戏的方式从政，以此来打动劝说君王勤政爱民。因而有“优孟衣冠”之说。“优孟衣冠”后来成为演戏的代称。

汉代出现了“百戏”（又称散乐、与宫廷中的“雅乐”相对应），它实际上是汉代民间歌舞、杂技、武术、魔术的总称。在百戏中，有一种运用技艺的戏剧化表演，就是“角抵戏”。著名的“角抵戏”是《东海黄公》，它演的是秦朝末年一个能施法术的黄公到东海去降服白虎，可惜法术失灵，自己被虎打杀的故事。表演中有人虎相斗，人被虎杀的固定情节。扮演对象也有与角色相适应的装扮：如黄公头裹红绸，身佩赤金刀；白虎是人装成的。《东海黄公》被视为中国戏曲的雏形，而汉代“百戏”被视为孕育中国戏曲的摇篮。

隋唐时期，随着各民族文化融合的加剧，又产生了两大戏曲品种：歌舞戏和参军戏。歌舞戏是歌舞结合角抵打斗的情节小品，著名的有《兰陵王破阵曲》《拨头》和《踏摇娘》。参军戏是由两个演员合演的一种滑稽戏，它是在俳优表演的基础上发展而来。参军戏名称来自一名犯官，因他原是个参军，故曰参军戏。内容以滑稽讽刺为主，两个演员相互问答，辅以科白、动作、歌唱及管弦伴奏等。其中被讽刺的对象叫“参军”，戏弄参军的叫“苍鹘”。“参军”这个角色，就相当于后世戏曲中的净角，“苍鹘”的角色，就相当于丑角。中国戏曲有角色、行当之分，就是从参军戏开始的。宋金时期，随着城市经济的繁荣发展，相继涌现出了如宋杂剧、金院本、温州杂剧（南戏）以及傀儡戏与影戏等剧种。其中以《张协状元》为代表的南戏，已具备后世中国戏曲的基本特点，被看作中国戏曲开始走向成熟的标志。

（二）元杂剧

中国戏曲一旦成熟，便充分地繁荣起来，元代迎来了中国戏曲史上第一个黄金时代。元代的戏剧叫元杂剧，最初以大都（今北京）为中心，流行于北方。元灭南宋后，发展成为全国性的剧种。元杂剧的剧本体制，绝大多数是由“四折一楔”构成，“四折”是指四个情节段落。“一楔”通常放在第一折前，有点类似于后来的“序幕”。

元杂剧的主要代表人物有关汉卿、郑光祖、白朴、马致远、王实甫、纪君祥等。其中前四者被称为“元曲四大家”。

关汉卿，号已斋叟，大都人，生平不详，代表作有《窦娥冤》《救风尘》《望江亭》等。

《窦娥冤》取材于汉代流传下来的民间故事“东海孝妇”，关汉卿结合自己在现实生活中的体认，精心构制了这个悲剧。窦娥因家贫被卖给蔡家做童养媳，丈夫早死，婆媳相依为命。后来流氓张驴儿想霸占窦娥，不料却弄巧成拙，毒死自己的父亲，便嫁祸于窦娥。然而昏聩的桃杌太守却严刑逼供，将窦娥屈打成招，并处以极刑。违法的人并未得到制裁，守法的人却被“法纪”送了性命。作者借剧中主人公窦娥一生的遭遇，反映了人民受压迫和封建社会妇女的不幸，深刻地揭露了元代贵族统治给人民带来的惨重灾难，暴露了封建官僚机构的腐朽、虚伪、残暴的本质和元代社会的紊乱，以及恶徒凌弱、高利贷剥削的罪恶现实。

郑光祖，字德辉，平阳襄陵人。代表作《倩女离魂》。《倩女离魂》根据唐代陈玄祐的《离魂记》而改编。作者以浪漫主义的创作手法，成功地塑造了一个敢于反抗封建礼教，大胆追求个人理想爱情的张倩女形象。倩女的私奔给封建社会的青年男女指出了一条争取婚姻自主的道路，也是对讲求门当户对、爱富嫌贫的封建社会的一个极大讽刺与挑战。

马致远，号东篱，元代大都人。代表作有《汉宫秋》《岳阳楼》等。白朴，字仁甫，一字太素，号兰谷先生。代表作有《梧桐雨》《墙头马上》。

白朴的《梧桐雨》和马致远的《汉宫秋》是两部著名的悲剧，它们分别描写了唐明皇和杨贵妃、汉元帝和王昭君的不幸的爱情故事，作品用凄婉的绝唱烘托了在民族纷争的社会中，即使帝妃之情，也无不灌注着沉痛的政治感受和浓郁的故宫离黍之悲。无论是作家还是观众，从不把它们当作严格的史剧看待，因为它们是借助历史故事的铺陈，刻写自己的亡国之痛。以深沉的目光和怅然的心情回顾前朝，曲折地表达了对现实的失望和对未来的希望。这是元代作家为中国史剧创作定下的基本格调。

王实甫，名德信，大都人。他虽然不是名列“元曲四大家”之内。但其所著的《西厢记》达到了戏剧性和抒情性的完美结合，思想上突出了愿“天下有情人终成眷属”的大团圆结局，成为中国戏曲的常用模式，被誉为千古绝唱。此外如纪君祥的《赵氏孤儿》，康进之的《李逵负荆》、杨显之《潇湘夜雨》也很有名，为元杂剧的繁荣作出了卓越贡献。

（三）明清戏曲

明清时期，迎来了中国戏曲的第二个黄金时代，出现了“昆曲”和“花部”两大剧种。

1. 昆曲与“传奇”

昆曲即昆山腔，于元末明初在“南戏”基础上产生，后于明嘉靖时期，经魏良辅的改革，成为全国性剧种，主要流传于上层社会，被统治者所推崇。昆曲的剧本称为“传奇”。著名的昆曲剧作家有明代的汤显祖和清代的洪昇、孔尚任等。

（1）汤显祖和“临川四梦”。汤显祖（1556—1616）字义仍，号海若，若士，晚号茧翁，别署清远道人，临川（今属江西）人，明代著名的昆曲剧作家，主要作品有《紫钗记》《牡丹亭》《南柯记》《邯郸记》，因剧中都有梦境描写，故合称“临川四梦”。其中《牡丹亭》是汤氏的代表作，它通过描写杜丽娘和柳梦梅的爱情故事，宣扬个性解放和自由，批判了封建社会“存天理、灭人欲”的道德信条，具有鲜明的启蒙色彩。《牡丹亭》的诞生，标志着明代戏曲创作的最高水平。

（2）南洪北孔。在清代剧作中，成就最高的是被后世合称为“南洪北孔”的洪昇和孔尚任。他们创作的传奇《长生殿》《桃花扇》一经问世，就轰动全国，给当时行将衰颓的昆曲艺术注入新的生命，成为清代戏曲的南北高峰。

洪昇（1645—1704）字昉思，号稗畦，又号稗村，南屏樵者，浙江钱塘（今杭州）人。代表作《长生殿》。《长生殿》通过描写唐明皇和杨贵妃的爱情故事，寄托着作者的民族兴亡感和对帝王“溺情误国”的政治批判。

孔尚任（1648—1718）字聘之，一字季重，号东塘，别号岸堂，自号云亭山人，山东曲阜人，为孔子 64 代孙。代表作《桃花扇》。《桃花扇》以复社文人侯方域和秦淮歌妓李香君离合悲欢的爱情为贯穿，反映明末弘光朝廷覆灭的历史，抒发了作者对末世既临的无可奈何的感情。

2.“花雅之争”与京剧的形成

“花”是花部，即对昆曲之外各种地方戏的统称。“雅”就是正的意思，是对“昆曲”的尊称。清中叶以后，由于思想文化上的专制，昆曲成了为统治者歌功颂德的工具，渐渐脱离了人民群众。与此同时，在民间，各种地方戏兴盛起来。

清代兴起的地方戏主要包括四大声腔，即弋阳腔，梆子腔，皮黄腔和弦索腔，这些声腔剧种多是在民间小调基础上形成并发展起来的，曲调粗犷，不受宫调曲限制，语言朴素自然，乡土气息浓厚，被封建正统文人称为不登大雅之堂的“花部”或“乱弹”。然而，正是这些扎根于民间文化土壤的“花部”诸腔，获得了广大民众的喜爱，迅速发展，流播各地，并向一直居于主导地位的昆曲发起了挑战，形成了清代剧坛诸腔竞唱，共控昆曲的“花雅之争”。

“花雅之争”不仅带来了地方戏的全面繁荣，还在相互角胜、交融中促进了新剧种的产生。京剧就是这样诞生的。

京剧是属于皮簧声腔系统的剧种之一，大约于清代中叶的道光、咸丰之间在北京形成。它的曲调主要由二簧（徽调）和西皮（来源于西秦腔）结合而成。二簧与西皮调流行于安徽、湖北等地。湖北当时叫楚调，安徽叫徽戏。约在乾隆嘉庆年间，徽班进京，吸收了京腔（又称北京乱弹）、昆曲、秦腔（山陕梆子和四川梆子）等剧种的营养，逐渐形成了与北京当地语言和风俗习惯结合的、丰富多彩的、为广大人民所喜爱的、具有高度艺术水平的新剧种——“京剧”。

随着京剧的兴盛发展，出现了像程长庚、谭鑫培等第一批卓越的京剧艺术家。清末时期，京剧又发展为“京派”和“海派”两大流派，实行着北方神韵与南方风情的交汇。而这种交汇的结果，把京剧引向了更统一、更广阔的境地。

第六章 中国传统史学

第一节 中国传统史学的发展历程

一、先秦

（一）中国史学的起源

中国史学的起源，可追溯到远古的传说时代。历史起源于“记事”。早在远古时期，我们的祖先就用脑记口说和结绳刻木等方法记事。虽然这种记录无法永久保存，但有的口头传说被一代代流传下来，并在先秦史籍中以各种不同形式记载与保存。这些记载虽然在很大程度上经过了后人的加工，但依然包含着生活在阶级社会的人无法凭空描绘的一些关于原始社会的基本状况。如，居住情况：《庄子·盗跖》记“古者禽兽多而人民少，民皆巢居以避之”，“暮栖木上”；饮食情况：《韩非子·五蠹》记“上古之世，…有圣人作，钻燧取火以化腥臊，而民悦之，使王天下，号曰燧人氏”；生产工具：《易·系辞》记伏羲氏“作结绳而为网罟，以佃以渔”；婚姻状况：《商君书·开塞》记“民知其母，而不知其父”；人类征服自然的情况：《淮南子·览冥训》记“大禹治水，女娲补天”，《淮南子·本经训》记“羿射九日”；军事战争情况：《山海经·大荒北经》记“黄帝战蚩尤、克炎帝。”从这些古代的神话传说中，我们可以窥见先祖们生活斗争的情况。它们虽不能称为史学作品，但已经包含着史学的因素，是文字出现以前先民的原始历史意识和历史知识传播的最初形式，可以视为中国史学的滥觞。

（二）夏、商、西周时期的中国史学

夏商时期，文字的出现和历法的产生，为史学的出现创造了条件。这一时期，中国传统史学开始萌芽，有意识地记载历史逐渐成为统治者经常性的活动和国家大事。中国很早就有史官的设置，这在世界上是独一无二的。据文献记载，从夏代开始就有专门的史官，还分为左史、右史、御史等名目。至商代后期，历史已有专人专职掌管。如《尚书·多士》说：“惟殷先人，有册有典”，“册”是由多片竹简编成的书籍，也就是历史文献；“典”是放在架子上的竹简。这表明此时已有了起草文书、记载史实、兼管国家典籍的史官。商代甲骨卜辞中有“作册”“史”“尹”等字。“史”是负责记事兼有巫官身份的人，正所谓“史，记事者也，从又持中。中，正也。”；据王国维考证，“作册”等于“内史”；“尹”则是掌管文献者。商代还设左学、右学，让贵族“学于古训”，也就是学习历史。商代史学的初步发展表明，史学在当时已成为国家上层建筑的一个组成部分，受到统治者的重视。当然，最初的史官，并不像后世那样专门，而是巫史合一，兼司人事和神事。史官们在祭祀卜筮以后，在甲骨上刻记下相关的历史事件，主要是国王的祭祀、战争、狩猎等方面的内容。在记录的过程中，形成了记事、记言、编纂等方法。后来史官逐渐从神职中分离出来，专司人事。随着史官的设立，有关历史的记载日益增加，出现于殷商时期的卜辞（商、周奴隶主贵族用甲骨文来占卜的记录）和金文（铸在铜器上的铭文，又有“铭文”“钟鼎文”之称）中就有不少关于史事的记载，这是目前所知中国历史上最早的记载。

周代史学比商代又进一步发展，体现在两个方面：

第一，史官的分工更加细致。《周官》一书有“六史”之说，分别为大史、小史、内史、外史、左史、右史。他们的职责也相当明确：“大史掌国之元典，小史掌邦国之志，内史掌书王命，外史掌书使乎四方，左史记言，右史记事”。不仅王室，各诸侯国也都设置史官，如州史、闾史，其职责是掌管文书，辅助行政，即所谓“掌官书以赞治”。据柳诒徵统计，周代有史官不下千余人，其中比较著名的有周初的太史尹秩、宣王时的太史盖及尹吉甫、穆王时的左史戎夫、幽王时的伯阳父。周代国家设史官记事，这是继承了殷商时代的传统。由此可见，中国编纂史事的创始人是国家的法定官员，史官乃国家职能机构的一部分，这是官办史学。这一具有强烈政治色彩的面貌为中国史学所独有。放眼同时期的西方世界，古希腊史事的编写者为民间诗人，古埃及文献的记录者是祭司，由此可知，不同的民族文化传统从一开始便在史学上打下了自己的民族烙印。

第二，西周时出现了有系统文字记载的历史文献。如：《尚书》、古《史记》、太史盖所作的《春秋》以及《周志》等，但现存的只有《尚书》。所以，《尚书》被誉为我国和世界上最早的一部史书，一般认为它编辑于春秋时，但其中有周史官搜集整理的尧、舜、禹及夏代、商代的一些重要政治文件。其中的《盘庚篇》成书于公元前 14 世纪，可追溯的历史已有 3300 多年，比古希腊的《荷马史诗》、古印度的《古事记》和《波斯古经》要早 600 年至 800 年。

除了远古尧舜禹夏商的一些政治文件以外，《尚书》的内容还包括西周至春秋间约 600 年的一些史实，它属于以记言为主结合记事的一种史书，其中不少篇章已寓有“经世”之意，表现了农业文明的务实精神。《尚书》的出现还丰富了周代的教学内容。《尚书》被列为教科书之一，而在诗、书、礼、乐四门课程中，“书”是其中独立的一门，这足以证明，早在西周时，历史学已成为专门学科。

（三）春秋战国时期的史学发展

中国古代真正系统的古史，当以《春秋》为首。它是现存最早的编年体史书。在春秋战国时期，史学得到长足发展，除周室外，各个诸侯国也都设有史官，记载各自的历史。但各诸侯国对史书的称呼不一，如“晋之《乘》、楚之《梼杌》（古代传说中的猛兽，借指凶恶的人）、鲁之《春秋》”。随着文化的下移和私学的兴起，出现了私人著史，孔子以鲁国国史为基础，参考其他史料，整理编成世界上最早的一部编年体史书《春秋》。它编撰于春秋时期，记载了从鲁隐公元年（公元前 722 年）到鲁哀公十四年（公元前 481 年）共

242年的史事，内容涉及124个诸侯国的政治、军事、外交诸方面的大事。它的记述非常简略，严格说是一部史纲。《春秋》不仅创立了编年体史学体裁，也开启了私人修史之先河，而且形成了寓褒贬、别善恶的笔法，后成为儒家经典。后来人们把本书记载的东周前期称为"春秋时代"，孔子也因此书被人们尊为"中国史学之父"。孟子说："王者之迹熄而《诗》亡，《诗》亡然后《春秋》作。晋之《乘》，楚之《梼杌》，鲁之《春秋》，一也。其事则齐桓、晋文，其文则史，孔子曰，其义则丘窃取之矣。"这说明这类历史记载已经具备了事、文、义的内容与形式，成为完全意义上的历史著作了。此后，史学迅速发展，史著逐渐增多。如：春秋时期的另两部历史著作《左传》和《国语》，这两部书据说都是春秋末期的左丘明所作。《左传》又叫《春秋左氏传》，它是一部比较成熟的编年史。它纪事比较完整、详细，年月清楚，前后连贯，叙事周密而生动，比《春秋》多记载了十多年的史事。《国语》分别记录了自周穆王至春秋时期的周、齐、鲁、晋、郑、楚、吴、越八

国君主与辅臣议论得失之语，是中国最早的一部国别体史书，以记言为主，与《左传》相互补充。此二书记事的年代大体与《春秋》相合，且多解释《春秋》书法，故人们认为两书都是解释《春秋》的，把《左传》叫做"春秋内传"，把《国语》叫做"春秋外传"。战国时期也出现了几部代表性史书。一部是《战国策》，《战国策》记事上接春秋，全书十卷，分东周、西周、秦、齐、楚、赵、魏、韩、燕、宋、卫、中山十二国策，主要记载了战国时期谋臣策士们的活动和言论，以记言为主，亦为国别体。这本书是现存战国时期唯一具有系统性的史书，后人把本书记载的东周后期称为"战国时代"。二是《竹书纪年》，该书是晋朝人盗魏襄王墓时发现的，共十三篇，记夏以来至周幽王为犬戎所灭之事，以后仅记晋国之事，三国分晋后仅记魏事，可能是魏国史官所作，文字亦很简略。三是《世本》，记黄帝以来至战国之史事，体例与前各史稍异，它有系、纪、世家、谱、传等体裁，为纪传体的雏形。综上所述，我们可以看出，春秋战国时期的史学著作主要有两类：一是以记事为主的编年体史书，如《春秋》《左传》《世本》《竹书纪年》；二是以分国记事为主的国别体史书，如《国语》《战国策》等。

二、两汉

秦汉魏晋南北朝时期史学作为一门独立的学科出现，这是中国史学的确立时期。

（一）两汉规模宏富的纪传体通史和断代史的出现，为史学的确立奠定了坚实的基础

西汉武帝时，伟大的史学家司马迁，继承父志，搜集资料，发愤著书，用二十多年的时间，著成具有划时代意义的《史记》。首先，司马迁著《史记》不是史料的简单堆砌或编集，而是有明确的史学思想作指导，即"述往事，思来者"，"究天人之际，通古今之变，成一家之言"。其次，它开创了新的史书体例，成为我国历史上第一部纪传体通史。它由十二本纪、十表、八书、三十世家、七十列传组成，各种体裁间互相配合、相互补充，以人物为中心，组织严密，内容宏富。其记事上起传说中的黄帝，下迄汉武帝，记载了长达三千年左右的历史，举凡政治、军事、经济、典章制度、学术文化、医药卜筮、各王朝盛衰、人物活动、天文地理、少数民族历史等，无不囊括，为我们展示了一幅贯通古

今的宏伟历史画卷。第三，作者根据自己的见识对史料进行了组织和加工，寄寓了作者对历史事件、历史人物和社会发展的独到见解和思想。《史记》全书共52万多字，是当时世界上最大的一部通史，是一部不朽的历史名著。

东汉时，班固继承司马迁开创的体例，断西汉一代而为史，著为《汉书》，成十二纪、八表、十志、七十列传，开创了断代为史的体例。《汉书》以史料丰赡见长，以儒学为正统，鼓吹汉承尧运，宣扬君权神授，赞美封建伦常，因而被视为史学“正宗”的代表。此后，班固又与刘珍等奉诏辑成《东观汉记》，开后世官修国史的先河。东汉末，荀悦又编成我国第一部编年体断代史——《汉纪》，使儒家正统史学的统治地位得以确立。

（二）魏晋南北朝时期虽然动乱频繁，但史学仍在继续发展

此时史学的发展，有以下几个原因：一是困惑的乱世以史书作为治乱的药石；二是文人仕途失意；三是纸已应用，字体简易，思想活跃，官方重视。与《史记》《汉书》并称为“前四史”的《后汉书》《三国志》都成书于这一时期。陈寿作《三国志》，专记魏、蜀、吴三国的史事；范晔为《后汉书》，记东汉一代之史；此外，沈约撰《宋书》，萧子显撰《南齐书》，魏收撰《魏书》，此数史皆为纪传体。而编年体则有袁宏的《后汉纪》、崔鸿的《十六国春秋》，人物传记则有西晋皇甫谧的《高士传》、梁慧皎的《高僧传》、刘义庆的《世说新语》，史注则有裴松之的《三国志注》、刘孝标的《世说新语注》等。这一时期，史著数量大为增加，史学门途众多。据有的学者统计，《汉书·艺文志》中“春秋”

项目下所收史部著作是11种，350余篇（卷）；到梁阮孝绪《七录》“记传录”所收，400余年间，增至1200种，14880卷，也就是说种类增加了一千倍，卷数增加四十多倍。从记事时限上看，这一时代有通史，有断代史；从体裁上看，纪传体与编年体并重，相辅而行，纪传体的地位得到巩固，编年体蓬勃发展。除纪传体、编年体之外，又有民族史、地方史、家史、谱牒、别传、史论、史注等，显示出史学多途发展的盎然生机。

（三）魏晋南北朝时期，史学摆脱了经学的附庸地位，在学术领域里成为一门独立的学科

首先是史部著作的独立。从典籍的分类来看，史学著作摆脱了隶属于《春秋》，作为经部附属品的地位而独立了，这也意味着，史学从此成为独立的学科。在西汉末刘向父子的《七略》中，《春秋》是“六艺”中的一家，被视为经类著作。《汉书·艺文志》则把《国语》《世本》《战国策》《太史公百三十篇》（即《史记》）等史学著作，都列入“《春秋》家”，史书没有独立地位。这种情况到魏晋时发生了变化，曹魏时郑默整理皇室藏书，编为《中经》，西晋秘书监荀勖据《中经》编成《中经新簿》，分群书为四部——甲乙丙丁，其中丙部的书就是史书，史书这才成为一个门类。到东晋时，著作郎李充厘定四部，对荀勖的次序有所更动，定乙部为史书，从此，史书在书籍经史子集的四部分中属于第二大类即乙部，此分类一直延续到近代，所以过去史学又称为“乙部之学”。

史学成为一门独立的学科，还表现在魏晋南北朝时期继承并改革先秦以来太史记录当代史事的传统。这一时期设立专职史官，不再兼管天文历法，四百年间没有中断。东汉时，国家征调担任各种官职的名儒硕学，入值“东观”即国家图书馆，从事撰述国史的工作。魏明帝太和年间（227—232 年）始置专职的著作郎一人，设佐著作郎（刘宋以后改名叫著作佐郎）协助著作郎。孙吴有左国史、右国史之职。此后历朝都有专职史官，只是名称有所变化而已。“史学”一词也在这一时期出现，南朝刘宋时国家设置四种专科学校，史学为其中之一。

三、隋唐

隋唐是我国史学的大发展时期，具体表现在：

（一）统治阶级重视修史，完善史官制度，官修史书成绩斐然

隋唐专设国史馆修史，官修纪传体史书被视为正史，一般由宰相主持或监修，且形成制度。唐开国后，统治者十分重视史书的编撰，高祖、太宗都曾组织人力修史。唐高祖说修史的目的是：“裁成义类，惩恶劝善，多识前古，贻鉴将来”；唐太宗说：“以古为镜，可以知兴替”，“览前王之得失，为在身之龟镜”，“大矣哉！史籍之为用也”。唐中央设史馆专司修史，选拔博学多识之士充任史职，一时著名公卿、宰相如魏征、房玄龄、褚遂良、令狐德棻等皆兼领史职。在被列为正史的二十四史中，有八部是在唐代修成的，占总量的三分之一。这八部史书是：《晋书》《梁书》《陈书》《北齐书》《周书》《南史》《北史》《隋书》。隋唐以前，中国史书大都出于私家撰述，《史记》《汉书》皆为此类，虽有奉敕修撰的史书，如陈寿《三国志》、魏收《魏书》等，但仍是个人著作，与私撰并无多大区别。隋文帝开皇十三年（593 年）下诏：“人间有撰集国史、臧否人物者，皆令禁绝。”将国史的纂修权垄断于政府之手。贞观三年（629 年），唐太宗设史馆于禁中，专修国史，并令宰相监修，才正式建立政府修史制度。这一做法为后世各朝所效法，影响深远。

（二）史书在体裁、数量和内容上都有了很大发展

唐代除了修撰前代史外，还有大量记载本朝历史的著作。这些书在内容和体裁上丰富多彩，有纪传类、编年类、典章制度类、诏令类、地理类、职官类、仪注类、法令类、谱牒及职官姓名类、杂史杂说小说类等。如：杂史大量出现，有《贞观政要》《国史补》《明皇杂录》《安禄山事迹》《封氏闻见记》等；小说向历史笔记演变，如志怪、志人小说，流传至今的有 50 余种；诏令与奏议亦单独立目。《新唐书·艺文志》记载：“藏书之盛，莫盛于开元。其著录者，五万三千一百九十五

卷，而唐之学者自为之书者，又二万八千四百六十九卷。”这仅是唐开国百十年间的成就，其著作数量之多，超过以往任何时期。

特别值得一提的是这一时期的总结性著作：唐代著名史学家刘知几所著《史通》和中唐杜佑所著《通典》的出现，开创了史书的重要体例。《史通》是我国历史上第一部史学理论专著。这本书系统总结了中唐以前的史书体例，系统地考察了中唐以前的史官制度和史书编纂情况，开创了史学史的先河。刘知几提出了一套修史的具体方法和史家修史的标准，即“才、学、识”，成为历代公认的一种人才观，推进了史书编纂体制的完善。《史

通》的出现是中国史学成熟的表现，标志着中国史学发展到一个新的阶段。《通典》是我国历史上第一部专门记述历代典章制度沿革变迁的通史著作。它的出现标志着一种新的史体——政书体（或称典制体）的创立，从而为史学发展开辟了一条新的途径。此外，苏冕纂集唐初至德宗九朝沿革损益之制，写成《会要》40卷，是分门别类记载一代典章制度沿革变迁的专书，开创了我国史书“会要”的新体制。

四、宋元

五代辽宋金元时期是中国史学的繁荣与开拓时期。尤其是两宋，由于官方重视，印刷术普及，故史学发达，堪称盛世。史学大师陈寅恪曾说：“中国史学，莫盛于宋”。宋朝有多个官方修史机构，“宋代无论官修史书还是私家修史，都形成了一种良好的史学传统。这种传统早在官修《宋太祖实录》开始以朱墨杂书时已见萌芽。”这一时期，史学在继承前代传统的基础上，在记述对象和著作体裁等方面都开拓了新的领域。

（一）正史的编修取得新的成就

后晋刘眴等纂修的《唐书》（后称《旧唐书》）是现存最早的系统记载唐代历史的史书。北宋薛居正所著《五代史》（后称《旧五代史》）是最早系统记载五代历史的史书。欧阳修等编修的《新五代史》和《新唐书》为《旧唐书》等补充了不少新史料。元代修撰的《宋史》《辽史》《金史》等正史中，以《金史》最为完善，其中的《宋史》则是二十四史中规模最大的一部书。

（二）通史撰述方面取得巨大成就

宋朝最著名的史学著作当属司马光主编的《资治通鉴》，它是中国古代史书中最大的一部编年体通史，共294卷，其中目录和考异各30卷。全书起自周威烈王二十三年（公元前403年），止于后周世宗显德六年（959年），是我国第一部叙事长达1362年的编年体通史，由宋神宗取名，司马光主编，前后花费19年时间。其特点在于史料价值高，不仅材料丰富，而且体例谨严，语言简洁，文笔生动。

南宋时，郑樵著有《通志》，全书200卷，其中的“二十略”内容宏富，在许多方面填补了古代史学和文化学术史的空白。它与唐代杜佑的《通典》、元代马端临的《文献通考》合称“三通”。马端临的《文献通考》是一部记载历代典章制度的通史，上起三代，下至南宋嘉定末年，对宋史研究尤具价值。

（三）史体广泛，应有尽有

南宋袁枢把《资治通鉴》中凡属同一事件的材料分类编纂，作《通鉴纪事本末》，以事为主，首创纪事本末体，成为中国历史编纂学发展过程中一种重要的史书体裁。这一时期各种专史、别史、杂史、野史及方志、地理志著作大量出现。如宋代的金石学（为新的史料内容，是宋代学者开辟的新园地）独具特色，代表作有宋徽宗赵佶的《宣和博物图》、欧阳修的《集古录》、赵明诚的《金石录》等。五代至元代的民族史也得到大发展。《辽史》《金史》《契丹国志》《大金国志》《蒙古秘史》等都是这一时期撰成的民族史著作。方志学、地理学著作大量出现，重要的著作有宋代周淙的《乾道临安志》、乐史的《太平寰宇记》、王存的《元丰九域志》、范成大的《吴郡志》、王象之的《舆地纪胜》、祝穆的《方舆胜览》、欧阳忞的《舆地广记》以及元代官修的《大元大一统志》等。由于中外交通和交流的发展，还出现了记载域外地理文化的专书，如宋代赵汝适《诸蕃志》、徐兢《宣和奉使高丽图经》，元代汪大渊撰《岛夷志略》等。

五、明清

明清是中国史学的全盛和嬗变时期。明清两代，中国封建制度开始解体，资本主义萌芽产生并缓慢发展。随着社会生活的新变革，史学出现了新的特点，封建史学走向其终结，近代疑古之风兴起，人们开始重视研究现实问题，史学也逐渐走向新的发展时期。

（一）私人修史之风兴盛，名家众多，优秀史著不断问世

明代官修正史只有一部《元史》，为宋濂、王祎主修。但野史繁多，各种野史杂记共有1000余家，其可观者有：王世贞的《弇山堂别集》、李贽的《藏书》、焦竑的《国史献征录》、沈德符的《万历野获编》等。《藏书》《续藏书》，对历史人物重新进行分类评价，批评陈腐的理学思想，带有浓厚的反传统色彩，是当时进步史学思潮的力作。王夫之、顾炎武、黄宗羲等高举“经世致用”的旗帜，写出了一些充满新气息的史著。其中黄宗羲的《明儒学案》是我国第一部学术思想史专著。这本书据明代学者文集语录，划分诸家学术思想宗旨与流派，立十九学案，记208人。它首列《师说》，以下分述诸家，论列程朱理学、陆学、阳明之学，儒学等。其每案首列小序，述其学术渊源与要旨；再立小传，分载学者生平、经历、著作、师承；最后摘其文集、语录等，以见其思想，取材精审，评价切要。他所著另一部学术思想史著作《宋元学案》，由全祖望等续成，记宋元学者2000余人，组织细密，议论平正，与《明儒学案》同称中国学术思想史佳作。此外，王夫之的《读通鉴论》《宋论》，顾炎武的《日知录》，黄宗羲的《明夷待访录》等，对封建纲常名教和封建专制主义展开了抨击，具有启蒙色彩。史评史论也有新的发展，尤以清代章学诚的《文史通义》成就最大。章学诚为清代最具代表性的史学家，同时也是中国传统史学的最后一位史学家，“六经皆史”是他的著名论点。

（二）类书、丛书、目录书的编修出现高潮

明《永乐大典》于永乐五年（公元1407年）十一月修成，该书由解缙等奉敕编纂，明成祖朱棣亲自为此书写序，共计22937卷，11095册。在世界文化史上，被誉为编纂最早、规模最大、内容最广的百科全书。但此书只有抄本，无刊印，明亡时正本、副本俱毁。至清乾隆年间，正本已佚失2400余卷，咸丰、光绪间，仅存64册，后多方搜集，方得720卷。清代康熙、雍正年间编撰的《古今图书集成》，全书10000卷，目录40卷，是我国现存的最大的一部类书。清乾隆年间开四库馆，纂成《四库全书》，是中国历史上最大的一部丛书。这些类书和丛书的编成，对保存我国的古代典籍起了重要作用。在编修《四库全书》的同时，撰成《四库全书总目提要》200卷，主要介绍作者生平、内容大旨、著述源流，考辨文字增删、篇帙分合、成就得失以及版本等方面的优劣，代表了中国古典目录学的最高成就。《隋志》著录文化成果，四部分书，确定经、史、子、集的顺序，由此直至清代编《四库全书总目》，史书一直位居四部的第二位，从这一点足可看到史学在传统文化中的重要地位。

（三）清代史学以考据为盛，盛行乾嘉学风，有“实事求是”的治史新风，对中国全部学术文化进行了一次最大规模的清理与总结

清代文化上的高压政策和浙东学派“证史致用”的主张，迫使文士著书躲避政治上的风险，兴起考据之风。清代考据分三个时期：初期，从事晚明史事的研究；②中期，研究前代史；晚期，转向“经世”，以图变革，史学理论兴盛。钱大昕《廿二史考异》（辨史书真伪），王鸣盛《十七史商榷》（辨典章故实），赵翼《廿二史劄记》（即“札记”，以史证史，全祖望《经史答问》等都是这一时期著名的考据著作。清代史学，出现了《明史》，它是二十四史中除“前四史”之外最好的一部；马肃的《绎史》，注重历史比较研究；还出现了浙东史学派，以万斯同为首，黄宗羲（著有《明儒学案》《宋元学案》，为学术史著作）为代表，后起者有邵二云、章学诚（著有《文史通义》），重视对近现代史的研究和撰述。

（四）明清两代的官修史书，不论在数量上，还是在种类上皆超越前代

官修正史有《元史》和《明史》。其他重要的官修史书还有：《大明会典》《明实录》《清实录》《清会典》和“续三通”（《续文献通考》《续通典》《续通志》）“清三通”（《清文献通考》《清通典》《清通志》）等。地理志和方志编修在清代发展达到鼎盛时期，数量之多，范围之广，令人叹为观止。明末清初顾祖禹撰《读史方舆纪要》，内容着重记述政区沿革和军事险易成败之迹，体例严密，考订精详，为后人历史地理研究必读之书。魏源的《海国图志》介绍西方国家历史、地理、科学、文化，阐发了作者富国强兵的政治理想。方志学在清代成为专门之学，清代所修方志体例谨严，数量众多，种类齐全，盛况空前。

第二节　中国传统史学的文化特性

中国传统史学是中国文化史上的宝藏，是世界文化史上的奇观。它在三千多年的发展中，逐步培育和形成的许多优良传统，成为中国传统史学的核心，让中国传统史学闪烁着永恒的光华。

一、学贯天人，会通古今的恢廓视野

中国古代的许多史家及其著述都具有恢廓的历史视野，他们学贯天人，会通今古，用包容一切的气势和规模，来阐述历史的发展过程，探究历史的前因后果。司马迁作《史记》时就明确提出，他要“究天人之际，通古今之变，成一家之言”。“天人之际”的学

说，是儒家经学的本质内容之一。在这一方面，《史记》继承了《尚书》既肯定天命又重德重民的观念，认为天是世俗道德最终最根本的保证，但天命又兼具变和不变两种特性。司马迁对这种信仰充满困惑，如：冉耕、季路一者遇恶疾，一者被剁成肉酱；屈原投江；贾谊伤心而逝；信陵君为战国四公子之首，但终竟自残；李广引刀自刎等。这些人均有道德却不得善终。但他无法将这种信仰撇弃，他依然坚信天命对世俗道德的眷顾，坚信历史变迁与浮沉之后有天命这一道德根源。另外，《史记》《汉书》等不仅记录人类的各种社会活动，也记载自然历史，其中包含了天文地理的变化。《史记》有《天官书》《河渠书》，《汉书》有《地理志》《五行志》，这种既讲天，又讲人的史学内容，也是中国古代天人合一思想的体现。

会通古今，重视通史著述，是中国史学的主流。许多史学家著作通史，目的就是会通古今。这要求史学家运用历史知识，有高屋建瓴、融汇古今的见识；同时要求史家有通变的意识，通过著史，从历史的发展变迁中找出历史发展的一些规律。《史记》的视野恢廓，不论在时间方面还是在空间方面都是空前的，它笼括了上下三千年之史，横贯历代政治、经济、文化、外交、军事等各个领域，在中国传统史学上开"会通之道"的先河。《汉书》虽然断汉一代为史，但它也全面地记载了西汉一代二百多年的历史，囊括了政治、经济、文化、军事、学术等各个方面。刘知几称赞《汉书》"究西都之首末，穷刘氏之废兴，包举一代，撰成一书。言皆精练，事甚该密"，皇朝史撰述即由此而兴。皇朝史的历史视野因受皇朝兴衰的局限，不如通史那样辽远，但也颇具恢宏气象。如《汉书》"综其行事，旁贯《五经》，上下洽通"，即所谓"叙帝星，列官司，建侯王。准天地，统阴阳，阐无极，步三光。分州域，物土疆，穷人理，该万方。纬《六经》，缀道纲，总百姓，赞篇章。函雅故，通古今，正文字，惟学林"。

一部皇朝史，包含这么广阔的内容，史家若无恢廓的历史视野，是不可能做到的。在司马迁以后，杜佑撰《通典》，郑樵作《通志》，袁枢作《通鉴纪事本末》，司马光作《资治通鉴》等，都发展了会通古今的宗旨，展示了恢宏的历史视野。《汉书》以下的断代史也不乏宏编巨制，如《续汉书》，《宋书》，《魏书》，唐修《晋书》、"五代史"及《五代史志》等，也都在相当程度上展现了史学家们恢廓的视野。中国传统史学家们的这种传统，在《隋书·经籍志》史部诸序中已作了概括："夫史官者，必求博闻强识，疏通知远之士，使居其位，百官众职，咸所贰焉。是故前言往行，无不识也；天文地理，无不察也；人事之纪，无不达也。内掌八柄，以诏王治，外执六典，以逆官政。"其中所说的"博文强识""疏通知远"，是跟史家的历史视野直接相关的。中国传统史学家的这一传统，不仅促进了中国传统史学的繁荣，而且也影响和造就了许多通人、名家。

二、历史悠久，形式完备的修史制度

中国传统史学历数千年而绵延不绝，史家、史著代有新出，史观、史法不断进步，这是世界罕有的。西方思想史上，有两位名声显赫的学者惊叹于中国历史记载的连续性与史学意识的深刻性。一位是黑格尔，他说："中国历史作家的层出不穷、继续不断，实在是任何民族所比不上的。”另一位是李约瑟博士，他曾经指出：“一般认为，司马迁不可能拥有足够的一千多年以前的史料来写历史。可是，当人们从无可争辩的真迹——安阳甲骨文中清楚地找到商代30个帝王中的23个帝王的名字时……大家可以想象，许多人该是何等的惊异。由此可见，司马迁一定拥有相当可靠的史料。”中国传统史学之所以有这样的成就，同它有着一个历史悠久、形式完备的修史制度是分不开的。中国古代的史官制度，起源很早。刘知几说：“盖史之建官，其来尚矣。昔轩辕氏受命，仓颉、沮诵实居其职。至于三代，其数渐繁。”认为黄帝时已有史官，但可考证据表明，我国在商代出现了史官和官方记事制度。中国的史官制度是世界古代文明史上独有的现象，它使历代皆有实录，而隋唐以来，又有史馆，并注意修撰方志。因而使中国古代有着丰富多彩的历史资料和卷帙浩繁的历史典籍。

有了专司史职的各种史官，方能把大量的历史资料记录和保存下来。如，战国时代，齐公子田文每坐对宾客，便有侍史记于屏风；秦、赵二王渑池之会，各命其御史书某年某月鼓瑟击缶。史官如实记录统治者的活动，这便是《春秋》“君举必书”之义。孔子晚年整理了《诗》《书》等众多古代文化典籍，后来经其弟子等加工、阐释，成为儒家的经典。其实，孔子整理的古代典籍，主要是根据古代史官所记的历史文献资料。如，《尚书》原是古代史官记录的历史文件和对古代事迹追述的记录，孔子对其加以搜集、选编；《春秋》是由鲁国史官所记的鲁史改撰而成。由此可见，离开古代史官的工作，孔子也没有办法叙述历史，正如他说：“夏礼吾能言之，杞不足征也；殷礼吾能言之，宋不足征也。文献不足故也。足，则吾能征之矣。”其所谓“文献不足”，就是指缺乏古代史官所留下的记载。

封建政府设馆修史，有诸多弊端，在某种情况下，它扼杀了史学的发展。但事情总是有两个方面，设馆修史是史学发展的必然结果，它的出现，在一定程度上也推动了史学的发展。封建国家利用行政的力量主持修史，这在人力、物力、图书资料、出版等各个方面，为修史创造了条件。有些修史的工作，必须依靠众人之力，集体来办，私人是无法做成的。如，明代官修《永乐大典》，卷帙浩繁，凡二万余卷，不集众力，难能竣事。再如，清开四库全书馆，修《四库全书》，撰《四库全书总目》，所收书籍三千余种，皆撰提要，如不靠众人分工来做，近十万卷著作，个人甚至难以读完。此外，司马迁、班固之书成一家之言，名重千古，是私家修史的楷模。那时文献有限，仅一人之力，穷世而为尚能竣事，但即便如此，司马迁也曾利用其父亲的成就，班孟坚则父子世业，还要其妹班昭续而成篇。可见，官修史书断不能少。

司马光撰《资治通鉴》，像官修也像私修，实际上体现了官修和私修两者的长处，既资于众力，又不失于芜杂，能成一家之言。此书的编写方法可说是官修史书的榜样，它是集体智慧的结晶，既充分利用了集体的力量，又反映了主编司马光的才能和见解，使全书内容丰富，史实可靠，风格一致。翦伯赞概括此书的特点时，说它“叙事则提要钩元，行文则删繁就简，疏而不漏，简而扼要；言必有据，没有空话；事皆可征，没有臆说；文字简练，没有费辞”，言之甚切。

唐代确立设馆修史制度，对我国史学的发展起了很大的推动作用。自唐以后，每一新建立的朝代，照例要为前代修史，这使我国各封建朝廷的“正史”得以连续不断，从而保存了大致完整的史料。单说唐代，在今存二十四史中，就修有八部。除史官、史馆之外，又有起居、实录之制。自唐至清，历朝都有实录，流传至今的主要是明、清两代的实录。唐至金元的实录大都亡佚，然以往的史家有采入正史，有引入编年，使得其功不灭。可以这样说，没有史官制度，当然不会有记注之法；没有记注，就不会有历代实录、国史；而没有实录、国史，也就不会有历代正史的出现。

中国传统史学之所以成就辉煌，历史典籍之所以丰富多彩、衔接不断，其重要原因之一就是有着一个完备的修史制度。因为有专司史职的史官，有专门组织修史的史馆，再加上封建政府的重视，大批的史书纷纷出现。我们当然需要追问封建政府重视修史的阶级目的，当然需要反思史馆修史的弊端，当然需要检验其所修之史的阶级性及其失实程度，但无论如何，这种制度在我国古代史学史上所创造的丰功伟绩是不能抹杀的。

三、求实直书，经世致用的优良学风

求实即秉笔直书，它和经世致用一样，是中国传统史学的优良传统。求实和经世，从古代史学的整体来看，是调和与一致的关系。史学会通古今的目的在于以古为镜，古为今用，而这首先必须基于“求真”的本质之上。“求真”与“经世”是史学内部颇具张力的双重使命。早在中国史学开始兴起的时期，秉笔直书就成为史家的崇高美德而受到称赞。他们力图在自己的著作中保持历史的本来面目，不虚美，不隐恶，以直书为荣，以曲笔为耻。为了达到实录的目的，他们秉以公心，不为利诱，不畏权势，不避风险，坚决维护历史的真实和人格的尊严。不少史家高风亮节，成为后世楷模。如：孔子因晋国史官董狐直书“赵盾弑其君”而称他是“古之良史”。齐国权臣崔杼杀齐庄公，齐太史、南史氏三人前仆后继写：“崔杼弑其君”，不惜以死殉职，所以刘勰在《文心雕龙·史传》篇写下“辞宗邱明，直归南、董”的名句。司马迁著《史记》不为尊者讳，不为爱者讳，不避帝君，其书被人认为，“其文直，其事核，不虚美，不隐恶”，人称“实录”。③东晋孙盛写《晋阳秋》，桓温威胁其子：“若此史遂行，自是关君门户事。”但孙盛依旧冒灭族的危险，将慕容垂大败桓温的真相留示于世人。唐代史家《贞观政要》的作者吴兢，如实记载了魏元忠的行为，并因当面拒绝当朝宰相张说希望将《武后实录》“删削数字”的请求，而被时人誉为“昔者董狐之良史，即今是焉”。宋人袁枢断然拒绝其同乡、当朝权贵章惇的请托，不为其文饰传，毅然道：“我宁负乡人，不可负天下后世公议。”被宰相赵雄赞叹“无愧古良史”。这种优良传统，也为历史上少数民族政权的史家所继承。史载，辽兴宗猎于秋山，而熊虎伤死数十人。有司奏闻于朝，史臣萧韩家奴即书于史册。辽兴宗命其删去。“韩家奴既出，复书。他日，帝见之曰：‘史笔当如是。’”

此类事例不胜枚举，正是有了这种秉笔直书的传统和无数刚正不阿、舍生取义的史家，我们才拥有了大量的“信史”和“实录”，为我们正确认识历史提供了丰富而可靠的文化遗产。

相反，如果不能尊重历史，随意抑扬，趋炎附势，曲笔阿谀，就会遭到世人的非议和鄙弃。刘知几撰《史通》，有《直书》《曲笔》两篇，指出了史学上“直书”与“曲笔”的对立，分析了它们的利害。他认为“直书”“直词”是实录的前提，而“曲笔”“诬书”则会造成实录难求。刘知几正是从历史撰述是否是“实录”这一根本点上，来划清“直书”与“曲笔”的界限。这集中地反映出了中国传统史学之求实精神。而这种求实的精神自司马迁《史记》被誉为“实录”之后，便成为大多数史家追求的目标而形成优良的传统。当然这并不是说中国古代史家都是正直无私而无曲笔抑扬者，治史中的曲笔也是中国传统史学的客观存在，例如唐代李世民发动玄武门之变，杀死其兄太子李建成，逼父让位，他的史臣便多有回护，连李世民自己也感到改篡太多。后来根据他的建议，史官们又做了修改，但在这一事件的定性上依旧大力美化太宗，把兄弟相煎的统治阶级内部斗争写成太宗为社稷为百姓除害的正义之举。为了说明太宗即位为帝的合法性，史官们还对建唐过程中李渊和李世民兄弟的活动和作用进行了大量篡改，造成后出的正史《资治通鉴》夸大李世民的作用而贬低李渊等人的倾向。正如刘知几所云：“人禀五常，士兼百行，邪正有别，曲直不同。”《曲笔》一篇，列举了曲笔的种种表现，斥之为“作者之丑行，人伦所同疾”，“记言之奸贼，载笔之凶人”。而历史上也确有魏收、王沈和贞观史臣之辈，他们的作为常常为历史真相增添迷雾，造成不少史事上的错误，但这在整个史学上毕竟只占少数。在传统史学史中直书始终是主流，曲笔不可能成为主流。这是因为：第一，曲笔违背了“书法无隐”的古老传统，也跟人们的历史意识不断发展的趋势相悖；第二，任何时代出现的曲笔，都不会符合那个时代所提倡的道德规范，因而不可能成为公开提倡的行为，即使出于维护“名教”而曲笔，也难得为严肃的史家所接受；第三，绝大多数史家以董狐、南史、司马迁为效法的楷模，存实录、写信史成为他们追求的人生目标；第四，从史学发展的连贯性来看，任何得计于一时的曲笔作史，终究要为后人所揭露和纠正。所以，这种不顾身家性命，秉笔直书，誓为后世留下信史的事迹和精神，是中国历史学最优良的传统。

史学的社会作用是经世致用，求实则是史学经世致用的基础。刘知几说：“史之为务，申以劝诫，树之风声。其有贼臣逆子，淫君乱主，苟直书其事，不掩其瑕，则秽迹彰于一朝，恶名被于千载。”这说明了求实和史学社会作用的关系，而这种关系，在中国传统史学之经世致用的传统上有广泛的表现。

中国古代史家著史研史，不单纯为保存史料，或抒发思古之幽情，而是以经世致用为目的，以回答和解决现实问题或为将来提供借鉴为己任。中国史学之经世致用的目的萌芽甚早，《尚书·召诰》可以佐证。孔子著《春秋》是为了惩人心，救乱世，所以别善恶，寓褒贬，使“乱臣贼子惧”，反映了当时人们对于史学的社会作用已有明确的认识。秦汉以下，这种认识不断发展成为自觉的意识，并进而成为一种史学传统。司马迁著《史记》，其理想是“究天人之际，通古今之变，成一家之言”，从而探寻“成败兴坏”之理，以前事为“后世之师”。杜佑生活在唐朝由盛转衰的中唐时期，他想通过对历代典章制度的研究，为统治者施政提供借鉴，“征诸人事，将施有政”，故历三十五年，撰成《通典》，备述历代典制损益沿革，努力从历史中总结出解救时弊的方略。北宋曾巩说：“史者，所以明夫治天下之道也。”司马光撰《资治通鉴》的目的，就是总结历史上的统治经验，为宋代提供借鉴。明清之际，王夫之有感于国家的兴亡，长期隐居于湖南石船山，著书立说。他怀着极大的悲愤写下的史论著作，深刻探讨了历史上的经验教训，其中所包含的人文主义和民主思想的萌芽，百余年后对晚清的近代民主思潮起到了奇特的“酵母”作用。

中国传统史学经世致用的学风还表现在史学家历来重视史学的道德教化功能。《易传》云：“君子多识前言往行，以畜其德。”既然如此，也就要求史书的撰写应该具有劝善惩恶的功能。对历史上的善人善行，要载入史册，加以肯定和褒扬，使其流芳千古，为后世之楷模；对历史上的恶人恶行，要加以否定和贬斥，从而达到激浊扬清的目的。刘知几对史学的这种道德感化功能进行过论述，他说：“苟史官不断，竹帛长存，则其人已亡，杳成空寂，而其事如在，皎同星汉。用使后之学者，坐披囊箧，而神交万古，不出户庭，而穷览千载，见贤而思齐，其利甚博。乃生人之急务，为国家之要道，有国有家者其可缺之哉!”孔子《春秋》并不只是客观记载史实，而是在字里行间寓褒贬态度，如杀、弑、诛等词的选用，都意在说明事件的性质和行为的正误，这就是所谓的“《春秋》笔法”，或曰“微言大义”。这一传统为后世所发挥和继承，如章学诚说：“史文之有褒贬，《春秋》以来未有易焉者也。”出于正义，历代史书记录下不同时期的明君贤相、忠臣义士、民族英雄等各种为国家为民族为人类进步事业作出贡献的人物的事迹，为后世树立了无数令人敬仰的楷模和典范，同时也记录了不少昏君庸相、贪官污吏、奸佞小人等祸害国家和人民的败类，并给予揭露和抨击。而那些志士仁人的崇高人格、英雄事迹和杰出贡献激励了一代代人，成为中国文化遗产中宝贵的精神财富。

经世致用的史学学风还体现在重视史学鉴古察今的作用。这种思想由来已久，《诗经·大雅·荡》云：“殷鉴不远，在夏后之世。”西周统治者说：“我不可不鉴于有夏，亦不可不鉴于有殷。”《管子·形势篇》云：“疑今者察之古，不知来者视之往。”《战国策·赵策一》云：“前事之不忘，后事之师。”在这样的思想基础上，取鉴资治成为中国传统史学的重要使命。封建统治者重视修史，其目的也是总结历史经验，以作为自身统治的借鉴。唐贞观十年（公元 636 年），房玄龄、魏征等修周、齐、梁、陈、隋等五代史成，上书唐太宗。唐太宗大为高兴，说：“朕睹前代史书，彰善瘅恶，足为将来之戒……欲览前王之得失，为在身之龟镜。”封建史学历来是为封建的经济和政治服务的，史学的发展往往是满足现实的某种需要。唐太宗自己说他有三面镜子：“以铜为镜，可以正衣冠；以古为镜，可以知兴替；以人为镜，可以明得失。”其中“以古为镜”就是研究历史为现实服务，即“古为今用”，发挥史学的经世作用。史家著史，以考论政治得失，劝善惩恶为己任，他们所撰史书皆叙述现实社会中实实在在的政治和人事，为现在和将来的人服务。司马迁说：“夫《春秋》，上明三王之道，下辨人事之纪，别嫌疑，明是非，定犹豫，善善恶恶，贤贤贱不肖，存亡国，继绝世，补敝起废，王道之大者也。”司马光写《资治通鉴》则“专取关国家盛衰，系生民休戚，善可为法、恶可为戒者，为编年一书”。

中国传统史学有秉笔直书的传统，也有经世致用的传统，怎样看待和说明二者的关系，是人们感到困惑的一个问题。在中国传统史学上，有的统治者或史家，为着某种需要而掩盖历史真相或篡改已经写出的史书，这种现象是存在的。但这跟史学的经世致用并不是一回事，其间界限不可混淆。我们承认秉笔直书的传统，并不是就否认曲笔作史现象的存在；而肯定经世致用，也并不意味着赞同“名教”观念，或赞同史学成为政治的奴婢。事物是复杂的，史学也是复杂的，只有从主流看，才能真正看清“求真”与“致用”的相辅相成的关系，看清“信史原则和功能信念的统一，从根本上反映了中国史学传统的精神实质”。

四、重视人事，罕言鬼神的科学精神

中国传统史学的另一优良传统，就是在对历史兴亡和社会发展的解释方面重人事，而否定天命鬼神的作用。中国传统史学家们虽不可能完全摆脱天命鬼神观念，但他们在利用史料复原历史和解释历史时，总是把着眼点放在人为的因素，而没有归结为天命鬼神的力量。中国传统史学的这一传统起源很早，孔子虽然也讲天命，但他著史却“子不语怪力乱神”。

在孔子的影响下，中国人很早就将原始神话历史化。春秋时代，天神观念发生动摇，《左传》里记载了不少怀疑甚至否定天道鬼神的言论，并产生了“天道远，人道迩”的重要思想。司马迁生活在汉武帝时代，当时董仲舒大力宣扬“天人感应”学说，可是司马迁并没有从天命或天意的立场解释历史的发展。他著《史记》“究天人之际”，强调的是历史的兴亡胜负中人的因素。《史记·项羽本纪》中记载，楚汉相争，项羽兵败，乌江自刎，临死前以为“天亡我”，司马迁在太史公论赞中批评项羽说：“身死东城，尚不觉寤，而不自责，过矣。乃引‘天亡我，非用兵之罪也’，岂不谬哉！”《后汉书》的作者范晔生活在神不灭和善恶报应观念流行的时代，但他偏偏记载了不少与之相悖的史实，如廷尉吴雄、司隶校尉赵兴等人“不恤讳忌”，“故犯妖禁”，结果是“家人爵禄，益用丰炽”；而陈伯敬等人迷信鬼神，多所忌讳，却没有好的结果。以此说明因果报应之说的荒唐。

当然，古代史书中也有某些宗教迷信的内容，如南朝诸史中对历朝皇帝们的神化和佛化，各正史著作中的《五行志》中记叙各种祥瑞谶言鬼神荒诞之事。但这些在史学中的地位并不重要，而且常常受到世人的抨击和批判。刘知几说：“夫论成败者，固当以人事为主，必推命而行，则其理悖矣。”他还提出，凡神怪故事祥瑞图谶之类，皆不应写入史书。司马光反对神鬼怪异之说，强调人事在国家兴亡中的作用，认为国家盛衰取决于执政者的道德，而不在于鬼神的护佑。他在上宋仁宗书中说：“国之兴衰，在德之美恶，固不系葬地、时日之吉凶也。”在其所编的《资治通鉴》中，亦极少记载鬼神迷信故事。

五、德识为先，才学并茂的品德修养

史学家应该具有什么样的人格和素养，一直是中国传统史学中关心和讨论的问题，并在著史和论史的实践中形成了比较稳定的价值取向和品格要求。良史之才的取向和要求被史学理论家概括为德、才、学、识“四长”。才、学、识是刘知几在《史通》中提出来的，他认为：“史有三长：才、学、识，世罕兼之，故史者少。夫有学无才，犹愚贾操金，不能殖货；有才无学，犹巧匠无楩楠斧斤，弗能成室。善恶必书，使骄君贼臣知惧，此为无可加者。”这一段话把史家“三长”的含义和相互关系基本上说清楚了。刘知几所谓“才”，即才华，指史家撰史的表达和写作能力；“学”即学问，指史家所占有的史料和所掌握的历史知识；“识”即识见，指明辨是非，鉴别善恶的识别力，还包括正直无私的正义感。在他看来，如果没有应有的表达能力，即便拥有丰富的史料和知识，也不能由此转化成史学成果；就好比具有良好的建筑师的本领却家无片瓦不能盖出宫室一样，巧妇难为无米之炊，富有才华，没有学问，也不能创作出史学成果。只有有才有学，又具有明辨是非的能力以及正直品格，才能“所向无敌”，取得辉煌的成就。此外，刘知几所说的“识”是研究历史的观点和方法。刘氏“三长”论是对史学优良传统的总结和发展。三者缺一不可，把历史研究工作提升到了理论高度。

清代章学诚充分肯定了才、学、识对史家的重要意义，指出：“才学识三者，得一不易，而兼三尤难。千古多文人而少良史，职是故也。”“史所贵者义也，而所具者事也，所凭者文也。”“非识无以断其义，非才无以善其文，非学无以练其事”。但是他认为，具备了“三长”还不能称“良史”，即“虽刘氏之所谓才学识，犹未足以尽其理也。”他主张在“三长”之外，再加上一个“史德”。所谓“史德”就是“著书者之心术”，即指史家作史能否忠实于客观史实，做到“善恶褒贬，务求公正”的一种品德。章学诚指出：“盖欲为良史者，当慎于天人之际，尽其天而不益于人也。尽其天而不益以人，虽未能至，苟允知之，亦足以称著书者之心术矣。”这里的“天”指客观的历史事实；“人”指史家的主观意愿。史家要从良心出发，尊重事实，忠实地反映历史，而不要从自己的主观意愿出发歪曲历史。章学诚认为，德、才、学、识是一位好的史学家必须具备的基本素质，同时他又指出四者之中，德、识尤为重要。仅仅有丰富的历史知识和良好的写作能力，仍然写不出优秀的史学作品来，史家必须有明辨是非曲直的史识和直书无隐的正直史德，才能取得杰出的成就。从这个意义出发，他说：“夫秽书者所以自秽，谤书者所以自谤，素行为人心羞，文辞何足取重。”

尽管有人认为，章氏所言之“史德”已包括在刘氏所言的“史识”之中。如：“史识，则是指对历史发展、历史事件、历史人物是非曲直的观察、鉴别和判断能力。”但章学诚以心术论史德，其理论仍富有新意。

对于史家的“四长”，尽管各个时代有各个时代的内容，各个阶级有各个阶级的要求，但从精神上看则是共通的。我们今天的史学家也应具有高尚的道德，具有实事求是的科学态度，这是“史德”；具有马克思主义的观点和研究问题的能力，这是“史识”；具有渊博学识，掌握大量丰富的资料，并善于分析、鉴别和运用，这是“史学”；具有历史编纂和历史文学的修养，富有文采，这是“史才”。总的来说，就是继承我国古代良史的优良传统，造就无产阶级史学队伍的时代标准，切莫等闲视之。

中国传统史学涵盖了中国文化的方方面面，是中国传统文化的重要组成部分，也是不可或缺的一部分，具有十分重要的地位。梁启超在《中国历史研究法》中说：“中国于各种学问中，惟史学为最发达；史学在世界各国中，唯中国为最发达。”中国古代层出不穷的历史学家、灿若星河的史学著作、种类繁多的史书体裁和丰富多彩的史学思想将作为中国文化的一颗璀璨明珠永远绽放炫目的光华。

第三节　中国传统史学的体例表现

《隋书·经籍志》将中国古代史籍分为十三类：正史、古史、杂史、霸史、起居注、旧事、职官、仪注、刑法、杂传、地理、谱系、薄录。这样的分类概括并不全面。《四库全书总目》将史类书籍分为十五类，即正史（纪传体）、编年、纪事本末、别史、杂史、载记、诏令奏议、职官、政书、传记、时令、地理、目录、史评、史钞，虽然没有完全概括史书体裁，但已经充分说明了中国古代史书体例和类别的丰富多彩。

一、史学文献的四大体例

每一种史书体例的产生，都经历了漫长的历史酝酿与发展过程。《春秋》《左传》等编年体史书奠基著作问世后三四百年，出现了纪传体史书的开创性著作《史记》；《史记》问世后八九百年，影响深远的典制体通史《通典》诞生；在《通典》之后三百余年，乃有宋代史家袁枢所撰《通鉴纪事本末》的面世。本节不能一一详细评述每种史书体例，只能将主要的史书体例及其代表作进行介绍。

（一）编年体

编年体是以时间为中心，按照年、月、日的时间顺序记载历史人物和事件的史书体裁，它是我国历史上最早出现的史书体裁。春秋战国时期，各诸侯国都有按年记事的编年史，大体名为“春秋”，“春秋”即编年之意。孔子修的《春秋》是我国现存最早的一部编年体史书，记载起于鲁隐公元年（公元前772年），终于鲁哀公十四年（公元前481年）的历史。书中文句简短，遣词用语寓有褒贬之意，体现了孔子的政治立场，达到惩恶扬善的目的，后世称为“寓褒贬，别善恶”或微言大义的春秋笔法。这部书被奉为儒家经典著作，也成为后世编年史的滥觞。

《左传》是继《春秋》之后出现的又一部著名的编年体史书，标志着编年体史书的成熟。这本书是鲁国史官左丘明采各国史记编撰而成，采取文史结合的叙事方法，体例更加完善，记事更为翔实，代表了先秦编年体史书的最高水平。《竹书纪年》也是先秦时期著名的编年体通史，因原本写于竹简而得名。晋咸宁五年（279年）它在汲郡的战国时魏墓中发现，共12篇，叙夏商西周、春秋时晋国和战国时魏国史事，至魏襄王二十年（公元前299年）为止。东汉末年，荀悦依《左传》体裁，撰成《汉纪》，修西汉一朝断代史，述事简明，开创了编年体的断代史写法。该书和袁宏的《后汉纪》（也是一部断代编年史名著）并称两《汉纪》，完备了编年体写法史书的规模。

《隋书·经籍志》史部著录出现了扬纪传而抑编年的倾向，将纪传体史书著录于“正史类”，而将编年体史书著录于古史类。此后，纪传体高居“正史”地位，而编年体位居其次。至北宋时司马光等人撰《资治通鉴》，编年史的发展形成了一个高峰。此书294卷，记事上起周威烈王二十三年（公元前403年），下迄后周世宗显德六年（959年），内容以政治、军事为主。在编纂方法上，既坚持了编年体史书以时间为序的特点，又吸取了纪传体自为首尾的叙述方法，叙事写人，体例严整，始终连贯，记述生动，文字优美，代表了中国古代编年体史书的最高成就，促进了编年体史书的发展。《资治通鉴》以后，代有续作，于是编年史形成了一个世代相继、贯通古今的庞大的史书体系。

编年体史书在发展过程中，产生了几个分支，其中主要有起居注、实录和纲目。起居注是帝王言行的记录，史官记载帝王言行之制由来已久，而把帝王的编年言行录称为“起居注”始于汉代。《隋书·经籍志》史部著录有“起居注”一类，这说明这种体裁的史书在当时已经发展成为一个重要的类别。实录是专记某一皇帝统治时期史事的编年体长编，最早的实录出现于南北朝时期。唐代的史馆承担有编撰实录之职责，从此以后，每一皇帝死后，新即位之国君一定敕修先帝实录，成为定制。纲目是编年记事的一种形式，创始于南宋朱熹的《通鉴纲目》。这本书以编年形式叙事，每叙一事先标提要，以大字书写，顶格排行，叫做纲；其下叙述具体内容，用小字书写，低格排行，叫做目。此体有纲有目，条理清晰，简明扼要，便于初学，利于普及。

编年体以年月为经，以事实为纬，便于了解事件发生的时间和过程，容易看出同时期各事件间的联系，并可避免叙述重复。刘知几概括编年体裁的优点说：“夫《春秋》者，系日月而为次，列时岁以相续，中国外夷，同年共事，莫不备载其事，形于目前，理尽一言，语无重出，此其所以为长也。”章学诚更明确地指出：“《尚书》变而为《春秋》，则因事命篇，不为常例者，得从比事属辞，为稍密矣。”这说明史书体裁的成熟扩大了记事范围，促进了史学的发展。但编年体史书会导致历史事件前后割裂，首尾不能连贯，历史人物的生平和典章制度亦无从详其原委。此外，编年体史书对能够确定时间的史事不厌其烦地记载，而那些无法记年的重要事实却被遗漏，特别是这种体裁无法大量记载各种人物，不能全面反映社会历史面貌，是其主要的缺点。

（二）纪传体

纪传体是以人物传记为中心的史书体裁，实质上是一种综合体，主要有本纪、列传、表、书等形式，《史记》和《汉书》是纪传体之祖。

司马迁，字子长，西汉左冯翊夏阳（今陕西韩城市）人，以毕生精力和心血写成历史巨著《史记》（原名《太史公书》），记载自黄帝以来直到他生活的西汉武帝时期的史事，是我国第一部纪传体通史。该书以其杰出的史学和文学成就，被鲁迅先生誉为“史家之绝唱，无韵之《离骚》”。全书分五部分，纪、表、书、世家、列传，总计 130 篇 52 万字。其中有十二本纪，“本”是“根”的意思，“纪”是“记”的意思，合起来即记载具有根本意义的大事之意。它以帝王为中心，按编年的形式，记载帝王言行政绩，排列历史重大事件，相当于全书的总纲。这些大事涵盖国家的经济、政治和军事方面，总是和天下的帝王分不开，所以本纪就成了帝王的传记（有纲举目张之效）。十表是以表格形式罗列历史事件和人物等，有纵有横。纵指时间，按时间顺序，统系年代、世系及人物；横指地域，有齐、楚、秦、赵、韩、魏、燕等。八书，是各种制度的专史，是对经济、文化等方面专门问题进行分类记载与论述的体裁，半是历史记载，半是解释问题。实际上，它以事为类，是制度史的先河，这是《史记》的创举。八书分别论述礼、乐、律、历（天和律的形式化即历法）、天官、封禅、河渠、平准。三十世家，记封国诸侯和特殊人物的事迹。以其子孙世袭，故称世家，实际上是本纪的雏形。其中特殊人物，如孔子称世家，是因汉武帝时尊崇儒术，司马迁亦景仰孔子；而陈涉称世家，则是司马迁对其有很高的评价。七十列传，以人物为中心作列传，这种形式自司马迁开始。《史记》列传有两大类，一是人物传记（有专传、合传、类传）；二是记载外国或国内少数民族的历史，如《西南夷列传》《大宛列传》等。每篇之末都附有一段评论文字，表达对某一历史人物或某一事件和问题的看法，后人称为"太史公论赞"，是后世史评体之论、赞的先河。《史记》记载历史，以纪传为主，以表书为辅，组成一个有机的整体，这样的体裁被后人称为"纪传体"。

东汉班固著《汉书》，沿用了纪传体的体裁。它在体例上略有变化，为避免与书名同，改"书"为"志"，又将"世家"并入"列传"，因而分为"四体"：纪、表、志、传（分别为12篇、8篇、10篇、70篇，总计100篇）。它专记西汉一代历史，因而是我国第一部纪传体断代史。班固与司马迁并称为"班马"，《汉书》与《史记》并称为"史汉"。此后，历代史学家用这种体裁撰写了大量史书，形成了一个贯通古今连续不断的庞大的纪传体史书体系。纪传体连贯起来构成了4000年历史，成为中国封建史学体裁的主流。中国最重要、最正规，地位居群史之首的所谓"正史"，都是用纪传体编撰而成的。清乾隆皇帝曾诏定自《史记》到《明史》的二十四部纪传体史书为"正史"，有"二十四史"之称。（二十四史是：《史记》《汉书》《后汉书》《三国志》《晋书》《南史》《北史》《宋书》《南齐书》《梁书》《陈书》《北齐书》《北周书》《北魏书》《隋书》《新唐书》《新五代史》《旧唐书》《旧五代史》《宋史》《辽史》《金史》《元史》《明史》。）后来，北洋政府大总统徐世昌下令，将柯劭忞所著《新元史》也列为正史，于是又有"二十五史"的说法。1927年，赵尔巽等人撰成《清史稿》，后来有人把《新元史》和《清史稿》都列入"二十四史"，称为"二十六史"。

纪传体较编年体具有明显的优点："纪以包举大端，传以委曲细事，表以谱列年爵，志以总括遗漏，逮于天文地理，国典朝章，显隐必赅，洪纤靡失，此其所以为长也。"纪传体便于考鉴各类人物的活动情况，并分门别类叙述典章制度，能将各种历史人物、历史事件及社会生活的各个方面有机地汇于一书，纵横条贯，气势恢宏，内容宏富。由编年体发展到纪传体，是历史编纂学的进步。纪传体克服了编年体的不足，遂超越编年体，奠定了中国传统史学中的正史格局。章学诚认为："纪传之初，盖分编年之事实，而区之以类者也。类则事有适从，而寻求便宜。"但纪传体也有一些缺点，主要是有关每一历史事件的记事常常分散于本纪、世家、列传或全书中，因而不能看到一个事件的全貌和过程，不便了解历史事件之间的前因后果和相互联系。

（三）典章制度史

典章制度史是记述典章制度的史书，主要记述历代王朝的经济制度、政治制度，即《四库全书》所谓的"政书"。我国有关典章制度的记载，起源很早，如《史记》"八书"纪天文、地理、文物制度，以后许多断代史设"志"以记历代典章制度，但狭义的"政书”不包括这一类。典章制度史作为一种体例完备独立成书的著作，最早出现在唐代。其类别有通史和断代史两种，综述历代典章制度的为典制通史；记述一代典章制度的为典制断代史。

在典章制度史出现以前，纪传体不利于记载典章制度，编年体更是“详于理乱兴衰，而略于典章经制”。因此，史学的发展迫切需要创造一种新体裁，担负起这一历史使命。唐代杜佑把历代纪传体史书中记载的典章制度汇集成一书，纂成《通典》，开创了典制体裁，与编年、纪传鼎足而立。《通典》上溯传说中的唐虞，下迄唐肃宗时，是第一部典章制度的通史。此书200卷，分为食货、选举、职官、礼、乐、兵、刑法、州郡、边防等九门，每门又分若干目，每目有的又分子目，每目皆标有目名，每一部分皆按朝代先后顺序，依次记述历代典制。杜佑不载天文、五行等与政治经济没有直接关系的事情；他把“食货”列于首位，认为“教化之本，在乎足衣食”，这是前史所没有的；他又反对“非今是古”，主张“随时立制，遇弊变通”。

《通典》的史料价值极高，开辟了中国传统史学中典制体通史撰述的新局面。《通典》之后，南宋郑樵（1103—1161年）撰《通志》200卷，记事上起三皇，下迄隋末，是一部纪传体通史。全书的精华在“二十略”，其性质与《通典》相似，为各种典制的简编通史。宋末元初的马端临（约1254—1323年）撰《文献通考》，记事起自上古，下迄南宋宁宗时期，仿《通典》体例，是继《通典》之后的又一部典制通史。后人将《通典》《通志》《文献通考》合称为“三通”，成为研究我国古代社会经济、政治、文化史的最可靠而丰富的资料。清乾隆年间，诏修“续三通”和“清三通”，乾隆五十二年修成，与“三通”合称为“九通”。民国初年刘锦藻编成《清朝续文献通考》，1935年商务印书馆把此书与旧有的“九通”合印，称为“十通”。其中记述清代典制之书，皆是“三通”的续作，实际上都是断代典制之作。由于都仿效《通典》体例，因此历来把它们作为同一体例之书看待。

典制断代史主要有“会要”和“会典”两类。“会要”是我国古代史书中的一个重要门类，是把一个朝代各种典章制度材料分门别类加以汇编的典制史书。此体创始于唐朝苏冕所撰《会要》，后经杨绍复续修，再经宋王溥增补，撰成《新编唐会要》，后世称之为《唐会要》。《唐会要》全书100卷，分目五百一十有四，“于唐代沿革损益之制，极其详该”，是我国第一部完整的会要体史书。宋代重视本朝会要的编纂，专设会要所，前后重修续修10余次，成书2200余卷，后元人灭宋，稿本北运。元修《宋史》各志，多取材于此；明修《永乐大典》，曾将其中史实，分别采入各韵；今存有清人所辑《宋会要辑稿》，有很高的史料价值。此外，元修《经世大典》，为会要的别名。另外，还有人补撰前代会要，先后有南宋徐天麟的《西汉会要》《后汉会要》，清代龙文彬的《明会要》、姚彦渠的《春秋会要》、杨晨的《三国会要》等。这些书将旧史典制分门别类地排比整理，起到了便于查检之效。

“会典”也是记载一代典章制度的史书，但它与会要有别，不像会要那样按典制内容分类编次，也不像会要那样记载一些历史事实，而是采取按职官分类的体制，“以官统事，以事隶官”，把一代典制分列于各有关官署和官职之下，内容多是制敕诏令和具有律令性质的办事成例，亦少叙源流因革。此类史书始于成书于唐玄宗时的《唐六典》。此书 30 卷，以三师、三公、三省、九寺、五监、十二卫等为目，述其职司、官佐、品秩。元明清各代统治者对会典的编纂非常重视，《元典章》其实就是元代的会典。明政府多次修纂《明会典》，其体例大要，以六部为纲，详叙各衙门的职掌及历年事例，并附有官服礼仪插图。《清会典》初修于康熙三十三年（1694 年），后经多次续修。至乾隆时，把典、例分纂，一为会典，一为会典则例，各自成书。嘉庆时续修，又把礼部的仪式、祭器，户部的舆图和钦天监的天体图等绘制成编，名“会典图”。

（四）纪事本末体

纪事本末体是以历史事件为中心，系统详细地记载历史上发生的一些大事及其来龙去脉的史书体裁。南宋时期，在史学不断发展的基础上，福建建瓯人袁枢著《通鉴纪事本末》，创立了这一体例。袁枢开始的目的是解决读《资治通鉴》的困难，他根据《资治通鉴》原文，区分事目，将每一历史事件独立成篇，标以相应的题目，每篇按年月顺序述其事。这种体例较其他史书体例有明显的优点：“每事各详起讫，自为标题；每篇各编年月，自为首尾。经纬明晰，节目详具，前后始末，一览了然。”这种编撰方法，能够完整地叙述重大历史事件始末和重要历史人物生平，避免了纪传体那种叙事分散与重复的困扰。它还具有“攀事之成，以后于其萌；提事之微，以先于其明”的特点，避免了编年体那种叙事前后割裂、难稽首尾的困扰。纪事本末体所取得的成绩，用章学诚《文史通义》的话来说，是“文省于纪传，事豁于编年”。但《通鉴纪事本末》的分量，只有《通鉴》的一半左右，足见《通鉴》材料不是纪事本末所能概括，特别是零碎材料，纪事本末无法集中。此后还有不少史家效仿这一体裁，上接下续之作不断问世，如明代冯琦、陈邦瞻《宋史纪事本末》、陈邦瞻《元史纪事本末》，清代高士奇《左传纪事本末》、谷应泰《明史纪事本末》等，纪事本末体史书形成了一个贯通古今的独立体系。纪事本末体的缺点是难以说明同时期各种历史事件之间的联系，不利于读者了解某时期的历史全貌。

二、其他主要的史书体例

（一）史评

史评体著作按其评论对象不同分为两种，一是对史事或历史人物的评论，二是对史书的评论，这些著作常常包含更多的史学思想和史学理论内容。我们现在所知道的最早的史评，或许是春秋时期楚国大夫申叔时论历史教育时涉及的对史书的评价，以及孔子对晋国史官董狐的评价。

对史事或历史人物进行评论，目的是总结历史上治乱兴衰的经验教训，认识历史人物的功过是非，服务现实。司马迁的《史记》每篇结尾都有太史公论赞，实际上就是对史事或人物的评价，这种形式为后世所沿袭，西汉贾谊的《过秦论》即为史论专篇。此后，这类史书不断发展，明清之际王夫之的《读通鉴论》是这类著作中的杰作。此书 30 卷，每卷又分若干篇，每篇皆根据《资治通鉴》所载史事，选择历史人物或事件若干进行分析评论，颇多精辟见解。书中阐释历代法治沿革，主张因时制宜，反对“泥古过高而非薄方今”；评论历代政治上的利弊得失，反对用“刑名威力之术”，主张宽简之政，对后来思想界影响很大。对历史著作进行评论起源很早，《左传》中就有对《春秋》笔法的评论。南朝梁刘勰的《文心雕龙·史传》篇，是较早专门评述史学的专文。唐代刘知几的《史通》是第一部史学评论专著。这本书总结了此前史学发展的经验教训，提出了较为系统的史学理论和方法，在史家修养、治史宗旨、修史制度、史学体裁与体例、史学源流等方面都提出很多独到见解，几乎涉及了历史学研究的全部理论问题。刘知几认为，史家必须兼有“史才”“史学”“史识”三长，而其中以史识最为重要。他对《左传》、宋孝王的《关东风俗传》和王劭的《齐志》给予充分肯定，而对《春秋》《尚书》和《论语》这些被儒家奉为经典的著作却给予很多批评，体现了他不同流俗的史识。清代章学诚的《文史通义》是与《史通》齐名的史学评论名著。章学诚在史学理论上颇多创见。首先，他明确提出“六经皆史”说，认为六经是古代典章制度的记载。其次，他强调史学要经世致用，反对无目的的考索和空谈义理。另外，在史书编纂方法上，他也提出了一些重要见解，他认为史书有“比类”和“著述”之分，比类是编辑史料，著述则应有“别识心裁”，自成一家之言。再次，他在方志学方面提出了比较系统完整的理论。最后，在刘知几史家“三长”的基础上，明确提出了“史德”，作为史家的基本素质要求。章学诚的史学思想和理论建树使他与刘知几并称，成为我国古代杰出的史学理论家。

（二）史注

史注虽然不是一种独立的体裁，但是它在史学著作中具有非常重要的地位，有时还是史书不可分割的一个部分。我们比较熟悉的如《国语》韦昭注、《左传》杜预注、郦道元的《水经注》、《洛阳伽蓝记》杨衒之自注、《史记》三家注（刘宋裴骃《史记集解》、唐司马贞《史记索隐》、唐张守节《史记正义》）、《三国志》裴松之注、《汉书》颜师古注、《通典》杜佑自注、《资治通鉴》胡三省注、《史通》浦起龙注等，都是有名的注。这些注，第一，可以帮助我们理解原书；第二，注里反映的注家的思想同样成为我们研究的对象。正因如此，有名的注和原书成为整体，是不可分割的部分。

（三）方志

方志即地方志，是记述地区历史的著作。从记载的范围划分，可分为分地区记载历史的全国性总志和以某一地区为中心编写的地区志两类，如州、郡、府、县等志。有的书称某州志、某县志、某郡志、某府志，也有的书称“图经”“风土记”“景物略”等。方志是我们了解某一地区详细历史的重要史书。

方志起源很早，西周有“六史”之说，其中有“小史”，《周官》云：“小史掌邦国之志”，所谓“邦国之志”即当时各诸侯国的历史。《尚书》中有《禹贡》一篇，分别记述了古代九州的政治制度、行政区划、山川分布、交通物产、水土治理、贡赋等级等内容，是我们所能见到的最早的地理书，具有总志的性质，可以视作后世方志书的滥觞。

地方志的编撰，从东汉时开始兴盛。《隋书·经籍志》记载，光武帝刘秀曾下诏编撰其家乡志书，曰《南阳风俗传》。于是，“郡国之书，由是而作”。魏晋南北朝时，各地普遍编写地方志，记载这一时期的方志著作多达240余种，但大多数没有流传下来。东晋常璩的《华阳国志》是现在能够见到的最早的方志专著。隋唐时期，地方志的编写取得突出成就，出现了几部著名的总志类著作，如隋代的《诸郡物产土俗记》《区宇图志》《诸州图经集》，唐太宗之子魏王李泰组织编纂的《括地志》，中唐时宰相李吉甫编修的《元和郡县图志》等。这些著作都是适应统一王朝行政管理的需要而编撰的，对认识当时全国各地政治、经济、地理、文化极具价值。宋元时代，是我国方志编纂的成熟时期。宋以前的志书，大多详于地理而略人文历史。宋代志书在继承前人经验的基础上，于地理之外广采博览，出现了包罗万象的“博物之书”，方志的内容大大丰富起来。随着内容的扩大，志的体例也相应出现了创新，分章设科，门类齐全，反映了更加广阔的社会历史文化内容。北宋乐史撰《太平寰宇记》200卷，按北宋初行政区划分篇目，叙事以州府为单位，均载其沿革、领县、境界、户口、风俗、姓氏、人物、艺文、土产、古迹、山川、要塞等，在方志史上具有里程碑式的作用，代表了地理总志著作体裁的成熟。南宋周应合修纂的《建康志》、高似孙修撰的《剡录》、曹叔远修撰的《永嘉谱》、范成大修撰的《吴郡志》，都是宋代方志的杰作。元代修撰的《一统志》是规模空前的全国地理总志，全书755卷，后来又增补为《大元一统志》，成1300卷，为后世《大明一统志》《大清一统志》树立了范例。

明清时期是方志编纂的极盛时期。“盛世修史”，明清统治者都把修史修志作为文治盛事加以重视，方志编纂逐渐制度化，修志活动高潮迭起，成果丰硕。明成祖永乐十年(1412年)，朝廷颁布《修志凡例》十六则，详细规定志书的门类条目以及各类目的编写原则。清政府则明确规定各省、府、州、县的方志每六十年一修，各地长官皆以修志为己任。明清时编修志书数量众多，明代修志多达2892种。清代修志达到鼎盛，乾隆、嘉庆时更兴起全国修志的热潮，志书数量大大增加。中国现存方志8700余种，其中清代修撰者占5000余种。志书的门类亦修成序列，明清时方志有全国性的总志，地方的通志、府志、州志、县志、乡志、镇志、村志，以及山志、庙志、寺志，还有军事防卫性质的卫所志和边关志等，许多著名的学者亦参与其事。方志把一地的自然、地理、政治、经济、军事、文化、人物等历史与现状，荟萃一书，可补正史之缺，对于历史研究具有重要价值。

在中国史书体例的发展演变中，各种体例相互补充与综合，一方面促进了新体裁不断产生，另一方面也促进了各种体裁自身不断发展。章学诚对各种体裁内部结构的发展做了初步概括和总结：“总古今之学术，而纪传一规乎史迁，郑樵《通志》作焉。统前史之书志，而撰述取法乎官礼，杜佑《通典》作焉。合纪传之互文，而编次总括乎荀袁，司马光《资治通鉴》作焉。”

第七章 中国传统伦理道德

第一节 传统伦理思想的主要内涵

中国素以礼仪之邦、文明古国著称于世。在长期的历史发展中，不但全社会推崇伦理道德，尊道贵德，倡导良风美俗，而且历代思想家们都非常重视伦理道德的理论阐述和总结提升，从而建构了丰富多彩的并不断发展完善的伦理思想和道德规范体系。从总体看，中国传统伦理思想体系是中华民族各种文化精神互摄整合而形成的有机体。

同时，在历史的不断演进中，中国传统伦理思想又随着中华民族与中国社会的发展而生长发育，臻于完善，其间阶级性与民族性、时代性与普遍性诸因素交错并存，相辅相成。这种特点根基于中国古代社会结构中存在着的两个基本事实，一是以血缘关系为纽带的宗法制的长期存在，它构成了中国古代社会人际关系的“天然”形式。维系宗法关系，也就成了处理人际关系、巩固社会等级秩序的重要途径。二是作为社会基础的自然经济的高度分散，与作为国家政体的君主专制统治的高度集中的互补结合、长期并存，使社会整体与社会个体之间形成一种特殊关系，即分散的个体必须绝对服从以君主为代表的整体。

一、中国传统伦理思想的基本内涵

由于伦理道德一直是中国传统文化的一大基本价值取向，所以在几千年的思想发展长河中，古代思想家给我们留下了卷帙浩繁的伦理思想遗产。我们显然无法罗列其中所有的内容，而只能以历史与逻辑相统一的方法，把中国古代伦理思想的主要内容作如下几方面的归纳：一是作为古代伦理道德理论出发点的人性善恶之争；二是作为古代伦理道德理论与实践之归宿的成人之道，亦即理想人格的塑造；三是古代伦理思想史上最重要的诸如义利、欲理（道）、人我、志功、生死之辩等问题。

在中国传统伦理思想体系中，既有时代性、阶级性的内涵，同时又有某些普遍性、民族性的因素。封建性与民族性的区分是准确把握和认识中国伦理思想的关键。概括地说，中国伦理思想体系主要由三方面内容构成：人伦关系原理，道德主体品格要求，人性的认同。也就是人伦、人道、人性。“礼”的法则，“仁”的原理，修养的精神，是构成中国伦理体系的基本结构要素。

“礼”是中国文化人伦秩序与人伦原理的最集中的体现和概括，可以说，中国伦理的秩序就是“礼”的秩序。中国伦理思想体系的建构过程，从某种意义上说就是“礼”的创造性转化过程。礼即古代的典章制度，殷因于夏礼，有所损益。周因于殷礼，又加损益。

周礼的内容很广泛，晏子总结道："君令臣共，父慈子孝，兄爱弟敬，夫和妻柔，姑慈妇听，礼也。君令而不违，臣共面不贰，父慈而教，子孝而箴，兄爱而友，弟敬而顺，夫和而义，妻柔而正，姑慈而从，妇听而婉，礼之善物也。"（《左传·昭公二十八年》）可见周礼所倡导的是宗法等级关系上彼此关照，是有差别的义务。春秋时期，孔子对"礼"进行了伦理化、道德化的提升；两汉时期，董仲舒把"礼"转化为"三纲五常"；宋明时期的新儒学又将之转化为神圣的、绝对的"天理"。礼的精神，五伦的精神，是一种强调整体秩序的精神。它把整体秩序作为最高的价值取向，个体应在既有的人伦秩序中安伦守分，维护整体的和谐。五伦精神的根本原理是血缘—宗法—等级三位一体、血缘—五伦—政治直接同一，把家庭关系中的长幼之序上升为一般伦理法则，成为社会上尊卑等级之别，在"亲亲尊尊"的基础上形成所谓"君君、臣臣、父父、子子"的礼治秩序。于是，伦理和政治相互交融，使伦理政治化了，政治也伦理化了。一方面，政治的等级尊卑从血缘亲疏中引申出来，具有神圣的、天经地义的性质；另一方面，又十分强调政治的道德价值与伦理机制。家国一体的社会结构成为"伦理政治"的基础，因此，传统伦理在中国社会中起到了准宗教的作用。这种伦理也就成了维护封建制度的精神支柱。综观中国传统道德，始终贯穿着一种可以称之为"公忠"的道德原则。从《诗经》的"夙夜在公"到贾谊的"国而忘家，公而忘私"等，这种建立在家族精神基础上的整体思想又是爱国主义和民族凝聚力的重要基础。

中国古代伦理思想家对道德问题的探讨，中心问题就是"成人"之道，亦即理想人格的塑造。所以从先秦时代起，几乎所有的思想家都建构了自己关于"成人"之道的学说。中国伦理的"人道"，就是要求按照人伦之理为人、待人，挺立道德主体，这种"人道"的核心是"仁"。对"人道"理论的逻辑归纳有几个方面，其一是"仁义"的理想人格。仁义的理想人格是儒家推崇的人生至道的理想，这一道德理想由孔子最先确立基本的内涵，然后经过孟子、董仲舒、朱熹等人的阐发，终于形成一套完整的儒家理想人格理论。孔子把"仁"的内涵定义为："夫仁者，己欲立而立人，己欲达而达人，能近取譬，可谓仁之方也矣。"（《论语·雍也》）孟子直接继承了孔子的仁学思想，但他更注重从仁义并举的角度理解道德上的这一仁义理想人格，在他看来，"仁，人心也；义，人路也。舍其路而弗由，放其心而不知求，哀哉!"（《孟子·告子上》）。自孟子之后，许多思想家都对"仁义"的理想人格做过探讨，其中董仲舒在继承了孔孟基本思想的基础上，还提出了一些精辟独到的观点。如在董仲舒看来，道德上的理想人格造就，要解决一个"人与我"的关系："春秋之所治，人与我也。所以治人与我者，仁与义也。以仁安人，以义正我。故仁之为言人也，义之为言我也。"（《春秋繁露·必仁且智》）因此，仁为爱，而仅爱自我非是仁，唯有同时也爱人方为仁；义为正，而仅正人非是义，只有同时也能正己方为义。这样，孔子"己欲立而立人，己欲达而达人"的人道和理性原则在这里就被进一步具体化了。其二是"兼爱"的理想人格。兼爱的理想人格是墨家学派的人生理想。他们把"兼爱"视为道德上最高的善。这一思想为墨子最早创立，后来经过后期墨家的发扬光大，形成了在当时极有影响的一种人生至道理论。作为一种人生至道的追求，墨子并不否认义，所以他主张："万事莫贵于义"（《墨子·兼爱》），但他认为"义"之内涵即为"兼爱"。所以，在墨子的伦理学说中，非常强调兼爱是道德之本和人生至道之境界的思想："兼者，圣王之道也，王公大人之所以安也，万民衣食之所以足也。"（《墨子·兼爱上》）"若使天下兼相爱，爱人若爱自身，……不慈者，盗贼，战争皆亡矣。"（《墨子·兼爱上》）正是从这个意义上我们可以认为孔子和墨子的理想人格都是人道主义的。其三是"无为"的理想人格。除"仁义"与"兼爱"的理想人格理论之外，还有一种极有影响的道德理想学说，这就是道家的"无为"说。老子作为道家学派的创始人，建立了一个以"道"为基础的博大精深的思想体系，由此出发，老子反对儒、墨在道德上注重人道，强调教化的观点。因为在老子看来，道德无非是对天道的一种顺从，"人法地，地法天，天法道，道法自然。"（《老子·二十五章》）自然本身是无为的，但这种无为却又是"天网恢恢，疏而不漏"（《老子·七十四章》），故这其实又是一种无为中的有为。道家的这一理想人格至庄子而集大成，故后人合称"老庄理想"。庄子直接继承了老子的思想，明确认为善恶皆"有为"，故皆有所累。"为善无近名，为恶无近刑，缘督以为经，可以保身，可以全生，可以养亲，可以尽年。"（《庄子·养生主》）认为为善与为恶皆为"名""刑"所累，唯有"无为"才构成道德上的最高理想境界。在庄子看来，"至人无己，神人无功，圣人无名。"（《庄子·逍遥游》）这种无己、无功、无名的理想人格也是庄子自己身体力行的人生最高准则。中国伦理道德在"仁"的主要内涵方面还有德性主义的特点，以"修己安人"为模式，以"内圣外王"为目标，不但追求道德人格的建立和提升，而且追求圣贤人格的实现。因此，中国伦理的"人道"，不但是为人之道，待人之道，而且是治人之道。为人待人，与治人统一，才是中国式"人道"的完整结构。

人性论是中国伦理思想体系的基础。中国传统伦理植根于血缘亲情，血缘亲情处于人的本性，要论证伦理的合理性与道德的可能性，首先就必须到人性中去寻找根据。关于伦理道德规范的必要性问题，从根本上讲可以归结为人性是否需要规范的问题。因此，对于人性之本来面目的探讨，在中国古代最早的一批伦理思想家那里就成为一个极为重要的理论问题。古代思想家们正是通过对人性善恶问题的审视和探究，从而得出人性就是由天性走向德性这样一个理论结论的。也因此，我们可以发现，在中国伦理思想发展史上没有一个问题像人性善恶问题那样引起思想家们这样广泛的讨论和争议，并产生了如此众多的学说。而且，无论是性善论性恶论，抑或性不善不恶论，性有善有恶论等，都构成了伦理思想家们建构伦理道德理论的出发点，并从中引申出道德对人性规范的必要性，从而提出修身、齐家、治国、平天下的人生道德理想。中国人性思想有强调人禽之分，凸显人的尊严的特点。中国人性是在人禽之分的意义上定义人性，把人性看成是人之异于、贵于禽兽者，把道德性作为人性的主要内容。孔子最早探讨人性问题，他认为"性相近也，习相远也"。（《论语·阳货》）因而，他是把先天的"性"与后天的"学"相对应而提出来的。他认为人的天性是相近的，但这相近之性究竟是"善"是"恶"，孔子未做具体的回答。孔子以后，孟子明确提出了性善说。在孟子看来，人性中生来有仁、义、礼、智四端，这是人天性所固有，而非后天所习就："恻隐之心，人皆有之；羞恶之心，人皆有之；恭敬之心，人皆有之；是非之心，人皆有之。恻隐之心，仁也；羞恶之心，义也；恭敬之心，礼也；是非之心，智也，仁义礼智，非由外铄我也，我固有之也。”（《孟子·告子上》）性善论始终是中国人性论的主流。中国传统伦理认为，人性之中具备了道德的一切因素，“万物皆备于我”，“反身而戒，乐莫大焉”。因此，全部道德生活的实质，就是如何克己修身，反求诸己，成己成人，修己治人。这形成了中国伦理的修养传统。

二、中国传统伦理道德在中国文化中的地位

中国传统文化是由许多元素组成的，它包括哲学、宗教、文学、艺术、科学、技术等等。但是，文化不等于这些元素的简单相加。中国传统文化形成的重要基础是建立在小农自然经济生产方式及家国一体的政治结构之上的，因而建构其上的文化价值系统必然是以伦理道德为核心的。于是，在中国传统文化中，伦理道德学说处于中心地位，起着支配的作用。中国传统哲学体系的核心是伦理道德学说，其宇宙本体是伦理道德的形而上的实体，其哲学理性是道德化的实践理性。为政治服务，讲修身养性，是中国哲学的显著特点。中国的文学艺术也是以“善”为价值取向的。“诗以言志”，“文以载道”，美善合一，是中国文化审美性格的特征。即使在科学技术中，伦理道德也是首要的价值取向。中国传统科技的价值观以“正德”即有利于德性的提升为第一目标，然后才考虑“利用、厚生”的问题。因此，中国文化价值系统的特点是强调真、善、美的统一，而以“善”为核心。在文化史上，没有一个民族像中国这样把道德抬高到如此重要的地位。这种道德主义或伦理中心主义，在儒家那里发展到了极致。

第二节　传统伦理思想的基本特征

中国传统伦理思想是中国古代思想家对中华民族道德实践经验的概括和总结，是中华民族思想文化传统的重要组成部分，也是中华民族为世界文明所作出的巨大贡献之一。植根于中华民族历史中的中国传统伦理思想，不仅有着与这个民族相适应的独特的内容，而且也有着这个民族特有的思考方式和理论特征。中国传统伦理思想至少具有五个特征：

一、理论形态上表现为与政治思想、哲学思想的融为一体

在世界文明的发展史上，没有哪一个民族能像中华民族那样给予道德现象以如此高的关注，并给世人留下如此丰富多彩的伦理思想遗产。可以这么说，中华民族在其长达几千年的历史发展中，虽然未曾出现过一部专门论述伦理学的理论著作，但是也没有出现过一部丝毫不涉及伦理思想的著作。中国传统伦理思想散见于各类典籍和著作中，并且成为这些典籍和著作的重要内容之一，其中最突出的表现便是伦理思想与政治思想、哲学思想的融为一体，从而形成中国传统伦理思想特有的理论形态。

首先，从总体上看，形式上似乎是政治原则从属于伦理原则，如孟子所谓有“仁心”才有“仁政”，后儒所谓有“仁义”“天理”才有“礼乐刑政”等等。然而，在实质上，伦

理原则是为统治阶级的基本政治原则作辩护和论证的，旨在维护封建等级制和剥削制度。如封建道德的基本规范“三纲五常”，既是封建等级制的基本内容，也是封建制度的根本政治原则，其核心思想便是服从。韩非便是明确把它作为政治问题来看待的，他说：“三者顺则天下治，三者逆则天下乱”，所以是“天下之常道”。此后的汉儒照搬了这一思想，他们以“礼”作为社会伦理的中心和最高规范，并以“三纲”为准则来加以充实，同时赋予“忠”“孝”以确定的政治含义。通过对“五常”和“五伦”的阐述，又进一步将个人伦理从属于社会伦理，并规定了君臣、父子、夫妇以及长幼、兄弟等相互间的从属尊卑关系和等级关系。显然，很难将儒家所主张的社会伦理和他们的政治原则区分开来。

其次，从儒家所重视和推崇的道德修养和道德践履学说来看，也反映了这种伦理思想和政治思想合二而一的特征。《大学》阐述道德修养思想的所谓“八条目”，即“格物、致知、诚意、正心、修身、齐家、治国、平天下”，典型地反映了这一特征。其中“格物致知”指的是对封建伦理和道德规范的认识，这是修养的基本前提；“诚意正心”指的是修养的基本功夫，即在内心树立起对封建伦理和道德规范的确信，即“毋自欺也”，并且要抑制自己的感情，端正思想，专心致志，因为若“身有所忿、有所恐惧、有所好乐，则不得其正”，因此“心不在焉，视而不见，听而不闻，食而不知其味，此谓修身在正其心。”“修身”是“八条目”的核心，也是道德修养的根本，《大学》载：“自天子以至庶人，壹是皆以修身为本。”至于“齐家治国”则不仅是修身的功效，也是达到修养最终目的——“平天下”——的两个环节。可见，在儒家看来，修养的实质就是要培养当官从政的能力，即“学而优则仕”。离开政治的目的，修养便毫无意义。在这里，最具伦理特征的思想同时又带有最明确的政治目的。

再次，从对某项政治制度或某项政治措施的评价来看，儒家是明确把道德标准放在第一位来加以考虑的，所谓“王霸之辨”就体现了这种主张。王道和霸道虽然侧重点不同，但在维护封建制度这一点上则是相同的，只不过是在如何实现统治的方法手段上有所分歧。前者主张把仁义放在首位，要求“以德服人”，而把征战和刑法作为“不得已而用之”的补充手段；后者主张“以力服人”，把对外征战和对内严刑峻法作为实现统治的主要手段。一般来说，儒家都是主张王道而反对霸道的。汉以后的历代统治者，表面上拥护儒家的主张，而实际上实行的是“外儒内法”。这一切都表明，在中国传统伦理思想中，伦理与政治是密切结合在一起的，伦理成为以政治原则为核心的伦理，而政治则成为伦理化的政治，其结果便是为封建地主阶级的政治原则披上了一层温情脉脉的仁义的外衣，也为中国传统伦理思想的存在与发展找到了一个最佳的栖身之所。

至于伦理思想与哲学思想的融为一体，又使得中国传统哲学成为一种典型的“伦理型”的哲学，即伦理思想构成中国传统哲学的主要和核心内容。对此可从两方面加以分析：一种是由“天道”推及“人道”，即由哲学思想引申出伦理原则；另一种是由“人道”推及“天道”，即由伦理原则构造哲学理论；前者以道家为代表，后者以儒家为最典型。

先秦的老、庄以及后来的魏晋玄学一般都是从哲学的宇宙观、本体论来引申出其伦理原则的，并以哲学的认识论、方法论来解释和论述种种道德现象以及道德教育和道德修养的有关原则与方法。虽然这种伦理思想在中国传统道德实践中并未居于主流地位，然而其所具有的深刻的哲学思辨意味则是其他伦理思想所望尘莫及的。

由伦理—政治原则出发进而去构造其哲学思想的宇宙观、本体论，即由“人道”而及“天道”，此一类型的代表首推儒家的伦理思想。从哲学层面看，由于这种宇宙观、本体论是从“人伦”中概括出来的，并且又服务于“人伦”，因而这种哲学观对自然的探讨相当贫乏，甚至不主张去研究自然，即便有所探讨，也是把自然纳入人伦之下加以比附。如提出“人定胜天”思想的唯物主义者荀况也主张“唯圣人为不求知天”，并且认为“道者，非天之道，非地之道，人之所以道也”，把哲学层面上的“道”直接看作是人类行为的准则，这显然是从伦理层面道出了儒家道德思想的哲学实质。至于其中的唯心主义者，更是典型的伦理型哲学家，他们把封建的伦理准则夸大为适用于宇宙万物的普遍规律，进而虚构出一个封建伦理属性的宇宙本体。虽然这种本体的具体含义因时代的变迁而有所不同，如在董仲舒那里表现为有意志的人格神，程朱那里是“天理”，陆王那里是“吾心”等，但有一点是相同的，它们都是封建仁义礼智的集中体现。在他们由“人道”虚构出“天道”之后，反过来又以这种“天道”作为根据，来证明“人道”的合理性和永恒性。可以说这种哲学完全是为了适应道德的需要而产生的，是为道德服务的，伦理思想成为这种哲学的核心与主要思想，或者说，他们的哲学思想所特意表达的就是他们的伦理思想。这种把哲学道德化，又把道德哲学化的伦理型哲学或哲学型伦理是中国传统伦理思想的主要存在形态，也是长期在我国封建社会占统治地位的意识形态。

哲学与伦理的结合，对哲学来说，由于往往以伦理学上的“所当然”代替了哲学上的“所以然”，因而在某种意义上限制了哲学思辨的发展，这也是这种伦理型哲学缺乏逻辑严谨性的原因之一。此外，以对“人伦”的重视掩盖并代替对“物理”的探究，也在实际中限制了我国自然哲学和科学技术的发展。对伦理学来说，由于有哲学的理论先导，再加之政治的大后盾，就使得中国传统伦理思想能够建立起比较精深、完整的理论体系，并且在现实生活中发挥其巨大的指导作用，从而也为后人留下了一笔丰富多彩的、精华与糟粕并存的伦理思想遗产。伦理—哲学—政治的三位一体，使得一个伦理思想家往往同时也是一个哲学家和政治活动家。这是中国传统伦理思想的一个显著特点。

二、理论的立论基础是封建的血缘关系和宗法制度

道德的功能之一在于协调人与人、人与社会之间的利益关系，具体表现为一系列的规范和原则。中国传统伦理思想本质上隶属于封建地主阶级，因而其理论的出发点或理论的立论基础就是如何维护封建血缘关系和宗法制度。这一点可以看作中国传统伦理思想阶级性的突出表现。

作为封建伦理主要道德规范的“三纲”思想典型地反映了这一特点。“三纲”中除对妇女有特殊的“节”的要求以外，“忠”“孝”是另外两纲的基本要求，即臣对君的忠和子对父的孝。其中“孝”的观念产生得较早，它基于血缘关系而产生，旨在维系封建宗法观念和制度。而“忠”则是“孝”的延伸和扩大。因为“国家”乃是“小家”的放大，“国

君”则是“大家长”。一部不足二千言的《孝经》所宣扬的基本宗旨便是“孝治天下”。《孝经》指出：“夫孝，始于事亲，中于事君，终于立身。”还指出：“君子之事亲孝，故忠可移于君；事兄弟，故顺可移于长；居家理，故治可移于官。是以行成于内，而名立于后世矣。”不仅把“孝”与“忠”相结合，而且突出了孝、忠在伦理思想中的中心地位。所谓“夫孝，德之本也，教之所由生也”。《孝经》还把封建道德规范与封建法律联系起来，认为“五刑之属三千，而罪莫大于不孝”，提出要借用国家法律的权威，维护封建的宗法等级关系和道德秩序。

在东汉马融仿《孝经》体例所写成的《忠经》一书中，“忠”开始被确定为人的最高道德行为。指出，“行其孝必先以忠，竭其忠则福禄至矣”，而且“忠能固君臣，安社稷”，因此“天之所覆、地之所载、人之所履，莫大乎忠”。这就进一步把家庭意义上的“孝亲”延伸到国家意义上的“忠君”，并主要突出了“忠君”思想。“孝亲”与“忠君”的一致，表明了维护封建血缘关系和宗法观念与维护国家政权和政治法律制度的一致。不仅是封建正统的伦理思想家坚信这一点，而且像佛、道这样一些原先轻视血缘关系和宗法观念的“异端思想家”也害怕落上“不孝父母”“不敬天者”的“恶名”，而不惜改变成说以曲意迎合。

当然，也有一些思想家提出了更进步的观点，如前期法家的代表人物慎到（人称慎子）就反对这种忠孝思想，他提出“忠不足于救乱世”的主张，他说：“将治乱，在乎贤使任职而不在于忠也。故智盈天下，泽及其君；忠盈天下，害及其国。”而且认为治世未必尽是忠臣，乱世未必没有忠臣。后期墨家还提出“忠，以为利而强低也”的命题，意谓“忠”就是勉励君主去做对国家有利的事，等等。然而，这些进步的思想并未成为主流。

这种状况导致了两方面的结果。一方面起到了维护封建统治的主要作用，并在社会中普遍产生一种愚孝、愚忠心理；另一方面，由于它强调和重视整体利益，强调人与人之间的和谐相处，强调个人对家庭与国家的责任和义务等等，因而对维护一定历史时期社会的稳定，生产的发展，以及尊老爱幼等良好社会风气的养成具有特别重要的意义，对中国传统伦理思想所一贯强调的为社会、为民族、为国家、为人民的整体主义思想的形成和发展具有十分积极的影响，并且在今天仍然具有十分重要的现实意义。

三、理论倾向表现出强烈的中庸色彩

中庸是中国人传统的认识方法和处世态度，这一点在中国传统伦理思想中也得到了充分体现。传统伦理思想中有关道德规范和道德范畴的理论，有关道德行为和道德品质的理论，以及有关道德修养和道德实践的理论，无不体现着中庸的理论倾向。

“中”，指中正，中和，不偏不倚；“庸”，指平常或经常。将“中庸”两字合称最早始于孔子，他说：“中庸之为德也，其至矣乎！”即视“中庸”为最高的道德即“至德”。孔子所谈中庸的本意是反对“过”与“不及”，主张“两端执其中”。即处事要合情合理、恰到好处，一切过激的行为均不可取，否则就会走到道德的反面。如“恭而无礼则劳，慎而无礼则葸，勇而无礼则乱，直而无礼则绞。”这里的礼所指的就是孔子所认为的道德法度，所谓“礼之用，和为贵”。又如孔子对君子加强仁德修养的“五美”要求，“君子惠而不费，劳而不怨，欲而不贪，泰而不骄，威而不猛。”也体现了这种中庸要求。并且孔子的“中庸”思想并无主张折中调和的意味，他明确指出：“君子和而不同，小人同而不和。”“乡愿，德之贼也。”“和”指的是恰如其分；“同”指的是不分是非；“乡愿”者，人云亦云不讲原则之谓也。可见，在孔子眼里，有道德的人是讲原则的，而那种“好好先生”则并不是真正有道德的人。

继孔子之后，其孙子子思作《中庸》，发挥了孔子的思想，不仅视“中庸”为一种美德，而且把它作为道德修养和待人处世的基本原则和方法。子思对“中庸”作出了如下解释：“喜怒哀乐之未发，谓之中；发而皆中节，谓之和。中也者，天下之大本也；和也者，天下之达道也。致中和，天地位焉，万物育焉。”因此要“择乎中庸”“中立而不倚”，即视中庸为道德修养的核心与标准。同属思孟学派的又一代表孟子发展了子思的中庸思想，认为“中庸”也是达到人心所向、内部团结即“人和”的基本方法，所谓“天时不如地利，地利不如人和”。对君子来说，“中道而立，能者从之”，即只要统治者自己站在正道上，贤能的人就会跟随他，百姓就会拥护他，从而实现王道，因为“得道者多助，失道者寡助。寡助之至，亲戚畔之；多助之至，天下顺之。以天下之所顺，攻亲戚之所畔：故君子有不战，战必胜矣。”这就把“中庸”与“王道”即封建统治结合到一起，修养的标准与政治的标准在此达到了统一。

由于“中庸”思想典型地反映了封建政治和伦理的基本要求，因此，自宋儒开始便把《中庸》同《大学》一起从《礼记》中抽出来，与《论语》《孟子》并列为“四书”，被抬到“经书”的地位，成为我国后期封建社会的官方教科书，进一步强化了它的作用和影响，“中庸之道”成为人所共知的中国传统思想和人们行为处事的总特征。

中庸思想在关于道德规范和道德范畴的论述中同样得到充分体现。如对“五伦”的论述，不仅指出了他们之间的等级关系，而且还具体规定了双方各自应承担的责任和义务，以及相应的道德品质和道德行为，无不表现出中庸的倾向。上古时代所提到的“九德”也有类似的倾向，所谓“宽而栗，柔而立，愿而恭，乱而敬，扰而毅，直而温，简而廉，刚而塞，强而义。”汉儒贾谊总结前人思想，更是不厌其烦地提出了一系列相对立的道德范畴，如：“子爱利亲谓之孝，反孝为孽；……兄敬爱弟谓之友，反友为虐；弟敬爱兄谓之悌，反悌为敖；……”其中无不渗透着中庸和谐的思想。

总体来说，中庸思想或中庸之道的理论倾向主要表现为要求人们尽量按照一定的道德规范和原则，通过调和折中的方法，自觉地调节个人的思想感情和言行，使之既无过之又无不及，达到一种和平安静、不偏不倚的状态，以保持事物的稳定，防止矛盾激化和向对立面转化。从哲学上来说，中庸思想看到了事物内部的对立面及其转化，注意到了对立面依存和转化的条件，并强调事物的发展应保持在一定的程度上，这具有明显的辩证法特色，也使其理论在一定程度上带有某种完整性和全面性，避免了片面性的弊端。然而，它的保守思想则是其主流，它扼杀了人们的创造性，对中华民族的心理和性格产生了巨大的消极影响，以至不时成为反对社会变革、维护旧秩序的重要工具。

四、理论的核心表现为以人为中心的天人合一观

天命观念是中国思想史上最早出现的概念。众所周知，中国文化的源头在《周易》，从一定意义上说，后世的任何理论和学说都可以看作是对《周易》的阐释、引伸与推广，而一部《周易》，其主题用一个字即可概括："天"或"命"。

中国传统伦理思想最早也源于"天命"观。早在商代卜辞中便已出现"德"字的记录，至西周则正式出现了"外得于人，内得于己"的道德规范意义上的"德"字。《尚书·周书》中多次提到"祈天永命""以德配天"等说法。《易大传》曾提出"与天地合德"的理想。《庄子·天下》篇就指出，周人"以天为宗，以德为本"。这说明道德观念产生后遇到的第一个问题便是"德"与"命"的关系问题，也即人与天的关系问题。从后来中国传统伦理思想对这个问题的回答来看，大体上有两个主要特点：其一是肯定人与天的统一；其二是强调人在其中的中心地位。

中国传统伦理思想特别重视人与天的统一，即天道与人道、自然与人为的相类、相通与统一，只不过统一的基础和形式在不同的思想家那里表现不同罢了。孔子虽然说过"畏天命"之类的话，但总的说来对"天""命"是持谨慎态度的，所谓"子不语怪、力、乱、神"，"未能事人，焉能事鬼"，主张"务民之义，敬鬼神而远之"，强调"德治"和"德化"。到了思孟之学，《中庸》则把知人与知天结合起来论述，主张"思知人，不可以不知天。"并以达到"与天地参"为人生最高价值。孟子则把天与人的心性联系起来："尽其心者，知其性也，知其性则知天矣"庄子也说："知天之所为，知人之所为者，至矣。"并以"与天为一"为人生最高理想。至于董仲舒"人副天数"的"天人合一"论，更是将人与天的统一推向了极端。他说："以类合之，天人一也。"他还提出"道之大原出于天"的命题，将"三纲"原则归属于天。

天人合一观念至宋代达到成熟。唯物主义哲学家张载曾说："天地之塞吾其体，天地之帅吾其性。"指出："儒者则因明致诚，因诚致明，故天人合一，致学而可以成圣，得天而未始遗人。"以天人合一为人的最高觉悟。二程则曰："人与天地一物也，而人特自小之，何耶"并把"以天地万物为一体"视为最高道德境界，主张以"天地万物"的总体为大我，不应拘泥于自己身体的小我。明清时代的思想家虽然给天人合一的观念赋予了一定的新意，但在根本上与先秦以来的思想并无二致。如王夫之所谓"尽人道而合天德"，"合天德者，健以存生之理；尽人道者，动以顺生之几"主张人要刚健自强，与运动不息、生生不已的天即大自然相合。

天人合一的思想，从政治上来说，是与封建统治制度相一致的，是为封建统治作理论论证和辩护的；从哲学上来说，主张天人和谐统一在一定程度上注意到了客观事物自身特有的发展规律，强调人的行为必须符合一定客观规律则具有合理性，对人们正确处理和协调人与自然的相互关系也颇有启迪；从伦理角度看，这种天人相谐的思想不仅有助于道德规范与道德范畴的确立和完善，也有助于道德规范与道德范畴的实际运用和功效，尤其在协调个人与社会的关系方面具有积极意义。

中国传统伦理思想不仅重视天人合一，而且在此基础上十分强调人在天地间的中心地位，这构成中国传统伦理思想的又一特色。如儒家的《易传》以天、地、人为“三才”；道家的老子以道、天、地、人为“四大”。《孝经》主张“天地之性人为贵。”《礼记》主张“人者，天地之心也，五行之端也，食味别声被色而生者也。”董仲舒认为“天地人，万物之本也。天生之，地养之，人成之。天生之以孝悌，地养之以衣食，人成之以礼乐。”张载“横渠四句”的首句即是“为天地立心”之说，认为天地本无心，人对于天地的认识就是天地的自我认识，即天地在人身上达到了自我认识。凡此观点，不一而足。

如果说天人合一的思想尚夹杂着一些错误和消极因素的话，那么这种以人为中心的倾向无论从何种角度看则都具有积极作用。就是说，中国传统伦理思想对人的中心地位的重视，不仅突出了道德在社会中的作用，而且对人们认识自己的主人公地位，发挥个性的创造力具有积极影响。另外，这也是中国传统文化的精髓之所以体现在人伦方面的主要原因。只可惜这种思想并未在社会现实中产生与其理论相匹配的作用和影响。

五、不求理论上的建树，但求实践上的功效

轻理论建树，重实践功效，尤其重视个体的道德修养，这是中国传统伦理思想的又一特征，也是最富价值的特征之一。中国传统伦理思想并不注重对道德基本理论的建树与完善，而特别强调对人的道德实践的阐述。（这也是中国古代虽有丰富的伦理思想而无系统完整的伦理学著作的重要原因）其中有关道德实践和道德修养的学说构成中国传统伦理思想的重要内容、甚至主要内容。

中国传统伦理思想家强调，任何有关道德的主张，如果不能和一定的行为相适应，那便是欺人之谈，不是真道德。因此他们认为，经验上的贯通与实际行动的契合，就是伦理思想的最好证明，而无须在文字上作过多细微的推敲与论证。比如一部《孝经》，它是专门论述作为“德之本也”的“孝”的，然而书中并没有对孝的起源、本质、发展及其社会功能等理论问题作深入的考察和论证，而只是罗列了一系列如何尽孝的规则，及天子、诸侯、卿大夫、庶民等不同身份的人应如何行孝的方法。同类的《女诫》《女论语》《女儿经》等有关女子的道德规范著作，也并没有对道德规范作理论上的说明，而只是对不同年龄段和不同身份的女子的行为习惯作了烦琐的规定。

中国传统伦理思想家不仅在其伦理著作中表现出对道德实际和具体道德品质的重视和详尽阐述，而且在他们自己的道德实践中也是身体力行和力图言行一致的，并且尤其注重个体的道德实践活动，这是古代思想家难能可贵的一面。如孔子说：“我欲载之空言，不如见之于行事之深切也。”“君子耻其言过其实”“君子欲讷于言而敏于行”“古者言之不出，耻躬之不逮也”。他还特别强调发挥个人自觉能动性对提高道德修养的重要性，认为“君子求诸己，小人求诸人”。他所主张的“内自讼”和“内自省”的道德修养方法对后世也影响很大。孔子一生周游列国，“知其不可为而为之”，极力推行其政治伦理主张，真正是一个言行一致的人。这种风范也为后世的思想家树立了良好的榜样。

孟子也特别强调在实际生活中进行道德修养。他说：“君子所性，仁义礼智根于心。

其生色也，睟然见于面，盎于背，施于四体，四体不言而喻。”他强调“反求诸己”的修身方法，所倡导的要从困难的环境中锻炼自己心志的主张，至今仍有其积极意义，所谓“天将降大任于是人也，必先苦其心志，劳其筋骨，饿其体肤，空乏其身，……”他所谈“善养吾浩然之气”，在物欲面前“不动心”的思想，对培养人的正气具有积极影响。

到了宋明理学时期，无论是“理学家”还是“心学家”更是突出了有关道德实践和道德修养的学说。他们从各自的道德经验出发，提出了一系列具体可行的道德修养方法，如居敬穷理（程朱）、省察克治（王守仁）、主敬（二程）、主静（周敦颐）、发明本心（陆九渊）、易简功夫（陆九渊）等，至今仍具有可借鉴的现实意义。可见，有关道德实践和道德修养的学说在中国传统伦理思想中占有极其重要的地位，只不过其论述重点并不在理论方面，而在方法即行的方面。对道德实际功效的追求超过甚至掩盖了对道德基本理论的探讨。这种“身体力行”“躬行实践”的伦理思想尽管有其理论上的欠缺，但仍然构成中国伦理思想的宝贵财富，尤其值得我们当今的伦理学家学习。无论是儒家的“积极入世”，还是墨家的“兼爱非攻”；无论是道家的“逍遥世外”，还是释家的“出家超脱”；尽管他们的理论倾向和结论我们不一定要接受，但他们在理论和实践方面所尽力表现出的高度一致性以及尤其注重实效的这种追求是很值得我们肯定和赞赏的。吸取和改造这些思想和学说对提高人们的道德自觉性，增强社会主义道德的作用必将具有重要的意义。

以上关于中国传统伦理思想主要特征的概括显然是粗线条的，它既非中国传统伦理思想的全部特征，亦非某一伦理思想家之主张所全部具有的特征。它只具有相对的意义，只是就中国传统伦理思想的总体特征而言。因此，它只能对我们从整体上研究中国传统伦理思想或具体研究某一伦理学家的具体伦理主张提供宏观上的引导，而不能代替我们对中国传统伦理思想和对某一伦理学家的具体伦理主张作具体的分析和研究。作者认为，把握住中国传统伦理思想的主要特征，对于具体分析中国传统伦理的方方面面，从整体上揭示中国传统伦理思想的实质，尤其是对批判、继承、弘扬、创新、发展中国传统伦理思想，加快社会主义精神文明建设步伐具有特别重要的意义，这也正是作者撰写本文的宗旨。

第三节　传统伦理思想的历史演变

我国是人类文明的重要发祥地之一，是一个尊道贵德的国家，不仅整个社会风尚重视伦理道德，尊重有德之人，而且思想家们也十分重视伦理道德方面的理论建构，总结、提升了中国伦理精神，建立了丰富、多样并且不断发展、完善的各种伦理思想体系。春秋战国时期，我国古代伦理思想已开始逐步形成。尽管当时有儒家、道家、法家、墨家四大派别，但在总体上，儒家的伦理道德思想一直占统治地位，且对以后的我国社会、文化产生巨大的影响。

中国传统伦理思想随着中华民族与中国社会的发展而生发，在此过程中阶级性与民族性、时代性与普遍性交错并存，浑然一体，相辅相成。把握中国伦理文化的真谛，就必须对中国伦理思想的历史发展过程进行考察，由此才能发现中国伦理之深邃的人文原理与道德智慧。

中国伦理思想的历史发展，经历了孕育展开、抽象发展、辩证综合的过程，它与中国社会历史发展的三大阶段（先秦、汉唐、宋元明清）正相符合，体现了逻辑发展与历史发展的一致性。

一、先秦——中国伦理思想的孕育形成阶段

从上古神话和《周易》等著述中，我们可以窥见中国伦理精神的某些基因。中国古代神话有三个重要特点：一是崇德不崇力；二是惩恶扬善，善恶报应；三是重天命而轻命运。《周易》建构了中国伦理精神的原初哲学模式：天人合一的宇宙论体系；“自强不息”“厚德载物”的精神；善恶报应的信念；阴阳二分的思维方式。这些思想，反映了中国人精神世界最初的价值取向，对中国伦理思想的形成和发展产生了普遍和恒久的影响。从夏到西周，是中华民族传统伦理道德的萌芽阶段。古代的伦理道德规范是与宗教习俗与帝王治世相联系的。夏代神巫祭天神、地神、社稷的活动，已经形成了等级名分，规定了不同等级的行为方式，这就是“礼”的初型。“殷因于夏礼”，到了殷代已有了国家设立的“典则”“法度”，用以“昭明德，惩无礼”。这里的“德”，主要指帝王和贵族之德，还不是指一般的国民之德和社会伦理道德。

公元前 11 世纪，西周初期著名政治家、思想家周公（姬旦）从维护宗法等级秩序出发，以天命论为思想前提，提出了伦理道德思想。他提出的伦理道德原则是：“以德配天”“敬德保民”和“明德慎罚”；伦理道德的内容是：“孝”“友”“恭”“信”“惠”。《尚书》中的“五教”，“父义、母慈、兄友、弟恭、子孝”，就是西周时期的伦理道德规范。由此可见，周公提出的伦理道德原则明显地把伦理道德与政治紧密结合起来，而伦理道德规范和伦理道德的内容则进一步体现出宗法伦理的特点。可以说，以周公为代表的西周时期的伦理道德是中华民族传统伦理道德的萌芽或开端。

春秋战国时期，是中国社会由奴隶制转变为封建制的时代，也是中华民族传统伦理道德的形成、奠基阶段。随着社会性质的转变，思想伦理道德领域异常活跃，出现了诸子纷起、百家争鸣的局面。

儒家伦理道德思想由孔子创立，孟子和荀子做了进一步的发展和完善。孔子思想体系的核心是“仁”，他的伦理道德的核心也是“仁”。什么是“仁”？孔子说的“仁”，内容十分广泛，他对“仁”的解释也是多样的。但基本含义是四个方面：一是“仁者爱人”；二是“克己复礼为仁”；三是孝悌为仁之本；四是忠恕为仁之道。可见“仁”是众德之总。在“仁”的统摄下，孔孟还提出一系列伦理道德范畴，如恭、宽、信、敏、惠、刚毅、木、讷、勇、敬、俭等。孔子把血缘关系、宗法关系结合起来，形成了从修身到齐家、从治国到平天下的伦理政治化、政治伦理化的伦理道德特色。孟子以“人性善”论为理论基础，继承发展了孔子的思想，提出“四德”“五伦”的伦理道德思想。“四德”，即仁、义、礼、智（亦即：恻隐之心、羞恶之心、辞让之心、是非之心）；“五伦”，即父子有亲、君臣有义、夫妇有别、长幼有序、朋友有信五类人伦。他教育人们“明人伦”“知仁义”，极

大地丰富了孔子的伦理道德思想。荀子则以“人性恶”论为理论基础，发挥了孔子“礼”的思想，提出“化性起伪”“礼义教化”“修身自强”的伦理道德思想。

在春秋战国时期，影响较大的伦理道德思想，除儒家外还有墨、道、法等学派。墨家的伦理道德思想由墨子所创立，代表了小手工业者的利益，提倡“兼相爱，交相利”，既“贵义”，又“尚利”，并提出“合其志功而观焉”的伦理道德评价思想。墨子的伦理道德思想具有功利主义特色。道家以老、庄为代表。以“道”为核心，主张自然“无为”“绝仁弃义”，追求一种“无知无欲”的“素朴”的“至德”境界。道家的伦理道德思想具有一种自然主义的超世俗的特点。法家以管仲、商鞅、韩非为代表，主张“不务德而务法”，提出“以法为教”“以吏为师”。先秦诸子伦理道德思想的对立和争论，说明各自对西周以来的伦理道德传统（“周礼”）的不同立场和态度。道、法两家虽有本质之别，但对“传统”都持批判和否定态度；墨家也讲仁义，形式上似在继承“传统”，但内容上却与“传统”相异；唯独儒家从形式到内容对“传统”持因革态度，继承了“周礼”的传统，创造了内容广泛、形式完备的伦理道德体系。在奴隶社会向封建社会转变时期，儒家在一定程度上适应了各种势力的一定需要，从而缓和了当时复杂、尖锐、激烈的社会矛盾，为大一统的新秩序的建立和安定局面的形成奠定了伦理道德基础。虽然当时秦国以法治国走向强大而统一了中国，然而大一统秩序的稳定、巩固和发展最终还必须依靠儒家思想的指导。这正是中华民族传统伦理道德虽历经褒贬损益却长盛不衰、流传远广的最重要的原因。

二、汉唐——中国伦理思想一统化阶段

在先秦时期，中国伦理思想体系的基本要素已经形成，但诸子百家中并没有一家能占主导或统治地位。汉唐时期，特别是西汉时期，是中华民族传统伦理道德发展的关键阶段。秦王朝推行“以法为教，以吏为师”“颁挟书令”以至“焚书坑儒”，终于二世而亡。汉代统治者从中吸取了教训，重新认识德治与法治的关系，特别是汉武帝采纳了董仲舒的建议，提出“罢黜百家，独尊儒术”，确立儒学为正统思想，对中华民族传统伦理道德继承和延续产生了极为深远的影响。

西汉初年，统治者吸取秦亡的教训，适应现实政治的需要，暂时采取了黄老之学的新道家思想作为“治国安民”的方针，取得了“文景之治”的实际效果。黄老学派顺应历史发展的需要，摒弃了先秦道家“绝仁弃义”的观点，改变了抨击儒家伦理学说的立场，将儒家的德治思想和伦理道德思想与道家的“无为而治”的思想结合。同时，尽管他们猛烈抨击法家，却并不抛弃法治。他们力图把儒家和法家都纳入道学的体系，提出了“德以法辅”“抱道推诚”的思想，倡导社会教化，主张“惠民”“宁民”“利民”。黄老学派还吸取了儒家的宗法观念，提出“主惠臣忠”“父慈子孝”的伦理道德规范，在君臣、父子关系上确立双方都尽义务的伦理观。汉初推行“黄老之学”，休养生息，经济发展，国力强盛，史称“文景之治”。然而，统治阶级和被统治阶级的矛盾，统治阶级内部中央政权与地方势力的矛盾在不断加剧。在这种情况下，“无为而治”的黄老之学就失去了它继续作为治国之策的根据，统治思想的演变已势在必行。公元前134年，汉武帝举贤良对策，采纳了

董仲舒的建议，提出“罢黜百家，独尊儒术”的文教政策。从此，儒家被奉为封建统治思想的正统而定为一尊。

“独尊儒术”，这是一个历史的选择，它对中华民族传统伦理道德的发展起到了划时代的作用，具有深远的历史意义。儒家的德治论核心是：“为政以德”“道之以德，齐之以礼”。董仲舒发挥了孔子的思想，提出：“教，政之本也；狱，政之末也。”（《春秋繁露·精华》）主张伦理道德是“为政之首”。进而，董仲舒把儒家的伦理规范概括为“三纲五常”，即，君为臣纲，父为子纲，夫为妻纲“三纲”和仁、义、礼、智、信“五常”。“三纲五常”是对封建宗法等级体制下人伦关系的高度概括，是处理人际关系的伦理道德规范。“三纲五常”的提出，使封建社会的伦理道德系统化、定型化，适应了巩固封建“大一统”的需要，从而确立了董仲舒“为儒者宗”“为群儒首”的历史地位。

“三纲”是由“五伦”发展而来，“五伦”是“礼”的基本构成，是中国伦理的范型，它贯穿于中国伦理思想发展的始终。处理君臣、父子、兄弟、夫妇、朋友这五方面关系的“五伦”，除了朋友一伦外，都是尊卑上下的等级关系。“五伦”即五种人的社会关系：君臣、父子、夫妇、长幼、朋友。“人之有道也，饱食暖衣，逸居而无教，则近于禽兽。圣人有忧之，使契为司徒，教人以伦：父子有亲，君臣有义，夫妇有别，长幼有序，朋友有信”（《论语·学而》）。在中国伦理思想史上，孟子首次提出了“五伦”说。“父子有亲、君臣有义、夫妇有别、长幼有序、朋友有信”。这里孟子不仅讲了五种人伦关系，也讲了如何正确处理这五种人伦关系的准则，即“义、亲、别、序、信”，亦即“五教”。“五伦”是以家族为本位，把家族血缘的情理上升扩充为社会伦理的原理和国家政治的原理，建构起身、家、国、天下四位一体的伦理关系系统，形成以返本回报为原型的互惠互动的双向伦理关系，并成为贯穿整个中国伦理思想发展的一条主线。

魏晋南北朝时期，由于玄学、佛教和道教相继兴起，玄、佛、道、儒大家彼此争斗，儒学曾一度衰微。隋朝统一中国后，重新重视儒学，儒学又开始复兴。隋朝将儒学经典加以整理、分类，分为经、史、子、集四类，成为后来史籍分类的正统方法。到唐初，唐太宗诏孔颖达等撰《五经正义》，推动了儒学的传播。唐朝前期经济发展和文化繁荣的局面，使玄学的悲观主义和佛学的出世思想赖以存在的现实基础渐然失去，中唐以后儒学在比较和鉴别之中地位回升。而担此重任者当首推韩愈，他主张罢黜佛老之学，独尊孔孟之道。以简明的语言叙述了儒家的道统。

三、宋元明清——中国伦理思想的综合完备阶段

统一的中央集权的宋王朝的建立，结束了唐朝以后五代十国的割据分裂、连年混战的局面。宋初的思想家们都极力提倡重整伦理纲常、伦理道德名教。他们继承唐代韩愈批佛、道，兴儒学的传统，均以复兴儒学为职志。于是，一种既不同于前期儒家思想，又要吸收佛、道思想资料的新儒家学说——理学，便应运而生了。宋明理学把本体论与伦理学相统一，实现了哲学的伦理化和伦理的哲学化。其体系“致广大，尽精微，综罗百代”，形成博大繁杂的逻辑结构，是前人所无可比拟的。因此，这一时期是中华民族传统伦理道

德的深化综合阶段。

北宋初期理学兴起，各个集团、阶层的思想家纷纷提出自己的救世方略，形成学派纷呈的局面。先后相继出现了以周敦颐为代表的“濂学”，以张载为代表的“关学”，以王安石为代表的“新学”，以二程为代表的“洛学”和以二苏为代表的“蜀学”，可谓学派聚奎，相得益彰。然而，由于政治斗争和党派之争，各派渐衰，唯二程的“洛学”独盛，成为理学的主流和正统。到了南宋时期，朱熹继承并发展了二程的学说，成为理学之集大成者。

朱熹为了论证封建伦理道德的合理性和永恒性，为了说明伦理道德的必要性和可能性，在继承儒家传统思想的基础上，吸收、融合了佛道思想，构成了一套系统的、严密的、哲理化的伦理道德思想，把中华民族传统伦理道德推向一个新的阶段。在朱熹那里，“理”或“天理”是他的客观唯心主义哲学体系的最高范畴，也是伦理道德的哲学基础。朱熹把“理”视为世界万事万物的本源，是在自然与社会产生之前就存在的精神本体。他认为君臣、父子等伦理关系，都是理的体现，“三纲五常”来源于永恒不变的先天地而存在的“天理”。因此，他把“明天理，灭人欲”作为伦理道德的总目标。他把“父子有亲，君臣有义，夫妇有别，长幼有序，朋友有信”作为“五教之目”；把“博学之，审问之，慎思之，明辨之，笃行之”作为“为学之序”；以“言忠信，行笃敬，惩忿窒欲，迁善改过”为“修身之要”；以“己所不欲，勿施于人，行有不得，反求诸己”为“接物之要”。大学要“明德”，修身、齐家、治国、平天下。清康熙皇帝称赞朱熹“续千百年绝学之传，立亿万世一定之规”。可见朱熹对中国封建社会后期的伦理道德产生了重要影响。

作为传统文化中的珍贵遗产，中国古代的伦理思想具有深远的历史作用。它是保证和维持中华民族几千年生存繁衍，中华文明绵延不断的重要因素之一。历史学家在研究巴比伦文明、哈巴拉文明（印度河流域）、古希腊文明和玛雅文明已经毁灭或者中断了很长时间这个问题的原因时指出，在人类历史上，在世界古代文明中，只有中华文明绵延五千多年而历久不衰，这一人类文明史上的奇迹，是和中华民族拥有传统伦理道德、中华民族传统美德和深邃的文化思想密切相关的。

第八章　中国传统艺术

第一节　中国传统艺术的发展

艺术起源于劳动，在文字产生之前就已经出现了。中国古代艺术的起源可以追溯到远古时代，其民族特征和美学追求都可以从原始艺术中找到雏形。距今一百万年前的旧石器时代，我们的祖先就已经在磨制作为劳动工具的石器中逐渐萌发出最初的审美观念，那些粗糙的器具已经具备了质朴和谐的艺术美的萌芽。这可以从陕西蓝田人的遗物中看出端倪。进入新石器时代，中国古代艺术正式开启了它的美的历程。距今18000年前的北京周口店山顶洞人，就开始使用骨、石、贝做成装饰品。而新石器时代的许多文化遗址中发现的陶窑和各类精美的陶器，更是中国古代传统艺术所创造的明证。

中国各门类艺术的发展经历了各自跌宕起伏的历程，它们形成的多样化、多层次的发展轨迹，形象地记录了我们祖先高超的审美能力、才华技艺以及非凡的创造力和想象力。它们以其辉煌的审美形态占据一个时代的巅峰，而各个时代的艺术成就也都体现了那个时代的特征。传说中的黄帝至尧、舜时期，大致是我国原始社会的新石器时期。原始歌舞、彩陶、黑陶等，已经有了相当的成就。其艺术以彩陶艺术为代表，陶器的出现是人类审美意识的最早表现。距今五六千年的仰韶文化以精美的彩色陶器为重要标志，因此又叫彩陶文化。手工制作的陶器，绘有极具生活气息的纹饰，有鱼纹、鸟纹、网纹、蛙纹等，反映了人们对生活的美好愿望，也表现出先民们强烈的审美观念和创造美的浓烈情趣。原始乐舞也是原始艺术的重要内容，在原始社会，歌、乐、舞不分，它起源于生产劳动过程，是早期人类自娱身心交流感情的活动方式。

夏商西周是我国的奴隶制时代，青铜器作为辉煌的工艺美术创作成为夏商西周三代文化和艺术的标志，一直处于文化意识形态的核心地位。考古发现的大量青铜器种类繁多，有礼器、食器、乐器、兵器等。这些青铜器造型以其狞厉威猛之美，充分体现了夏商西周时代人的审美取向。商周时期的甲骨文和金文蕴涵着我国书法艺术的萌芽，“八音”“五声”和“十二律”的出现，则标志着当时音乐艺术的成就。彩陶艺术、原始乐舞和三代青铜器等代表了我国古代艺术的萌芽形态。

春秋战国时期可以称为我国古代艺术的诞生和成熟时期。音乐有重要发展，文献记载这一时期有不少音乐作品流传，如《下里》《巴人》《阳春》《白雪》《九歌》等。春秋末楚墓和战国曾乙侯墓出土的编钟，说明中国音乐达到了很高的水平。战国时青铜工艺造型精巧，轻便适用，大型青铜器的纹饰内容丰富，线条优美。由于毛笔的使用，绘画发展起来。长沙楚墓多次出土的帛画，是著名的艺术珍品。文献上还记载这一时期的壁画，曾令孔子流连徘徊，感叹不已。随着漆器工艺的发展，漆器绘画题材丰富，技法多样，反映了现实生活和历史传说等内容。

秦汉至宋元时期是中国古代艺术全面发展和繁荣时期。秦汉时代，随着大一统国家的建立，艺术上总的特征是对雄浑豪放、气势磅礴的风格的崇尚。秦代建筑雄浑高大，阿房宫“覆压三百余里，隔离天日”（杜牧《阿房宫赋》），雕梁画栋，飞彩流丹。秦皇陵兵马俑群威武雄奇、场面壮阔。数以千计的陶俑造型生动，形态逼真，比例适度，个性鲜明，体现了秦代雕塑艺术的杰出成就，被称为“世界第八奇迹”。绘画方面，秦代动物瓦当以及画像砖构图生动，风格古朴，线条优美，装饰繁缛。书法方面，秦代是一个重要的过渡时期，秦篆（又称小篆）标志着古文字发展的最后阶段，而秦隶的创立则是今文字的滥觞，为此后书法艺术的发展开辟了广阔的道路。

西汉的艺术领域里，最有成就的是建筑、绘画、雕刻、音乐等。由于经济的发展，帝王、官僚、地主的宫殿、邸宅和坟墓装饰豪华，这些使得壁画迅速发展起来，汉武帝时鲁灵光殿绘有当时最著名的大幅壁画。此外在各种生活用具和工艺品上的彩绘内容丰富，画意高超。1972 年长沙马王堆汉墓出土的帛画代表了西汉绘画艺术的辉煌成就。数量众多、内容丰富的画像石、画像砖形成了一个独特的绘画艺术系列。汉代是我国古代书法艺术的全盛时期，不仅隶书达到顶峰，其他各种书体都日趋完美，章草、草书、行书、楷书诸体皆备，为此后书法艺术的百花齐放奠定了基础。汉代音乐的主要成就是乐府俗乐。汉承秦制，朝廷设“太乐”和“乐府”两个音乐机构，前者掌雅乐，后者掌世俗音乐。乐府在搜集整理和传播民间音乐方面起了重要的作用，乐府的乐歌分为鼓吹曲和相和歌两大类，前者用于郊庙、军队、仪仗、典礼中，是一种进行曲或节奏明快的乐曲。

魏晋南北朝经历了长达 400 年的大变动，成为中华各民族大交融、中外文化大交融的时代。原来受“独尊儒术”钳制的思想得到解放，艺术从附庸走向自觉，抒情达意的文人书法、绘画、音乐等，开始以其精品占据艺术殿堂。汉代时传入的佛教开始兴盛，使寺庙、佛塔、石窟建筑、石窟壁画和雕塑等佛教艺术获得了迅速发展。

隋唐是我国封建社会的鼎盛时期，艺术也具有刚健雄武、博大厚重的时代风采。尤其是唐代，疆域辽阔，与周边国家联系紧密，唐代艺术在继承传统的基础上，对外来艺术大胆拿来，为我所用，呈现繁荣发达的景象。尤其是吸收了异国情趣的歌舞，已不再用作礼仪，而是表现了对世俗幸福的歌颂和追求，在宫廷和民间都很活跃。唐代书法、绘画各体俱备，名家迭出，足为后世楷模者不胜枚举，并且远播海外。

宋元之时，我国城市经济发展，汴京、大都等都市的繁华，为当时世界所罕见。宋代历朝皇帝酷爱书画，民间也有书画市场，而文人士大夫更以书画自娱消遣。有宋一代，书画成就斐然，千姿百态，名家如云，尤以山水画为最。元代文人仕途坎坷，淡漠世事，借笔墨写愁寄恨，聊以娱情，使山水画为之一变，以书入画，简率尚意，影响此后数百年。元代宫廷乐舞承继宋金遗制，又糅合能歌善舞的蒙古族传统，独具特色。在宋金杂剧基础上发展的元杂剧，深受朝野百姓喜爱，领一代之风骚。

明清进入封建社会末期，专制主义统治加强。艺术的发展受到压制，成就不如前代。但中国艺术的生命力、创造力并未窒息，富有时代气息的书画、乐舞精品仍时有产生，雕塑的气势虽不如汉唐，但很精美。值得大书一笔的是宫廷建筑和园林艺术，前者辉煌壮丽，后者精巧素雅，享誉世界。由于城市经济的继续发展，市民阶层更为壮大，以戏曲为代表的世俗艺术广为流行。此外，瓷器、漆器、织染、景泰蓝、泥塑等工艺美术品也颇有风采。

第二节　中国传统艺术的特征

艺术是文化的重要组成部分，因此中国艺术的基本特征是由中国文化的基本特征所决定的。中国传统艺术虽然门类很多，各有特点，但也有着一些共同的特征，此处主要从气韵、虚实、意境等几个方面来加以阐述。

一、追求气韵生动

中国传统哲学的宇宙观认为，气乃宇宙之根本，气生万物，气流贯穿于一切事物和生命之中。由此而来，“气”也被看成是艺术的根本，艺术的生命力。古人论文谈艺都要谈论“气”，“气韵生动”既是中国艺术的根本概括，也是中国艺术追求的最高标准。“气韵”是客观存在于万事万物中的生命变化的节奏和韵律，气流顺则和谐、平衡、兴盛，气流逆则躁动、不宁、衰败。因此，建筑艺术中的“气韵生动”首先是环境气场要好，如历代帝王陵墓、宫殿的兴建都要找风水大师来“看风水”，环境气场是否和谐顺畅正是看风水的重要内容，那些背倚屏障似的山梁、前景开阔、坐南朝北的地形，被视为能使子孙永昌、国运兴旺的大气场。另外，建筑设计业特别重视整体结构的规整对称，气脉的自然流畅和顺势贯通，以实现气象宏大雄阔的效果。中国画中追求的“气韵生动”就是要求所绘的山水、人物、花鸟等要有生命的律动感、有画面形象之外的“韵味”，因而，中国画非常看重线条的运用和墨色的渲染，认为线的流转舒展和疏密轻重、墨的浓淡干湿和虚实蓄放都由“气”来控制，运用得法则灵气顿现。书法艺术就更是如此了。在传统戏曲中也非常讲究气韵，场次音乐的连续、唱腔唱词的处理、动作程式的设计以及剧场的构建布局等，无不讲究“气”的贯通流宕，所谓“有韵味”“颇大气”云云。

“气韵”这个概念看似很虚，我们却可以从传统艺术的具体作品和形象中得以充分的感知，这正反映了中国文化艺术神妙奇特的魅力和内在的生命韵律，这种特征不仅为中国的艺术家和欣赏者们所追求，也使西方艺坛为之赞叹，称中国传统艺术是“在生命的运动中体现崇高精神的律动”，是“蕴含和谐与生命力的构思”。

二、讲究虚实相生

中国传统艺术的“虚实相生”来源于中国古代哲学的虚实观，而“尚虚”则是其主要方面。“尚虚”就是崇尚空灵之美，道家提倡的“物我两忘”、佛家主张的“四大皆空”，以及儒家对“圣而不可知”的精神之“质”追求，对中国古代艺术家产生了巨大的影响，使之形成了“超旷、空灵、玄远”的美学思想。

在文学这种语言艺术中，尚虚的表现是将“清空”“象外之象”“不着一字，尽得风流”作为鉴赏的审美标准，诗的意象朦胧恍惚才算高格。在书法绘画中，尚虚表现为讲究的“布白”“用虚”：书法中有“枯笔飞白”和“分行布白”之说，绘画中有“意到笔不到”“知白守黑”的原则。清人戴熙所说的“画在有笔墨处，画之妙在无笔墨处”的空白之妙，正是中国艺术超越有形之象而进入无限之境界的大追求。在音乐中，尚虚表现为对“大音希圣”“无音之乐”的崇仰。音乐本身是声音的艺术，但“此时无声胜有声”“曲终戛然而止”和“余韵绕梁三日而不绝”的音乐效果更令人神往。传统戏曲也“尚虚”，舞台布置的虚设，动作程式的虚拟，这都是中国戏曲所独有的并在世界戏曲中别有魅力的重大特征。尚虚在建筑中表现为讲究房屋门窗和亭台廊榭“透风漏目”，园林造景的“回归自然”，例如院墙讲究造空以借外景，以得自然之气，叠石讲究的所谓“漏、透、瘦、皱”等。

所谓虚与空，不是空无一物、毫无生气的虚空，而是一种始终弥漫于作品和形象之中的艺术家的情绪、观念而由具象所表现出来的艺术现象，这既是精神的又非纯精神的，恰如庄子所说的“无迹之迹”。事实上，中国艺术也有尚实的一面，这是由中国文化里的“中和”的哲学思想所决定的，而且艺术家们也必须通过具体可感的艺术形象来塑造来传达精神的东西，只是更加强调以暗示、象征等来唤起欣赏者的想象力。因此，中国传统艺术中的“尚虚”不会走极端，而是讲究虚实并用、以实为虚、借虚见实，这就是所谓的“虚实相生”。

三、创设高妙意境

“意境”是中国传统美学的重要概念，也是评价艺术作品的重要标准。在我国传统艺术领域内，意境美被认为是最高的美，一件艺术作品无论怎样精巧细腻，如果缺少意境则全无生气和魅力。与西方传统艺术注重再现逼真、具象的“美”不同，中国传统艺术追求的是神韵之“妙”，这个“妙”就是“意境之美”。

“意”是艺术家在作品中寄寓的主观情思，“境”是艺术作品所表现的实景具象。艺术形象可以逼真、具体，但是，艺术家倘若没有将情思意绪融入其中，没有那“景外之景”“象外之象”，那么此境也就缺乏情趣、韵致和意味了。中国古代艺术家们深受道家哲学的影响，在创作时不仅着眼于有限的客观对象，更努力去突破它，关注整个人生和造化自然。因而，在艺术家流露出的各种情致意趣中，那种富有哲理的人生感、历史感和宇宙感，最为高妙动人。

诗文中富有意境美的如唐诗《春江花月夜》，它把春江月夜实景、诗中人的梦境与对人生哲理、宇宙奥妙的探索结合起来，情、景、理水乳交融，意境优美，营造出迷离的艺术氛围。绘画中最能表现意境美的莫过于山水画。中国山水画的意境在于“高远”，很多山水画近处是流水、小桥、渔舟、楼阁，远处有无数的高山幽谷，整个画面由近处一层一层推向远方。画家们这是为了突破山水的有限形体，使人的目光伸展到远处，从有限的时空进入无限的时空，从而引发对人生与历史的感悟。音乐的意境美我们可以借文人的描绘来说明。白居易的《琵琶行》用“别有幽愁暗恨生，此时无声胜有声”来描绘音乐带来的余音袅袅、余味无穷的艺术境界；苏东坡的《前赤壁赋》用“如怨如慕，如泣如诉”来传达箫声所包含的对人生浮沉的感悟。意境美也是中国园林建筑艺术的至美。譬如常见的山巅亭子，它们造型简单而中空，其作用就在于能把外界大空间的景色吸收到这个小空间中来，使游览者在其中仰观俯察，游目骋怀，然后从小空间再进到大空间，突破有限，通向无限，感受丰富的人生况味。

中国传统艺术的“意境美”高妙而悠远，它往往给人带来一种惆怅的美感，仿佛游子在思念家乡，茫然若失中别有一番滋味。这种如美国心理学家马斯洛所说的“高峰体验”，会让人在精神愉悦和满足的同时，得到人生的体验和感受。因此可以说意境之美是一种最高的美。

第三节　中国传统艺术的内容

一、音乐

一曲宛如风景画般令人心情愉悦的《春江花月夜》；一曲秋意萧瑟令人惆怅满怀的《悲秋》；一曲惊天动地令人心潮澎湃的《十面埋伏》；一曲喜气洋洋令人兴奋不已的《普天乐》……这些就是动人心弦的中国音乐，它永远能将听众带入乐曲，使人浑然忘境。

中国是礼乐之乡，道德之邦。华夏之声在中国文化中别具一格，民歌的委婉，琴瑟的悠扬，钟磬的清脆，无不凝聚着中华民族的独特性格。音乐在中国自文明开始，就有无上崇高的地位，和“礼”相提并论。古代的音乐论著《乐记》里，就有“礼乐皆得，谓之有德”的说法。中国古代音乐还担负着移风易俗、熏陶民心的作用。另外，音乐在奠定礼制、稳定政局、平和人心方面，有着一定积极的政治作用。最早起源于古代的礼乐制度继续在宫廷的祭祀活动和庙会礼仪中使用。自古以来，中国音乐始终与世界各民族音乐并驾齐驱，许多方面还一直处于领先地位。但是，明清以降，遭封建主义、帝国主义的摧残蹂躏，音乐逐渐失去了往日的光泽、丰韵。同时，中国又是一个多民族的国家，各少数民族都有着自己独特风格的音乐。

中国音乐起源很早，大约在三千多年前，欧洲音乐正混沌初开的时候，在中国，由于先圣孔子将儒家礼乐定为正统音乐，而开始有了完备的音乐理论及乐器出现。到了汉朝，由朝廷设立了乐府，负责整编古曲、民谣；又因与西域有商业来往，因此胡乐如琵琶、胡琴等开始传入，并且由当时的音乐家加以改良并演奏中国音乐。唐玄宗在位时，更在内廷组织梨园子弟歌舞队，造就了许多音乐人才，因而奠定了中国音乐坚实的基础。

中国民族音乐的主体，正是在与各少数民族以及外国音乐的相互交流和学习中形成和发展的。这是吸收了无数少数民族的音乐养分，包容着众多光怪陆离的异国情调。从汉魏以来，西域一带少数民族和中亚各国音乐的传入，使中国的“华夏正声”发生深刻的变化。从形式到内容、从歌舞到乐器，都极大地丰富和充实了中国传统的民族音乐。

二、绘画

迄今发现的中国最早的绘画，大都是彩陶上的装饰绘画，距今五千至七千年。这些彩陶纹饰，多为并行线、之字纹、方格纹、锯齿纹、螺旋纹或由曲线、直线组成的几何纹，也有极少数的人面纹和动植物形象。陶器造型与花纹、色彩搭配协调，朴素大方，富有旋律美。

在甘肃秦安县大地湾新石器文化遗址的一处房址的白灰地面上，发现了一幅原始绘画，画面一米见方，有两人两兽，一人双腿交叉，一手叉腰，一手执物，似乎在狩猎，另一人披着长发，双腿相靠，下有一方框，内有两兽。画料为黑色碳类。这幅画距今已有五千年，是中国最早的以立式出现的绘画作品，反映了原始社会父系氏族的家庭崇拜。

原始社会的绘画与雕塑基本上是对物质产品本身加以美化，而岩洞中的动物画，则是物质世界到艺术世界的过渡。不过，从出土的原始时代的舞蹈纹盆与人面纹盆来看，虽然构图简单，但线条流畅，形象生动，已初步具备了绘画的表现手段。到奴隶社会，用青铜器制作的各种工艺品，其图案趋向细密富丽，已发展成一种很奇特的装饰画了。

春秋战国时期，从出土的帛画、壁画、漆画，以及数量最多的青铜器物上的平雕装饰画来看，绘画艺术上有了长足的发展，而且形式呈多样化。在汉代，绘画题材比较广泛，表现手法也很丰富。无论是帛画、漆画还是壁画，气魄都深沉宏大，皇帝的宫室、殿堂、贵族的建筑物以及神庙、陵墓等，比比皆是。1991 年在河南永城县东北芒山柿园村附近西汉梁王墓中，发现了色彩鲜艳的壁画，保存完好，是我国已发现时代最早的壁画。该墓为大型崖墓，由墓道、甬道、主室、祭台、耳室、过道及排水设施组成。在其主室的顶部及两侧绘有以赤龙为主题，附有鱼龙、白虎、朱雀及云气内容的大型彩壁画，面积 20 多平方米，色彩艳丽，线条流畅，形象生动，栩栩如生。在墓道的黄肠石上刻有“贞王”二字。据文献记载：汉文帝十二年（公元前 168 年）封次子刘武为梁王，梁王在位 35 年（谥号梁孝王）。该墓壁画的发现，在艺术史、文化史和考古学等方面，都有非常重要的价值。到六朝，涌现出一大批专业的画家，从内容到形式进行了多方面的探索。这时期，第一流的画家和作品有顾恺之的《女史箴图》和《洛神赋图》。

隋唐时，仅文人士大夫画家就有 200 多人，他们主要创作人物画的作品，如阎立本的《历代帝王图》和《步辇图》，周昉的《簪花仕女图》和《执扇仕女图》等，是繁荣的唐代社会的缩影。王维开始尝试用水墨画山水，清淡自然，是水墨山水画派的奠基者。在五代两宋时期，山水画、花鸟画的成就突出。画家们开始放弃唐人那种金碧辉煌、满壁风动的艺术效果，崇尚“刻画”的画风，追求清新的美感。宋代张择端画的长卷《清明上河图》，即是一幅反映北宋都城汴京的社会及生活的风俗画，画卷高 24.8 厘米，长 528.7 厘米，为水墨淡彩绢本。画卷以全景式的构图，精细的笔法，广阔、细致而真实地记录了宣和年间汴京繁盛热闹的景象，展示了当时的经济面貌、城乡交流和民情风俗，是中国古代规模最大的风俗画。

文人画在元代被推上了高峰，画家们多以枯笔翰墨作画，形成了黄公望的苍凉、吴镇的旷逸、倪云林的天真幽淡、王冕的孤傲倔强等风格。到了明代，画家中虽有浙派、吴派之分，但大都追随南宋画的工整巧丽。倒是徐渭、陈道复等在花卉上有所开拓，陈洪绶与崔子思对版画描图的发展也做出了一定贡献。清代，名画家辈出。其中，石涛的画于粗豪中见功力，八大仙人的画则笔墨简括，形象夸张，郑板桥的墨竹劲节凌霄，黄慎的人物笔墨如飞，富于流动……他们的画风，较多地为我国近代画家所师承。

三、书法

书法是用毛笔为工具借助线条表现汉字的艺术，是中国所特有的。书法以其特殊的书写工具和独特的精神气韵，在世界艺术史上独领风骚，中国书法最能表现东方文明的独特性、中国文人的精神世界和中国文化的博大精深。

中国书法艺术的形成与汉字的产生、发展和特征密不可分。几千年前，我们的祖先就创造了世界上最古老的表意文字，距今三千多年前的甲骨文已经是相当成熟的文字体系。为学术界公认的我国最早的古汉字资料，是商代中后期（约公元前 14 至前 11 世纪）的甲骨文和金文。从书法的角度审查，这些最早的汉字已经具有了书法形式美的众多因素，如线条美，单字造型的对称美、变化美以及章法美、风格美等。从商代后期到秦统一中国，汉字演变的总趋势是由繁到简，这种演变具体反映在字体和字形的演变之中，书法的艺术性也随着书法的演变而愈加丰富起来。

秦代书法的承前启后体现在小篆和隶书的形成。秦篆的笔画线条稳健清丽、秀逸肃穆、结构严谨、均衡对称；秦隶则讲究整齐秀逸，结构注重平衡工稳。因此，如果说秦篆的创立标志着古文字发展的最高阶段，亦即最后的阶段，那么，秦隶的创立则标志着今文字的最初滥觞，亦为后来书法艺术的发展开辟了道路。汉代是我国书法艺术辉煌的全盛时期，这不仅是因为隶书由秦入汉已达到了巅峰状态，而且其他各种书法的发展也日趋完善，隶书、草书、行书、楷书，各体皆备。所以汉代以后的书法艺术基本上可以说已不再有书体创新的问题，而只是继承、发展与盛衰的问题了。

魏晋南北朝是一个战乱频仍的时代，但书法艺术没有因此而停滞不前，楷、行、草、隶各体同步发展，风格多样而精美，后人称颂为“唐诗晋字汉文章”。这一书法史上了不起的时代，造就了两位巍然卓立的大书法家钟繇和王羲之。他们揭开了中国书法发展史的新的一页，树立了楷书、行书、草书美的典范，此后历代学习书法者都以“钟王”为宗法。王羲之更是以“书圣”称号彪炳史册，并和他的儿子“小圣”王献之并称“二王”。

唐代的书法从整个书法艺术发展史上来看，其美学价值与书学成就地位崇高。唐代书法兴盛的社会原因除了国势强盛、文化发展及对前代书艺积极继承外，另外一个不能忽视的原因就是“书学”的创立。“书学”是唐代最高学府国子学的一种，它专门培养书法高级人才，书法被列入取仕途径之一。这个时期书法成了一个人的文化象征，成了一个民族的文化标志。因此，如果把国势强盛、文化发展、师承前人看作是唐代书法繁荣的外因，那么将书法视为一个人的文化素养、人格价值则是其内在的原因。唐代墨迹流传至今者也比前代为多，留下了大量宝贵的书法作品。“初唐四家”“颜柳”并称，成为中国书法史上的高峰。宋代书法艺术风格为之一变。宋人书法大致有两个特点：其一是打破了唐代后期以来日趋僵化的格式和笔法，突破唐人重法的束缚，以意代法，努力追求能表现自我的意志情趣，开创了以“意”取胜的宋代书风。其二是有意将书法同其他文学艺术形式结合起来，如宋代书法大家常常同时也是文学家、艺术家。苏轼说：“诗不能尽，溢而为书，变而为画”，这不仅说明了诗、书、画之间的关系，而且阐明了书画和诗一样，是表现自我的手段。宋代书法家代表是宋四大家苏轼、黄庭坚、米芾、蔡襄。

元朝统治者一统天下之后，开始重视汉民族文化，因此，书法艺术得以继续发展。但元初书法仍笼罩在宋人“尚意”书风影响之下，没有突破。直到一代书坛巨匠赵孟頫的出现，恢复晋唐古法，以复古为革新，再辟新途。明初，由于皇帝对书法的爱好和推崇，帖学书法得到极大发展，并因宫廷撰写文字的特别需要，产生了颇为流行的“台阁体”书法。台阁体书法讲求书写端严，整齐如一，姿态雍容婉媚，在一定程度上束缚了书写者的个性发挥。明中期以祝允明、文徵明为代表的吴门书家回归帖学正途，在继承传统的基础上形成了讲求畅神适意、注重抒发个人情怀的新书法，将帖学书法推向了新的高度。更晚一些的徐渭，则以其别具一格的草书风格名重一时。

清代，出现了颇具绘画意趣的画家书法，以扬州八怪为代表。他们的书法不趋时尚，个性鲜明，别裁新体，给书坛带来了新的气象。中后期，书家崇尚古代金石碑版的文字而在书法中刻意效法，力追刀法的效果，强调金石味。他们上溯秦汉六朝碑版及金石文字，并将碑学的结体和笔意融入行草书体之中，创造出雄强的北碑书风，确立了碑学书法的典范。其中重要的书法家有邓石如、何绍基、赵之谦、沈曾植、吴昌硕等。

四、雕塑

雕塑与绘画一样，属于造型艺术。只不过，绘画是平面的形象，占二维空间，雕塑是立体的形象，占有三维空间。原始人打磨石器、原始社会的“陶工”们制造陶器，可以说是最早的雕塑艺术。以后，雕塑艺术往往与建筑艺术结合在一起。

中国古代雕塑在题材内容、形式风格、雕塑技法以及所使用的材质上都具有鲜明浓郁的民族特色和时代特色。它不是专注于雕塑作品的表面和细部，而注重由外在形象所引发出的感觉、意境，引发出一连串令人遐想的空间，把人们引向一个艺术世界。

中国古代的雕塑艺术可以追溯至公元前四千年以上。这一时期的石器和陶器的出现，拉开了中国雕塑史的序幕。其雕塑作品侧重于动物外形的器皿、饰物和人物的捏造，造型粗略，带有浓厚的人情味。而且大多是附加在实用器物上的装饰物，随意性很强，形象粗简、稚拙。商周时期的雕塑作品以青铜器铸造为主，青铜器艺术代表了商周雕塑的最高水平。青铜器上的纹案，主要有动物纹、几何纹。此时的青铜作品虽然多具实用目的，但已经初步具备了雕塑艺术的特征。商代青铜礼器造型奇特，充满威严而神秘、崇高而怪异的美感。一些夸张、变形、奇特的纹饰，渲染了威严神秘的气氛，形成了端庄、华丽、气质伟岸、形象乖张的艺术特征，突出反映了商周时期人们的审美观和对自然环境的理解。鼎是这一时期的典型的雕塑作品。河南安阳出土的司母戊大方鼎是迄今世界上发现的最大的青铜器，周身饰有精美的兽面纹，雄浑凝重，堪称殷商时期青铜器的代表作。另外还有一件四羊方尊，精巧绝伦，具有极高的艺术水平。西周以后，其风格趋于写实而富于理性。春秋战国时期则变得繁丽、华美。商、周时期除礼器外，还有一些器物支架、底座等实用青铜器和石、骨、玉雕刻作品，或人物，或动物，皆造型巧妙，制作精细。

秦汉时期的雕刻空前繁盛，最具典型意义的是秦始皇陵兵马俑雕塑群。陕西临潼秦始皇兵马俑的发掘，给世人展示了秦代雕塑艺术的辉煌成就。其兵俑体态与真人相等，数量众多、形态各异、栩栩如生；其马俑形象写实、身材矫健、活灵活现。此时的人物雕塑更注重面部的形象刻画，神态万千、精细逼真，秦俑坑发掘的铜车马更是雕塑史上的奇迹。与青铜器神秘怪异的风格相反，兵马俑充满崇高阳刚之美。数以万计的兵马俑，显示出对人的力量的肯定。人物、战马都与真实的大小一样，毫无夸张之处，以体量的巨大、数量的众多、形象的真实，产生着震撼人心的艺术魅力。汉代雕塑在继承秦代恢宏庄重的基础上，更突出了雄浑刚健的艺术个性。这一时期的墓葬雕塑特别发达，已从秦陵地下的雕塑形式发展到地上的陵墓表饰。在形式上突出了石雕作品的雄浑之势和整体之美。汉代雕塑以汉武帝时将军霍去病墓前石雕为代表，那些石人、石马、石虎、石牛等，造型生动、古拙浑朴，其中马踏匈奴石像显示出强大帝国不可一世的气魄。那马虽然粗糙笨拙，但它仍然有一种灵动之势，那浅浅雕刻的几笔就是马腿，它与马的上身连成一体，成为一个完整的马的形象。汉代厚葬之风使动物俑和人物俑的雕塑作品众多，其造型古朴、神态夸张而强调动势。汉代世俗生活成为雕塑的素材，采芋、酿酒以及舞乐百戏等情景在汉代的砖画像中以浮雕的形式大量存在，宴饮、驱车、习射等士大夫的生活也得到了表现。

随着佛教的盛行，佛像雕塑成为魏晋南北朝时期雕塑艺术的主流，著名的云冈、敦煌、龙门、麦积山四大石窟均开凿于这个时代。一般而言，北魏时期的造像在形式风格上受印度或西域样式的影响，庄严、浑朴，于静穆中显示着佛的伟力。南北朝的佛教雕刻融合汉族知识分子的审美时尚，形成了褒衣博带、秀骨清像的新风貌。

隋唐时期是中国古代雕塑的鼎盛期。源于魏晋时期的佛像雕塑艺术在隋唐时得到了空前的发展，其风格的多样化与技巧的纯熟度达到了史无前例的水平。此时的佛雕作品既具博大凝重之态，又不失典雅鲜活之美。位于河南洛阳的龙门石窟在经历魏晋唐多个朝代的开凿后，虽然历经千年岁月的风霜，仍不失其神秘华丽之彩。此时的佛像雕塑艺术已经逐步摆脱外来佛像样式的影响，走向了雕塑作品民族化的成熟期。其成就首先表现在石窟雕塑上，如龙门石窟奉先寺石刻造像，其雕塑手法流畅而娴熟，创造了完全民族化的造型风格，不仅表现着唐帝国博大、雄强的时代精神，同时也显示出唐人丰富的想象力和高超的雕刻技艺。如果说佛教传入中国之初，在造像上还是模仿印度，那么到了唐代的龙门石窟奉先寺“卢舍那大佛像”，中国雕刻家的技巧已经圆熟，对佛像雕刻艺术的精髓有了深刻的理解，卢舍那佛像已经是中国化的佛像了。“昭陵六骏”是唐太宗陵墓前的浮雕，体现中国古代雕塑的现实手法，没有失实的夸张，没有虚化诡异的造型，这些雕塑同样显示出对自然和人的力量的肯定。此外，最能代表唐代雕塑艺术水平的还有那些真实生动的三彩俑和四川大足石窟（今属重庆）。大足石窟各种经变故事中的普通人物更为生活化、现实化，不少作品也完全可以被视为普通人的肖像。世俗题材的增多和写实风格的发展是宋、辽、金时期雕塑艺术的主要特点，山西晋祠、山东长清灵岩寺等地的彩塑，都生动传神地表现了世人情态，有很强的写实性。继中晚唐之后的宋代雕塑进一步生活化、世俗化，创作手法上趋于写实风格，材料使用上则更加广泛。宋代的彩雕较为发达，在佛雕造像上较唐代有了较大变化，此时的佛雕造像以观音菩萨居多。宋代皇帝陵的表面装饰仿效唐代，但其表现手法以写实为主，石雕作品更具端庄温顺之态。宋代雕塑过分世俗化，严重削弱了雕塑艺术应有的纪念性、恒久性，其作品在空间布局、形体数量上的追求也不及前代。辽代大同下华严寺的菩萨造像形态优美，神情含蓄，衣饰华美，大有唐塑遗风。此外，小型泥塑在写实方面达到了相当高的水平。

元代雕塑继承了中原的传统，又吸收了外来的技巧，体现了中外艺术融合的特点。明清雕塑有明显追随唐宋风格的痕迹，在名目繁多的寺庙里，供奉着各式各样的神像，从题材到表现手法日趋世俗化、民间化，形成了工巧繁缛、色彩亮丽的艺术风格。明清石雕佛像几乎绝迹，寺庙造像逐渐发达，且趋于程序化。明清帝陵的陵墓表饰较前代规模更大，布置讲究、技术娴熟，但既缺乏唐代的超然，也缺乏汉代的雄浑，此时的作品更能满足人们的赏心悦目之功能，失去了前代的创造活力。

古代雕塑题材主要是陵墓雕塑、宗教雕塑、建筑雕塑和民俗雕塑。艺术门类有圆雕、浮雕、纪念性雕塑、案头雕塑、装饰雕塑等。雕刻材料也丰富多彩，除了青铜、石、砖、泥、陶等材料外，还有玉雕、牙雕、木雕、竹雕等。

五、建筑艺术

建筑与衣食一样，是人类生存和发展的必要条件。建筑的发展和文化有密切关系，不同的文化体系所产生的建筑风格不同。中国古代建筑艺术具有极丰富的文化意蕴，在世界上独树一帜。仰韶及龙山文化的木骨涂泥建筑，是中国古建筑的开端，确立了木结构建筑体系的基础。当时的村落，包括居民区、制陶作坊和基地，多为方形和圆形两种，采用框架的土木结构，成为独一无二的“木头的文化”。

古代建筑具有朴素清雅的风格，主要以茅草、木材为建筑材料，以木架构为结构方式，按照结构需要的实际大小、形状和间距组合在一起。这种建筑结构方式反映了古代宗法社会结构的清晰、有序和稳定。由于木质材料制作的梁柱不易形成巨大的内部空间，古代建筑便巧妙地利用外部自然空间，组成庭院。庭院是建筑的基本单位，它既是封闭的，又是开放的；既是人工的，又是自然的，可以俯视花草树木，仰观风云日月，成为古人“天人合一”观念的又一表现，也体现了中国人既含蓄内向、又开拓进取的民族性格。古代稍大些的建筑都是由若干个庭院组成的建筑群，单个建筑物和庭院沿一定走向布置，有主有次，有高潮有过渡，成为有层次、有深度的空间，呈现出一种中国人所追求的整体美和深邃美。其中宫殿、寺庙一类比较庄严的建筑，往往沿着中轴线一个接一个地纵向布置主要建筑物，两侧对称地布置次要的建筑物，布局平衡舒展，引人入胜。

古人很早就能运用平衡、和谐、对称、明暗、轴线等设计手法，达到美观的效果。古代建筑重视艺术装饰，但不复杂，只在重要部位作重点装饰，如窗檐、门楣、屋脊等，布局多为横平方向发展，不重高层建筑，至佛教传入后，出现了楼阁佛塔，高层建筑才得以盛行。建筑的一切艺术加工也就是对结构体系和构件的加工，如色彩、装饰与构件结合，构成了丰富绚丽的建筑立面和造型。古人还运用了绘画、雕塑、工艺、书法、文学等多方面的艺术成就，雕梁画栋，形体优美而色彩斑斓；楹联匾额，激发意趣而令人遐想无穷。

中国古代建筑品种类繁多，这里主要介绍宫廷建筑、宗教建筑和园林建筑。

（一）宫廷建筑

我国宫殿建筑起始很早，以高大威严为特征。商、周时期，木结构技术已有很大发展，王宫中的“六宫六寝”秩序严整，等级分明，建筑艺术首次被注入了绝对君权的思想。春秋战国时期，各诸侯国的君主都修建了“美轮美奂”的建筑，以夸饰自己的权力和强盛。这些建筑都建在高高的夯土台上，被称为高台建筑。秦汉建筑以宫殿为代表，气势磅礴，雄伟壮观，达到了前所未有的高峰。据《史记·秦始皇本纪》记载，秦始皇统一六国后修建的阿房宫，东西五百步，南北五十丈，“上可以坐万人，下可以建五丈旗；周驰为阁道，自殿下直抵南山；表南山之巅以为阙”，十分壮观。但“楚人一炬，可怜焦土”，没有留下一点遗迹。后来历代宫殿都富丽堂皇，但大多和阿房宫一样，在战火中化为了灰烬。从汉末出土的画像砖、壁画等遗物中，我们可以看到，汉代不但是宫廷建筑，就连富豪住宅都已经有完整的廊院和多层楼阁，并出现了坞堡式的庄园。北京故宫是宫廷建筑的杰作，也是世界上现存最大的、最完整的木结构建筑群。木结构技术至此，经千年时间已渐趋完善，结构方法有梁柱式、穿斗式和井干式三种。故宫是明清两代的皇宫，布局严谨规则，主次有序，空间丰富多变。封建宗法的等级制度，帝王权威至高无上的观念，都在这里得到了充分的渲染和体现。

（二）宗教建筑

古代的宗教建筑，主要是佛教寺庙和道教宫观。“天下名山僧占多”，宗教建筑大都建在风景名胜地区，保存得比较好。魏晋南北朝，佛塔建筑风行一时，著名的有嵩岳寺的砖砌佛塔等。隋代建筑，现存的只有山东历程的神通寺四门塔和河北赵州城南河上的安济桥。到唐代，建筑艺术更为兴盛，宫殿、寺庙、塔楼等大量兴起，琉璃材料和石材雕饰较多使用，木结构走向定型，大建筑采用砖砌墙。山西五台山的佛光寺大雄宝殿是唐代作品，面开七间，进深四间，内柱采用偷心斗拱，上承小方格式天花，屋顶陡坡平缓，外檐出檐深远，衬以宏大的横拱，为唐代殿阁式木结构建筑的代表作。唐代鉴真和尚在日本奈良创建的唐招提寺金堂，与之相似。苏州玄妙观三清殿，建于西晋，后毁于兵火，南宋绍兴十六年至淳熙六年（1146—1179）陆续修复，是江南一带现存最大的宋代木结构。宋代建筑多以造型秀丽，装饰精美取胜，开始打破对称的单调格局，出现多样性平面和立面，纯以砖石构造的楼阁殿堂即“无梁殿”也出现了。元代建筑，出于使用和经济上的考虑，对木建筑进行大胆简化，较之宋代建筑，风格由华丽走向简洁，无梁殿已较多建造。明清时，我国木结构建筑出现新变化，如简化梁架、运用斜梁等。木刻、石刻、砖刻、彩画、装修更是明清建筑的重大成就。古代的佛寺道观，今日随处可见，对研究古建筑和佛教文化、道教文化有重要意义。

（三）园林建筑

园林建筑是中国建筑艺术的瑰宝，为世界各国所赞赏。古代园林的绝妙之处，正如明代造园专家计成所说："虽由人作，宛自天开。"园林艺术出现于阶级社会，是适用于统治阶级游览居住的需要而产生的。我国最早兴建园林始于殷商，到汉代，关中地区开辟的上林苑成为历史记载中规模最大的专为皇帝游乐服务的自然保护区。上林苑中有巧妙修建的人工湖，还有穿插其间的宫台楼榭，栽植了大量奇花异果，聚纳了无数珍禽异兽。上林苑也因此成为后世帝王园林的典范。除上林苑之外，历史上著名的皇家园林，还有曹魏的芳林苑、隋唐的西苑和芙蓉苑等。从中也看出，这是重视利用纤巧清雅的风格创造秀美的意境，与秦汉时期对宏大规模的追求已经不同了。

魏晋南北朝时期形成了中国园林建筑的基本风格，一直延续到明清。清代以前的园林现在大都已经不复存在，现存的古代园林多为清代所建或在清代改建。大致可以分为两大类，一类是皇家园林，规模宏大，典雅端庄。有"万园之园"之称的圆明园，实际上是一座聚集封建帝国文化与艺术精粹的宝库，园中景区或以开阔取胜，或以幽静见长，各景点、建筑群，风格绝不雷同，又相互陪衬，是世界最壮观的皇家园林。河北承德的避暑山庄则是现存的规模最大的帝王宫苑，山庄的营建布局，光水景工程就有泉、瀑、河、池、湖，动静交呈，又因山构势，顺势辟路，山水建筑浑然一体。还有风景秀美的颐和园，其间的昆明湖、万寿山等山石花木与地形配合，形成一种富丽堂皇的艺术美。此外，还有北京的北海、陕西临潼的华清池等。除了皇家园林，另一类是私家园林。从汉代起，贵族、富商纷纷营建私家园林。仅苏州一带，就有古典园林近 200 处。其中，以拙政园、网师园、留园、沧浪亭、狮子林为代表的苏州园林，被公认为我国江南古典园林的代表。此外，著名的还有扬州的个园、无锡的寄畅园、上海的豫园、顺德的清辉园等。古典园林中的建筑，如殿、阁、楼、厅、堂、馆、轩、斋、亭、廊、榭、桥等和山水异石、花卉树木、书画墨迹，相映生辉，融为一体。这些园林多以风景为骨干，格局较小，精巧素雅，畅人心曲，妙不胜收。

六、戏曲

戏曲的起源，历来有不同的说法：宋人洪迈、明人胡应麟认为源于俳优，自春秋时代楚国的优孟"为孙叔敖衣冠"始；近人王国维在《宋元戏曲考》中认为萌芽于祭祀神鬼时，由装扮神鬼的形貌动作而歌舞。其实，戏曲作为一门综合性艺术，源头显然不止一个，它综合了歌舞、说唱、表演艺术才逐渐形成，塑造了丰富的舞台戏曲形象。"曲"者，乐曲之谓，强调的是音乐因素。戏与曲的结合，说明戏剧遵从音乐的节奏，伴随一定的旋律，讲究念唱做打（所谓唱，即唱词和音乐；念，指人物的道白；做，指身段动作；打，就是武打)，其中唱是第一位，是戏曲表演的主要形式，说明无论演员的唱还是剧作家笔下的词，都以“曲子”为依据。

中国戏曲虽然可以上溯到原始歌舞，但成熟的戏曲却形成于宋以后，以温州杂剧和北杂剧为代表。温州杂剧是在宋杂剧和村坊小曲的基础上发展起来的，因流行于温州一带而得名，又称“南戏”。南戏最早的剧目有《张协状元》《赵贞女蔡二郎》《王魁》等。

北杂剧又叫元杂剧，是在宋金杂剧，特别是金院本的基础上形成的新剧种。元杂剧虽然晚于南戏，但成就比南戏高，其间名家辈出，佳作如云，不但成就了中国戏曲史上的第一个高峰，在世界戏曲史上也占据着辉煌的一页。

元杂剧的发展历程，大致可以分为两个阶段：从金末到元大德末年的70余年为前期，其间以北方作家为主，活动中心在大都，亦称大都时期；此后60余年为后期，这时的活动中心已南移到杭州，故称杭州时期。前期是元杂剧发展的最盛时期，关汉卿、王实甫、马致远、康进之、白朴、纪君祥等著名作家，以质朴刚健的语言塑造了许多个性鲜明的人物。他们的作品不但具有深刻的思想内容和浓郁的生活气息，在艺术上同样具有极高的造诣。后期，由于科举的恢复，文人地位开始改善，致力于创作的作家大为减少，主要有郑光祖、宫天挺、沈和甫等人。此后，元杂剧逐渐被南戏所压倒，到明代，南戏传奇已风靡全国了。

戏曲发展到明代，在体制、风格上更加完备，作家和作品的数量大增。传奇成为戏曲的通称，演出传奇的声腔剧种非常繁荣。明传奇区别于元杂剧的地方有：杂剧一本四折，传奇多少不论；杂剧多用北曲，传奇主要用南曲；杂剧一人主唱，传奇中每个角色都可以唱；杂剧角色主要分旦、末、净、杂四大行，传奇有生、旦、外、贴、丑、净、末七大行。传奇题材更广阔，情节更曲折，篇幅更宏大。南曲流传至各地后，与各地的语言和民间曲调结合，形成了不同的地方声调，其中主要是昆山腔、余姚腔、海盐腔、弋阳腔，并逐渐取代杂剧，成为明代剧坛的主流。但明传奇逐渐脱离现实，有贵族化、案头化的倾向，在内容上赶不上元杂剧的强烈斗争性和深刻社会意义，艺术成就也逊于元杂剧。

明嘉靖年间，魏良辅改进昆腔，使之成为古代戏曲史上最完整的一种舞台艺术体系。此后，昆腔压倒了余姚、海盐两腔，取代北曲，又将弋阳腔排挤出城市。从明末到清初，昆腔占领城市，弋阳腔占领农村的局面，一直维持不变。明代后期是传奇创作的繁荣时期，形成了强调格律的吴江派、重视内容辞采的临川派。吴江派以沈璟为代表，主张“合律依腔”“僻好本色”，强调场上之曲，反对案头之曲。临川派以汤显祖为代表，偏重于文学性，要求格律服从文辞和内容。他的“临川四梦”：《牡丹亭》《紫钗记》《南柯记》《邯郸记》，每部作品都有一个梦做剧中关键情节。

在清初，剧种已异彩纷呈。但在士大夫们的眼中，仍以昆腔为雅音，视昆曲为正统，根据昆腔编写新戏、翻改旧戏成为一种风气。康熙年间，剧坛上先后出现了洪升和孔尚任两位杰出的戏剧家，他们创作的《长生殿》与《桃花扇》轰动了剧坛，时有“南洪北孔”之称。其中，《长生殿》是将白居易的《长恨歌》中所表达的安禄山之乱及唐玄宗与杨贵妃的爱情故事写入剧本。《桃花扇》则以明亡混乱之际的南京作为主要舞台，描写文人侯方域与名妓李香君的爱情故事。两部作品规模都很宏大，剧情分两条线索发展，抒情沁人心脾，写景历历在目，表现了作者杰出的戏曲艺术才能。

乾隆年间，昆曲进入宫廷，形式日益僵化。流行于民间的弋阳腔在流传的过程中，结合各地的语言和民间曲调，形成了各种地方剧种，并表现了强大的生命力。秦腔、襄阳调、二簧调、弦索调、罗罗腔等如雨后春笋般兴起，逐渐进入城市，形成所谓“雅部”（昆曲）和“花部”（地方剧）对立的局面。戏曲地方化使各种花部声腔技艺相互交融，剧种更加丰富和成熟，并逐渐打破了雅部昆曲的正统地位。尤其是在嘉庆年间，徽班进京，吸收了京腔、昆曲、秦腔等剧种的营养，逐渐形成了与北京地方语言和风俗习惯相结合的皮簧戏，又称京剧。京剧是一种具有高度艺术水平的新型剧种，它的出现，成为中国戏剧发展史上一个重要里程碑，标志着中国民族戏曲日益完美，并带动了各种地方戏的普遍繁荣。又因为京剧实际上是地方戏的大融会，在某种程度上又成为近代中国民族戏曲的象征。在当时各地的剧种中，还广泛流传着以“南昆、北弋、东柳、西梆”为代表的四大声腔，雅俗共赏，广受欢迎。

第九章　中国传统医学

第一节　中医药的文化内涵

中医药文化有广义和狭义之分，广义中医药文化是中医药物质文明和精神文明的总和，包括中医学的物质文化、精神文化、行为文化三个层面；狭义中医药文化特指中医药学的精神心理文化，它是中医学文化的核心。

一、物质文化

浩如烟海的中医文献古籍，以及在治疗疾病时所使用的药物及工具、场所，构筑了中医学绚丽多彩的物质文化。

（一）古籍文献

在中医学发展的历史长河中，见证中医发展历史、凝聚历代名医名家智慧、记录中医学知识和临证经验的数量众多的中医古籍文献，成为留给人类的知识宝库和物质资源。1991年编辑出版的《全国中医图书联合目录》所收录的中医古籍有12124种。众多的古籍记录下数千年积累起来的中医学术理论和临床经验，成为中医学得以保存并发扬光大的主要载体。内容丰富、种类繁多、形式体裁多样是中医古籍文献的特色。有医经类，如中医学奠基之作《黄帝内经》《难经》等；医案类，如《名医类案》和《续名医类案》；医话类，如《医说》《续医说》《冷庐医话》等；医论类，如《韩氏医通》《医学读书记》《医学源流论》等；本草类，如《神农本草经》、唐代《新修本草》、李时珍《本草纲目》等；方书类，如"方书之祖"东汉张仲景的《伤寒杂病论》、唐代孙思邈的《备急千金要方》和《千金翼方》、宋代由政府组织编写的《太平圣惠方》《圣济总录》等。这些古籍不仅记录了中医数千年来传承发展的智慧，也承载着中华民族的发展历史。

（二）药物

中医治病主要运用中药，一味中药从采收、加工、炮制、储存，到将之跟其他药物组成方剂来治疗疾病，无不蕴含着中华民族的智慧，印刻着我们民族所特有的文化符号和基因形式。在古代，中药与文学就结下了不解之缘，文人墨客充分发挥其丰富的想象力和艺术才华，或撰书对联，或吟诵诗词，可谓百花齐放，大放异彩。

中药多取自天然，有植物药、动物药、矿物药等。《神农本草经》记载药物达365种，详细说明这些药物的产地、功效、主治等，并将其分为"上、中、下"三品。其中上品

“主养命，以应天”，中品“主养性，以应人”，下品“主治病，以应地”。所谓养命、养性都是为了突出中药调养人体的功效，从而保证机体、各个器官组织的功能正常，体现中药治本为主的特点。药以四气五味说明功效，治疗疾病。还有君臣佐使配伍法度，使药物组成方剂并配制成各种不同制剂，如汤、丸、丹、膏、散、酒、露、栓、熨等，“汤者荡也”，“丸者缓也”，体现了不同的剂型有着不同的用途，适用于不同疾病。如麻沸散、六味地黄丸、六神丸、牛黄安宫丸等，因配方独特，选料上乘，工艺精湛，疗效显著而成为经典名药。

中药要进行加工炮制，为加工药物而制作的药碾、药杵、刀、秤等，贮藏药物的药罐、药盒，与数量、种类众多的中药一起构成了中医物态文化。

（三）针具

针刺疗法是中医学中的一朵奇葩，它的临床应用已有漫长的历史、独特的疗效，从而形成经络、腧穴、刺法等系统理论体系。针刺所用的针具在中国有数千年的历史，相传伏羲制九针。最早的针具是砭石，为一种刺痈排脓、出血治疗疾病的尖锐石器。而后为骨针、竹针，至青铜器时代有了金属针具，汉代刘胜墓出土的文物中还有金针和银针。《黄帝内经》中记载的针有九种，有些至今仍在使用。

（四）针灸铜人

铜人又称“铜神”，是我国医学史上最珍贵的遗产之一，由宋代天圣年间的王惟一设计并主持制作。此铜人开中国医学以实体模型为教具的先河，它的巧妙设计和铸造工艺充分展示了宋代的科技水平和宋代人的超凡智慧。铜人身高等同真人，体内设置脏腑模型，为了便于教学和考试，用水银灌注于铜人穴位之中，外表涂以黄蜡，应试者可按穴试针，当刺中穴位时水银当即流出，如有偏误则无见水银。这对医生提高针刺技艺，对学生提高针灸专业水平大有裨益。明代仿天圣铜人又铸一新铜人，史称“正统铜人”。之后，明清两代还曾仿造过针灸铜人多尊。

（五）药店

中医史上第一家官办的药店诞生于宋神宗熙宁九年（1076 年）的开封，称为“太医局熟药所”，也叫“买药所”。熟药所是政府开办的售药机构，实际上是一个官药局。它从药材的收购、检验、管理到监督过程中成药的制作，都有专人负责。明代以后，随着商品经济的发展，中药商品生产随之兴起。民间商人开设药铺制售“熟药”，山西广盛号药店是最早的一家民间药店，创建于明嘉靖二十年（1541 年），其名牌产品之一为龟龄集。“北有同仁堂，南有庆余堂”，说的是清代两个久负盛名的老字号中药店。北京同仁堂，为清太医院吏目（高级医官）乐显扬于清康熙八年（1669 年）所建，在三百多年的历史长河中，历代同仁堂人恪守“炮制虽繁必不敢省人工，品味虽贵必不敢减物力”的传统古训，树立“修合无人见，存心有天知”的自律意识，确保了同仁堂金字招牌的长盛不衰。同仁堂将自身独特的制药工艺和清皇宫太医院、御药房的制药标准有机结合，形成了特点鲜明的同仁堂文化。胡庆余堂始创于清代同治年间，为“红顶商人”胡雪岩开设。胡庆余堂是国内保存最完好的国药字号，也是国内保存最完整的清代徽派商业古建筑群。当时作坊式的传统制药工场、生产工序以及炮制方法如漂、淘、洗、制、炼等都延续下来了，这些手艺、工具都是极好的遗产，药号里面的柜台、器物，如被称为“中药第一国宝”的金铲银锅、抽屉、匾额、康有为先生的对联、胡雪岩的“戒欺”等等都保留完好，体现了全世界独一无二的中国中药文化。

（六）招幌

古代行医或药店都有代表自己身份行业的标识，即“招牌”与“幌子”，合称“招幌”。历代店堂、药铺以及走方医招幌各异。如“悬壶”是行医的招幌标志，《后汉书·费长房传》曾记载悬壶为招幌的事：“市中有老翁卖药，悬一壶于肆头。”葫芦一般作为行医的招牌，但也有药铺悬挂药葫芦以示卖药，还有以悬挂名贵药材为模型招幌的。宋代以后开始有字牌幌和画牌幌，字牌幌悬于门首檐下，如写有“调元气”“养太和”“参茸饮片”“虎鹿药酒”等介绍名贵药材的招牌。在清代和民国年间，药店堂铺用得最多的还是膏药模型招幌和丸药模型招幌。这些招幌常蕴含着某个典故或寓意，成为医药行业的标识，起到了现代广告的作用。

二、精神文化

中医学的精神文化主要指中医学所蕴含的思维方式、价值观念。中医植根于中国传统文化的土壤之中，承载着中华民族的思维模式、价值取向和审美情趣等，并将其运用发挥得淋漓尽致，如敬畏天地、顺应自然、强调整体、尊重生命、关注人情、主张和谐等理念，体现了中医学的价值取向。整体性是中医思维的最突出特征，是中国传统文化中整体和谐的系统自然观在中医学中的体现。强调人体与自然的联系、统一，把人体看作一个有机的整体，强调人各部分间的相互联系，是中医学对人的生命健康、疾病诊治的出发点。取象思维在中医理论中占有特殊的地位，中医通过对“象”的把握，来认识人体生理、病理变化，进而形成自身独具特色的理论体系。以与阴阳五行有应合关系的“象”为依据，理解人身构造和生命机理，把人身看作一个自然之象的流程。藏象经络学说的建立是以“取象思维”为关键，此外中医的病因病机学说、诊断学说、中药理论等均离不开“象”。“医者意也”是古代医家对医疗实践过程中直觉体悟思维的概括。古之医家在观天地而知人的过程中，以“日之寒温，月之虚盛，四时气之浮沉，参伍相合”“目明心开而志先，慧然独悟”，才能达到“俱视独见”的程度，进行深入理解与把握，这便是直觉体悟思维的运用。医学是一门深奥的学问，而尤以诊脉、用药为难，“医者意也”，体现了中医在临证时，运用直觉体悟来解决某些治疗的难题，发挥医生的悟性，突破思维定式，“由意达物”，以打破常规，获得疗效。

有关中医学的思维方法，张其成主编的《中医哲学基础》将其概括为八种：整体思维、意象思维、变易思维、中和思维、直觉思维、虚静思维、顺势思维、功用思维。中医学的整体思维既表现在将人体本身看成是一个有机联系的整体，也表现为从人与自然、社会环境的整体联系和相互统一中考察人体生理、病理的过程，并提出相应的治疗养生方法。中医学所要把握的不是机体的器官实体，而是人体作为活的、整体的功能结构关系。中医学的意象思维主要体现在取象比类的思维方法之中，运用取象比类，分析人的生理、病理功能结构，建立“藏象”学说；在对疾病的认识上，将各种病症表现归结为“证象”，建立“辨证论治”理论体系。所谓“藏象”“脉象”“证象”等，其本质就是“意象”。中医学的变易思维是将生命、健康和疾病看作是普遍联系和永恒运动变化着的过程，不仅重视疾病的传变转化，而且重视治疗的应变而动。中医学的中和思维强调在观察分析和研究处理生命问题时，要注重各种矛盾关系的和谐、协调或平衡。如在疾病的认识上，中医学侧重于“阴阳失调”的关系性因素，提出了以阴阳关系失调为核心的病因病机理论；在治疗上，中医学注重的是宏观地调和人的阴阳状态，而不是微观地消除病原体，提出了调和致中的治病、养生学说。中医学的直觉思维又称为“心悟”“心法”，在直觉思维过程中，人们的思维能动性被充分发挥，思维潜力得到充分发掘，从而具有逻辑思维无法代替的功能。中医学虚静思维的目的是通过“虚”心、“静”神的体证方法，达到生命的最佳状态，养生的“恬淡虚无”、情志的“清静安和”、诊脉的“虚静为保”、针刺的“无营众物”，都体现了这一思维特征。实践表明，这一方法不仅使人得以延年益寿，而且使人无欲无求、健康快乐。中医学顺势思维表现在顺应自然之趋势以及事物的时序变化。无论是治则治法，还是养生预防，中医学都强调顺应人体气机之势、顺应正气抗邪之势、顺应脏腑体质情欲之势、顺应天时日月盈昃之势、顺应地理差异之势。这种思维方法既考虑到了疾病过程中机体的各种反应性，又考虑到了各种内外因素对机体反应性的影响。中医功用思维注重从事物的功能、属性、效用出发考虑问题，从功用上把握人体藏象、认知病因病机、调节气血偏颇。这种从整体功能层面探讨生命现象、探讨疾病规律的思维方法，是有积极意义的。

上述八种思维方法，并不是孤立、割裂的，而是有密切关系的。如意象思维、功用思维等又具有整体思维的特征；意象思维和直觉思维、虚静思维也有很多相同之处；整体思维、变易思维、中和思维等思维方法体现了辩证思维的特征。可见以上思维方法的区分只是从不同角度、不同层面对中医思维所作的分类，虽各有侧重但彼此渗透融合，共同体现于中医学理论与临床体系之中。

三、行为文化

中医学的行为文化是指在临床诊治、医患关系、学术传承等活动中体现的行为规范、规章制度。它具有鲜明的传统文化特征和学科特色，也是医学人文精神和价值观念的折射。在中医学中，医生的道德受到格外的重视，甚至被列为行医的首要条件。清代医家吴鞠通说：“天下万事，莫不成于才，莫不统于德。无才固不足以成德，无德以统才，则才为跋扈之才，实足以败，断无可成。”历代诸多医家都在其著作中辟专篇对医德予以探讨。出于医生自身的职业特点，中医学有其特定的道德行为规范。

首先为医者要有仁爱之心。“夫医者，非仁爱之士不可托也”（晋·梁·阳泉《物理论·论医》）。而仁爱之心本就源于“恻隐之心”。医生的仁爱之心是指对病人的同情心，是看见别人受病痛之苦，竭尽全力去爱护、救治，使之免于困厄的深厚情感。医生有仁爱之心，才能博施济众，对所有患者都用心皆一，施药无二；医生有仁爱之心，才能不辞劳苦，救病人之急。史料记载元代名医朱丹溪："四方以疾迎候者无虚日，先生无不即往，虽雨雪载途，亦不为止……虽百里之远弗惮也。"

清正廉洁，不图酬报，是医生仁心的一个重要标志。在古代医家看来，"欲救人而学医则可，欲谋利而学医则不可"，强调医生不可把行医当作逐利的手段。古代很多医家都有施医舍药、济世活人的优良传统。

其次，精通医理是医生的一个基本条件。治病救人靠的是医生掌握的坚实的医学理论、精湛的医疗技术。因"医为人之司命，不精则杀人"（喻昌《医门法律·卷一》），如学不精通，反而害人。孙思邈在"大医习业"和"大医精诚"两文中论述了一个医生所应具备的知识素养。《内经》反复告诫，学医者应"上知天文，下知地理，中知人事"。古今中外有所造诣的医学家多为渊博通达之士，所谓"非精不能明其理，非博不能至其约"也。

医家把"诚"运用到医学伦理中来，以此作为衡量医生道德水准的重要标尺。诚，指真实可信，不虚伪，原是儒家的道德修养方法和通过修养所达到的道德境界。医生之诚，一是表现在做学问上要"知之为知之，不知为不知，是知也"，有自知之明，承认自己的学识有限，不可能包治百病。这不仅是医生个人声誉问题，而且是衡量他是否能对患者负责，对同道尊重的根本道德问题，这对于今天净化学术空气具有重要意义。二是对患者要坦诚，诊治疾病要严肃认真，一丝不苟，对病情要据实以告，不能大病化小，也不能小病言大。三是同道之间要互相尊重和信任，应"戒毁同道"。见贤思齐，虚心求教，是医家必备的品格。

中医强调"内省"的修养方法。医家须"省察克制"，方能达到较高的思想境界。医家的内省，带有其职业色彩。如对行医过程反省，是否有仁爱之心，诊病是否准确，治疗是否恰当等等。通过反省，找出问题，带着问题行医，是每天必做的功课。

古代对医生的自律要求是很高的，其原因有二：一是古代以个体行医为主，且医疗、配药、护理集于一身，这种职业活动基本是在无人监督的情况下完成整个诊疗过程；其次，医生职业的技术性较强，一般人缺乏有关专业知识，对医生的行为是否得当、医术高低、诊治正确与否难以判断，就要靠医生强烈的责任感和高度的自觉性，医生本人自尊、自重，才能不管客观境遇如何，都恪守其应尽的职责。

第二节　中医药的文化源流

一、原始文化与中医药的发生

中国是人类发源地之一，在漫长而曲折的历史进程中，产生了悠远浩博的中华文化，中华文化孕育了原始中医药文化。

（一）原始物质文化与中医药

原始物质文明开始于早期人类使用的工具——石器。在云南省元谋地区“元谋人”生活遗迹里，人们发现了石制的工具。火的使用，使人类历史向文明迈出了一大步，它使人类告别了茹毛饮血的岁月，吃到了熟食，促进了人类体质的发展，增强了人类征服自然的能力。进入新石器时代，制作比较精致的石器代替了天然、简单粗糙的石器，人们开始了人工取火，发明了弓箭，磨制了骨针，陶器制作则是当时最发达的手工业。迄今为止发现的新石器文化遗址达七八千处，不同时期遗存的石器、骨针、陶器、火燃烧后的灰烬以及各式各样的生产工具、生活用具等，展现了古代绚丽多彩的物质文化，原始医药文化即孕育其中。

古代文献中有不少描写原始医药的神话和传说。如《礼纬·含文嘉》记载：“燧人氏始钻木取火，炮生为熟，令人无腹疾。”原始人在火的运用实践中不断积累经验，发现火可以祛除病痛。1973 年长沙马王堆出土的《五十二病方》第十七治方有“令病者背火炙之”的记载，结合《素问·异法方宜论》中“灸焫者，亦从北方来”的论述，应当是描写远古火灸疗法。《帝王世纪》记有“伏羲氏……画八卦……乃尝味百药而制九针”治病的传说。《山海经·东山经》郭璞注云：“砭针，治痈肿者。”砭，即砭石，是一种比较锐利的石头。《说文解字》：“砭，以石刺病也。”说明针刺疗法起源很早。有学者指出：“针灸起源于我国的原始社会，相当于考古学上的石器时代，针法的原始工具砭石就是石器。”所以，砭石、骨针、火的使用就成为原始医药文化的源头。

（二）原始形态文化与医学

随着物质文化的发展，文化形态日趋丰富。原始人类依赖于自然而生存，但对于一些自然现象如电闪雷鸣、狂风骤雨、山崩海啸等却无从了解，对于生命现象更难以认知，他们认为有一种超自然的神灵主宰这一切，由此产生畏惧和神秘的感觉，有了种种迷茫和崇拜，巫术与生产生活的仪式应运而生，人类逐步拥有了自我意识。

远古时期人们由于不了解自己的身体构造及各器官的功能，以为思维和感觉不是人自身的活动，而是一种独特的寓于身体之中而又可以离开身体的精神体在活动。人死之后，生命仍以另外一种方式或比照人间的方式存续下去，肉体虽然死亡但灵魂可以重生。人们开始感知自身的精神世界，思考生与死，关心死后的灵魂去向，于是便产生了灵魂不死观念和形神观念。因此，这一时期的墓葬品中常有红色的遗痕，红色象征着血液和生命，表达生者希望死者再生或保护其免遭侵害；同时也希望自己能避灾祛病，永不死亡。这可以说是中国最早对人类生命现象中肉体与精神关系的思考。

随着灵魂观念的形成，农业文明的扩展，人们生活的定居以及生活水平的提高，特别是随着早期家庭的萌生以及血缘关系的明晰，人们对自身的繁衍非常关注，并因此引发了生殖崇拜。而原始人类的生产力水平极其低下，生存环境十分恶劣，无法应对各种自然灾害对生命的威胁，人口高出生率、高死亡率导致极低的增长率，因此，祈祷种族子孙的繁荣成为迫切需求，人们对孕育生命的器官和生育能力产生崇拜。如许多地方新石器文化遗址发现象征的男性生殖器崇拜的石祖、陶祖，青海柳湾新石器时代遗址中出土的人像彩陶壶绘有腹部隆起、乳房丰满的女像，以及在新疆呼图壁县境内的大型生殖崇拜岩画，展示了人们对生命由来及诞生方式的崇拜及敬畏生命的庄严情感。原始人类生殖崇拜的直接目的是养育后代，祈求生育以确保氏族人丁兴旺。

由生殖崇拜所形成的生殖文化，是古人对生命现象探索的产物。中医学是研究生命的科学体系，从这个角度上来说，生殖文化也是医学探索的产物，而医学理论产生又以生殖文化为主要土壤。作为中医学文化源头之一的《易经》深受生殖崇拜的影响，郭沫若的《中国古代社会研究》认为："八卦的根底，我们很鲜明地可以看出是古代生殖器崇拜的孑遗。画一以像男根，分而为二以像女阴，所以由此演化出男女、父母、阴阳、刚柔、天地的观念。"《周易·系辞传》说："天地氤氲，万物化醇；男女构精，万物化生。"即用男女交合来比拟天地和合、化生万物的情景。由原始生殖崇拜升华到天地交泰、阴阳和合高度的哲学思想对中医学理论体系的确立产生了重要影响。中国古代思想家们关于宇宙万物的"太极交感""阴阳和合"的思维方式，正是源于远古生殖崇拜的信仰。

当人们认识能力极为低下，对大自然中的万千气象无不感到神奇莫测，尤其是对于某些非人力所能及的现象，如疾病、死亡之类怀着莫大恐惧的同时，又试图对这些现象加以解释，但在当时又无法作出科学的解释，于是就认为是由某些超自然的力量在左右世界的运动。这些超自然的力量，经过极为漫长、极为复杂的人格化，形成了"鬼神"的形态和概念，巫的形象逐渐产生与发展起来。人类历史上最早的文化形态之一——巫史文化也就产生了。《说文解字》释："巫，祝也。女能事无形以舞降神者也。"巫术属于原始宗教的范围，其目的是想利用某种超自然力来满足某种需要。原始宗教中的"巫术"，主要有模拟巫术、接触巫术、咒语灵符巫术、占卜巫术等。专门从事巫术活动的人在新石器时代晚期已经产生，是人与神赖以交流的媒介，因而在氏族中拥有较高社会地位。

医学的形成与巫术有密切关系。《春秋公羊传·隐公四年》对"巫"作了如下解释："巫者，事鬼神祷解，以治病、请福者也。"可见"巫"的职业有二，一是治病，二是请福。有观点认为医学发展史上最早的医术是巫术，因此医源于巫。此说基于两个原因：一是人们认为疾病产生是因鬼神作祟，而驱鬼又是巫的职能之一；二是巫在当时既是巫术的施行者，又是远古文化的继承者，通过实践巫术掌握了一些原始的医药知识。《山海经》上的诸巫或"操不死之药"，或"百药爰在"，《周礼》把"掌养疾马而乘治之，相医而药攻马疾"的马医叫"巫马"。疾病是早期人类最为忌讳的现象之一，其发生原因因为当时的认识水平而无法解释，故认为是由鬼神所致。当一次偶尔的行为与疾病相连续，或同时发生的时候，这种偶尔的因素便会被认为是致病之因，于是鬼神、日月星辰、风雨雷电、鸡犬鸟蛇等等都因可能致病而成为禁忌的对象。我国历代的禁忌颇多，在早期的医书中，如《内经》《针灸甲乙经》《刘涓子鬼遗方》等等，都有这些禁忌导致疾病的记载。因对这些禁忌具有畏惧心理，人们选择"远而避之"的方法来避免疾病的发生。一旦发生疾病之后，通过各种祭祀活动驱逐鬼神，祈求消灾除病，巫术治病随之产生了。在中医千余年的发展历史中，巫术治病一直是存在的，其中最典型的例子是"祝由术"的运用。如《素问

·移精变气论》有“古之治病，惟其移精变气，可祝由而已”的记载，《灵枢·贼风》列举了“邪留而未发，因而志有所恶，及有所慕，血气内乱，两气相搏，其所从来者微，视之不见，听而不闻，故似鬼神”的病症，以及“其祝而已”的治疗方法。

巫术尽管在现代来看是迷信的产物，但它却与当时的生产力、科学技术水平是互相适应的，这是符合人类早期的认识规律的。巫医在医学发展过程中也起到过一定的积极作用，巫术在疾病治疗中曾占据着重要地位。随着生产力和人类认识水平的提高，它在病因解释方面的迷信成分逐渐被排除，《素问·五脏别论》明确提出：“拘于鬼神者，不可与言至德。”而在治疗方面保留了祝由术的治疗方法，成为中医心理治疗的手段之一。

二、诸子文化与中医学的融合

在中医学术体系形成过程中，先秦诸子对中医学思维方式、理论构建等诸多方面产生了深远的影响。

（一）“道法自然”与中医学养生理论

1.“道法自然”

“道法自然”是道家思想的一个重要命题。《老子·二十五章》说：“人法地，地法天，天法道，道法自然。”其意为人以地为法，地以天为法，天以道为法，道则唯以自己本然为法。“自然”，就是自然而然，是说宇宙万物的发生、发展、消亡，皆遵循固有的法则。所谓“道法自然”即说道的本质是自然而然的。老子认为人、地、天、道是宇宙间最伟大的东西，“道”的运动方式是自然而然，有其固有的规律，人、地、天要顺应自然的法则，符合“道”的规律。“飘风不终朝，骤雨不终日，孰为此者？天地”（《老子·二十三章》），是说狂风骤雨的来去匆匆是天地自然的表现。“天之道，利而不害”（《老子·八十一章》），“天之道，不争而善胜”（《老子·七十三章》）；“天之道，损有余而补不足”（《老子·七十七章》），表述天道具有自然无为的特质，排除上帝鬼神作用，代表了老子宇宙本体论的思想。

人是自然造化的万物之一，故人的行为规范应顺乎自然，人道应符合天道自然的规律。因此，在对待人的生命产生和消亡的态度上，老子反对自益其生，提倡“抱一勿失”顺其自然。《老子·七章》：“天长地久。天地所以能长且久者，以其不能自生，故能长生。”“不自生”是指不要人为地用过度的方法促进自己生长。若自益其生，便是一种灾祸。因物过早过快地壮大了就会提前衰败，人为地促进生长发育就会早衰，早衰必会导致生命提前结束，这是不符合天道自然发展原则的。基于此，老子反对“生生之厚”，从顺其自然的养生原则出发，提出：“出生入死。生之徒十有三；死之徒，十有三；人之生，动之于死地，亦十有三。夫何故，以其生生之厚”（《老子·五十章》）“生生之厚”，在今天来看可以认为是过于追求物质享受而违背自然规律的表现。

老子还认为，养生的关键是“抱一勿失”。《老子·十章》记载：“载营魄抱一，能无离乎？专气致柔，能如婴儿乎？”这段话强调保守精气的重要性。庄子亦有同样论述，认为人应与天同乐，一切起居行为要随顺，不要让得失祸福扰乱自心，保持人性质朴自然，才有利于身心健康。所以虚心顺世，以守住自己的精气和自然本性为养生的基本原则。

2. **中医学养生观**

“法于阴阳”是中医学养生的指导思想。《内经》受老子思想的影响，认为养生之道在于顺乎自然。

顺应天地之道。《内经》提出“春夏养阳，秋冬养阴”的养生原则。在《素问·四气调神大论》中详细介绍了春季养生、夏季养长、秋季养收、冬季养藏的四时摄生修养的具体方法，以顺应自然变化节律，调节人的精神、起居、饮食、运动等，达到人与自然的和谐统一这一生命的最佳本然状态。

保持人性本然。“见素抱朴，少私寡欲”恢复人之本性自然的思想被引入中医养生理论中。《素问·阴阳应象大论》：“圣人为无为之事，乐恬儋之能，从欲快志于虚无之守，故寿命无穷与天地终，此圣人之治身也。”要求人们在精神上“清心寡欲”，以心情恬静为快乐，追求无欲无求的精神境界，才能健康长寿，与天地同存。受老子思想影响，《内经》倡导人的一切行为当顺乎自然，饮食起居劳作要有规律，保持乐观向上、知足常乐的心态，以达到形神兼养的养生方法。“道法自然”包含了老子对社会、生活、生命的体认。中医学养生理论中，无论是顺应四时寒暑的“早卧晚起，必待日光”或“夜卧早起，广步于庭”，还是精神上“恬淡虚无”怡情养性，情志上“莫忧思，莫大怒，莫悲愁，莫大惧”（《备急千金要方·养性》），饮食的“莫强食，莫强酒”“谨和五味”，避免“以欲竭其精”等等，从根本上讲都是“道法自然”，是吸收老子哲学对社会、生活、生命的体认而形成的。

（二）中庸之道与中医学平衡思想

中庸之道是儒家思想的核心。“中庸之道”追求的是一种内在的、实质性的平衡，是一种真正的无太过无不及的状态。“中”又与“和”有密切关系，东汉大儒郑玄对“中庸”解释为：“名曰中庸者，以其记中和之为用也。”“中和”一词的含义是指按“中”的标准去做就会达到“和谐”，“和谐”是一种完美的状态。因此也可以说，“中和”是一种至善至美的理想化状态。中庸思想为孔子建立以“仁”为核心的思想体系提供了方法论，其自身所体现的又是一种清醒的、现实的理性精神或态度。中庸之道对《内经》理论的构建产生了重要的影响，所以《内经》理论体系的阴阳学说便充满了“中庸”“中和”思想。

1. **“执两用中”的矛盾和谐观与中医学“阴平阳秘”**

中庸之道有着极其丰富的内涵。《礼记·中庸》说：“执其两端，用其中于民。”执两用中以致“中和”，强调客观自然中充满差异和矛盾，一旦双方变化超过一定限度，就会破坏统一体的相对平衡，或失去相互依存的关系，从而出现异常。采取“和”的方法，可防止斗争激化和矛盾转化，使对立双方达到一种动态平衡。《论语·学而》：“礼之用，和为贵。”儒家以“和”为处理社会矛盾的最高政治伦理准则，这一观点，对中医学有着深远的影响。

和则为平。中医学以“阴平阳秘”为人体生命活动的理想状态，它标志着人体健康。《内经》说：“阴阳匀平……命曰平人。”“平人者不病。”（《素问·调经论》）“平人”就是健康人。所谓“匀平”中的“平”，相当于儒学“中和”的“和”。金元医家刘完素说：“阴阳以平为和。”阴阳的均平或调和，是以阴阳双方各自的恪守职责即得其中或中节（正常）为前提的，如阴主藏精、阳主卫外，彼此相互依存，相互为用。从人体的生理过程看，“阴在内，阳之守也；阳在外，阴之使也”。物质居于体内，功能表现于外，在内的阴是产生功能的物质基础，在外的阳是内在物质运动的表现，彼此的发而中节与相互配合就是和，这是阴阳平衡的关键。人的整体功能状况，取决于各部分功能的正常和相互配合状况。如“血和则经脉流行”“卫气和则分肉解利”“志意和则精神专直”“寒温和则六腑化谷”。只有脏腑气血精神等的功能都和调，才能做到“人之常平”，即维持健康状态。

失和为病。阴阳平衡状态的破坏，则意味着人体生病。“阴盛则阳病，阳胜则阴病”是阴阳的太过，“阳虚生外寒，阴虚生内热”是阴阳的不及。举凡血、气、形、志的有余或不足都可致病。“血有余则怒，不足则恐。”“气有余则喘咳上气，不足则息利少气。”“形有余则腹胀，泾溲不利，不足则四肢不用。”“志有余则腹胀、飧泄，不足则厥。”（《素问·调经论》）血气形志的有余不足所致病证，是五脏功能的（虚实）太过或不及之病变。总之，任何疾病，都可以用阴阳的失衡、脏腑气血失和来解释，所谓“阴阳乖戾，疾病乃起”。

治病贵和。治疗疾病，以和调阴阳为要。尽管疾病的病种繁多，病理复杂，治法各异，但都遵循一个总的原则：“谨察阴阳所在而调之，以平为期”（《素问·至真要大论》）。这正是对儒学“执两用中”观念的运用，同时也体现了辩证法对立统一规律中矛盾同一性对事物存在和发展的重要作用。

2.“过犹不及”与中医学的“生病起于过用”

“过犹不及”是儒家认识论的一个重要的观点。中庸思想反对“过犹不及”地背离“度”，而恪守“发而中节”的原则，避免偏执，追求平和。守中庸就要寻找和确定适度的标准，并在动态中把握它。

中医学认为，人体保持内外环境的平衡协调是健康的保证，这种平衡协调就是维持健康的“度”。若出现太过或不及破坏平衡协调，机体就会发生疾病。任何疾病的发生都是由病因所致，而六气、七情、饮食、劳逸等皆因太过或不及，偏离了“度”而成为致病因素。如自然界六气太过或不及为六淫。七情过激致病，“暴怒伤阴，暴喜伤阳”（《素问·阴阳应象大论》）。饮食不节为病，“谷不入半日则气衰，一日则气少”（《灵枢·五味》），此为不及；“饮食自倍，肠胃乃伤”，为太过。劳逸失度，“久视伤血，久卧伤气，久坐伤肉，久立伤骨，久行伤筋”（《素问·宣明五气篇》），中医学称之为“五劳所伤”。所以说“生病起于过用”（《素问·经脉别论》）。

治疗疾病的要旨就是调整太过或不及，使之恢复平衡。虚则补之，实则泻之，是基本治疗原则。但补和泻要适度，“以平为期”。如针刺治疗，把握进针深浅，“过之则内伤，不及则生外壅”；药物治疗，攻邪无太过，补益勿有余，若治疗过度，非但不能去病，反而招致新伤。在过与不及两端中，中医学更强调“过”的危害。过用，则耗伤正气；过治，则戗伐正气。因此说：“无使过之，伤其正也。”中医临床上对于掌握“中节”，把握

“度”与求“和”有着极其普遍的意义。

（三）兵家思想与中医学治法原理

兵家为孙子所创立，其代表著作为《孙子兵法》。两千多年来，《孙子兵法》以其深邃的思想、丰富的哲理、冷静的分析、精湛的韬略，灵活的战术，被历代兵家尊为“万世宗师”。中医学将哲学、自然科学融为一体，注重整体观念，谨守辨证论治的原则处方用药，审证求因，其科学性和先进性已越来越被现代科学所重视。兵家与医家的思维方式和文化背景极其相似，其运筹谋划之理对医学具有重要的影响，对中医治法的确立尤为重要。

1. “有备无患”与“上工治未病”

《孙子兵法》强调“用兵之法，无恃其不来，恃吾有以待也；无恃其不攻，恃吾有所不可攻也”（《孙子兵法·九变篇》）。这种有备无患的战略指导思想与中医“上工治未病”的养生防病思想可谓异曲同工，《内经》倡导上工“不治已病治未病”（《素问·四气调神大论》），认为高明的医生常能防病于未然，这和兵法中不动一兵一卒就能克敌制胜的军事思想毫无二致。中医学将“治未病”视为医学的最高目的，把养生防病作为主导思想，强调人们应该注重摄生，培养正气，以提高机体的抗邪能力，达到预防疾病的目的。历代医家颇重此理，正如徐灵胎所云：“不服药而有服药之功，亦养生者所当深考也。”

2. “上兵伐谋”与“善治者治皮毛”

《孙子兵法》云：“上兵伐谋，其次伐交，其次伐兵，其下攻城。攻城之法，为不得已”（《孙子兵法·谋攻篇》）。孙子把作战用兵形式分为四个层次，最好的办法就是以谋伐敌。“伐谋”的目的在于抓住战场的主要矛盾，以求得无形和有形的胜利。《内经》云：“善治者治皮毛，其次治肌肤，其次治筋脉，其次治六腑，其次治五脏。治五脏者，半死半生也”（《素问·阴阳应象大论》），把治病分为五个层次，以“治皮毛”为上工之策。扁鹊望齐侯之色，即是典范。齐侯当初病在皮毛腠理，自觉无苦，反讥扁鹊乃“医之好利，欲以不疾者为功”。然而正是患消于未生，天下不知，无人称其高明。同理，真正高明的军事谋略家取得“全胜”，乃胜于无形之时。所以治在“未病”，治在“皮毛”方为上工。

3. “兵贵神速”与“邪去正安”

《孙子兵法》在作战方针上，主张进攻速胜，强调“兵贵胜，不贵久”，认为“兵久而国利者，未之有也”（《孙子兵法·作战篇》）。这是鉴于战争对国家人力、物力、财力的消耗巨大，持久作战于国不利，因而在此基础上产生了兵贵神速、速战速决的作战方针。

疾病非人身所素有，或自外感，或由内生，皆由邪气所致。邪气加诸身，“小则耗精，大则伤命，隐然一敌国也”（《医学源流论》）。“故以攻疾为急，疾去而后调养”（《医旨绪余》）。由于疾病的变化瞬息万端，治疗之机稍错，祸即旋踵。中医学的诸多治疗法则，如疏风解表、清心开窍、回阳救逆、急下存阴、峻下逐水等，都充分体现了“去邪贵速”的观念。张子和就是将这一军事思想运用于医学的典范，他在《儒门事亲》中力倡：“邪气加诸身，速攻之可也，速去之可也。”并根据天邪、地邪、人邪不同邪气侵犯人体不同部位而所患的病证不同，分别采取汗、吐、下诸法，迅速祛邪外出，邪去则正安，邪除则病已。

4．“因敌而制胜”与“辨证论治”

《孙子兵法·虚实篇》说：“兵无常势，水无常形，能因敌变化而取胜者，谓之神。”论述了军事上“虚实”永远处于变化之中，只要善于掌握变化规律，就能变敌之“实”为“虚”，变己之“虚”为“实”，做到以己之实击敌之虚，以夺取战争的胜利。

中医的辨证论治是认识疾病和治疗疾病的基本原则。张仲景说：“观其脉症，知犯何逆，随证治之。”明示了辨证论治之法，把“头痛医头，脚痛医脚”的局部对症疗法区别开来，又区别于那种不分主次、不分阶段、一方一药对一病的治疗方法。

辨证论治作为指导临床诊治疾病的基本法则，能辩证地看待病和证的关系，既看到一种病可以包括不同的证，又看到不同的病在其发展过程中可出现同一种证。因此，还可以在辨证论治的原则指导下，采取“同病异治”或“异病同治”的方法来处理。

由此可见，中医治病主要不是着眼于病的异同，而是着眼于病机的区别，相同的病机，可用基本相同的治法，不同的病机，就必须用不同的方法。所谓“证同治亦同，证异治亦异”，实质上是由于“证”的概念中包括病机的缘故。这种针对疾病发展过程中不同质的矛盾用不同的方法去解决的原则，就是辨证论治的精神实质。

兵法说：“若能因敌变化而取胜者谓之神。”中医治病也是如此，只有通过大量博闻强记、临床实践，才能掌握“无形、无限”的辨证论治大法，因证立法，据法组方，达到中医的最高境界。

（四）农家之言与中医学生态观

农家，是先秦在经济生活中注重农业生产的学派。《汉书·艺文志·诸子略》将农家列为九流之一。战国时，农家代表人物有许行，农家著作有《神农》二十篇，《野老》十七篇等等，均已佚。中国古代农业领先于世界，它重视天时、地理、气候、生物等环境对农作物、林木、鱼类的影响，是一种开放式的农学体系，其突出的特点是着重研究农业生态规律。农学作为中国古代科技体系中最为发达的自然科学，对中医学产生了一定的影响。《内经》以“人与天地相参”为医学指导思想，强调学医须知天文、地理。其所载运气七篇有五类“生态盛衰”模型，详论气候变化规律及其对人和生物的影响，对解释疾病的发生原理和治疗提供了理论依据。所以《内经》形成的医学模式，从本质上讲是生态医学。

1．“顺天之时”与“因天之序”

古人将农作物置于宇宙大系统之中，首先注意到的是天时对农作物发育的影响和决定作用。农作物的萌发、生长、开花、结实、成熟，与一定的季节有着特殊的对应关系，表现为一个有节律的生长化收藏的时间过程。“春耕、夏耘、秋收、冬藏，四者不失时，故五谷不绝，而百姓有余食也”（《荀子·王制》）。古代农学家不仅研究了一年十二月二十四节气与农事活动的关系，而且力图发现不同年份与不同农作物的特殊联系。《吕氏春秋·审时篇》详细谈论了谷、黍、稻、麻、豆、麦等主要农作物适时耕作播种的好处以及失时（过早或过晚）的害处，谓之为“得时之稼兴，失时之稼约”。中国古代农学强调“得时之和”“不违农时”，对农时节气进行深入研究，是为了确认作物生长与天文气象因素的最佳关系，这无疑属于中国生态农学的重要组成部分。

中医学认为，“人以天地之气生，四时之法成”。人生活在天地之中，与万物一样遵循自然规律，人的生理、病理都受四时变化的影响。《素问·金匮真言论》说：“五脏应四时，各有收受。”强调五脏功能与四时气候变化保持一致。不仅如此，人体各项生理活动还会随着昼夜晨昏的变化而变化，“故阳气者，一日而主外，平旦人气生，日中而阳气隆，日西而阳气已虚，气门乃闭”（《素问·生气通天论》）即是说人体阳气与自然规律同步变化的过程。如果违反时序，则会发生疾病，“反此三时，形乃困薄”。中医运气学说则从更广袤的时空观和天人观的角度，研究宇宙大系统及周围环境与人体这一复杂系统的生理病理功能之间的关系，将人与自然作为一个动态变化的整体看待，气候变化异常就会导致相应疾病。《内经》有岁运“太过”“不及”而使人受病的描述，并指出应根据气候变化与疾病发生和流行的关系，采取针对性的预防措施，减少和控制疾病的发生和流行；同时根据气候变化规律，指导治疗用药。如太阳司天之年，“岁宜苦以燥之温之”；阳明司天之年，“岁宜咸以苦以辛，汗之清之散之”。

2.“量地利”与“异法方宜”

中国古代农学家们从一开始就把研究农业生态作为自己的主要方向。《尚书·禹贡》《周礼·职方氏》《管子·地员篇》等古代文献所涉及的早期植物学和农学的知识，都带有原始生态学的特色。他们把注意力集中在作物生长必不可少的土壤条件、地理条件上，把农作物和各种要素当作一个整体系统来考察，着力寻找它们之间有利于作物生长的最佳关系。

古代农民很早就注意到了“土宜”，对土壤逐步加深了认识。大约写成于战国时期的《禹贡》里面，列举了当时九州各种类型的土壤和主要农作物。《管子·地员篇》把土壤分类同地下水位高低以及宜于何种作物、植物都联系了起来。它把九州的土地，就肥沃程度而言，区分为上、中、下三级，每级都包括六种，一共是十八种。这种分辨土壤、因土种植的传统经验，一直为后世所继承。王祯《农书·地利篇》中说：“天下地土，南北高下相半。且以江、淮南北论之。江、淮以北，高田平旷，所种宜黍稷等稼；江、淮以南，下土涂泥，所种宜稻、秫。又南北渐远，寒暖殊别，故所种早晚不同；惟东西寒暖稍平，所种杂错，然亦有南北高下之殊。”这说明南北不同纬度、日照、气温以及不同土质、东西不同海拔高度、干湿寒暖，各有所宜种植的作物。

中医学很早就认识到人与环境和谐相处的重要性，并用“天人合一”来阐述这种思想。人生活在自然环境中，东南西北中五方地势有高下之差，气候有温热寒凉之分。特定的地理环境和气候对生活在一定地域的人带来生理、病理上的影响各不相同，古代医学家对此给予充分的关注。《素问·异法方宜论》记载我国五方气候的基本特点，以及相应体质和易患疾病。如“东方之域，天地之所始生也。鱼盐之地，海滨傍水，其民食鱼而嗜咸，皆安其处，美其食。鱼者使人热中，盐者胜血，故其民皆黑色疏理，其病皆为痈疡……西方者，金玉之域，沙石之处，天地之所收引也。其民陵居而多风，水土刚强，其民不衣而褐荐，其民华食而脂肥，故邪不能伤其形体，其病生于内……”说明“因地异质”

“因地异病”，所以治疗疾病则应“因地制宜”。

生态医学赋予人体以生态系统理念，是研究健康状态与人体内外环境关系的医疗科学，其核心内涵是“保持平衡”。《内经》天人相应时空观强调人与宇宙自然的统一，生命的四时之序是自然阴阳消长变化的体现；生命机体的各种生理功能、病理变化呈现出的节律现象与外部环境有着密切关系。这种人体自身、人与自然平衡的生命观正是《内经》生态医学的体现。

（五）阴阳家与中医学理论模型

阴阳家是先秦时期以阴阳、五行说为中心思想的一个哲学流派。阴阳家们在长期的天象观测中，看到“天则有日月，地则有阴阳；天有五星，地有五行”。他们掌握了自然界阴阳五行变化的某些规律，以阴阳数术著称于世，用阴阳五行等哲学思想推测人生命运和吉凶祸福，在汉代即被称为阴阳家、五行家，或阴阳五行家，成为“六家”和“九流”之一。阴阳家的著名人物邹衍又首先把阴阳和五行结合在一起，并加以发挥，构成一个涵盖天地、人间的思想体系，用以说明世界万物的构成和运动的规律，其学说发展了早期阴阳五行的朴素唯物论和早期的辩证法思想。阴阳与五行、气等学说相互结合，构成了中国古代的哲学思想体系，这些观念也是中国传统科学思想的基本要素。

阴阳五行学说作为古代的一种解释宇宙起源和结构的宇宙观和方法论，对中医学产生了深刻影响，对于中医理论体系的形成也具有重要意义。《内经》吸取阴阳五行学说的基本精神，结合医疗实践活动，形成了中医学特有的理论模型。

1. 人体阴阳平衡模型

阴阳学说以阴阳运动变化作为宇宙宏观的法则，认为世界上无论有形的物体或无形的太虚，无论宇宙中的天体或大地上的物类，都发生着普遍的联系，处在无休止的运动之中。而一切事物的变化都是在两种对立势力的相互作用之下发生的，诸如天与地、日与月、水与火、昼与夜、明与暗、寒与热、动与静、表与里、上与下、生与死等等，无不是一些相互联系而又相互矛盾的事物和现象。整个世界就由这样一些矛盾着的事物和现象构成，即所谓的“一阴一阳之谓道”（《易传》）。

《内经》将阴阳学说引入医学领域，把“阴阳”作为阐释人、天关系与人体生命结构功能的模型。世界是个大宇宙，由阴、阳二气构成；人体是个小宇宙，也由阴、阳二气构成。所谓“人生有形，不离阴阳”，人本身就是一个阴阳对立统一体，人体组织结构上下内外、脏腑经络气血皆可以分阴阳。以阴阳阐释人体生理功能时，脏腑阴阳表里相合，经脉气血阴阳调和，形神和谐，即“阴平阳秘，精神乃治”（《素问·生气通天论》）。人体正常生命活动建立在阴阳相互对立、消长转化达到的协调平衡上。阴阳平衡，身体才能健康无病；阴阳失调，则是导致疾病、死亡的根本原因。当人体阴阳动态的相对平衡关系受到破坏，而又不能立即自行调节恢复时，就会发生疾病。所以《素问·生气通天论》说：“阴阳乖戾，疾病乃起。”如果“阴阳离决，精气乃绝”，意味着人的生命活动也就停止了。医生诊断和治疗疾病也以阴阳为纲，“谨察阴阳所在而调之，以平为期”，根据阴阳偏盛偏衰的病变，采用调整阴阳，补偏救弊的方法，以恢复阴阳的相对平衡。

2. 人体五行系统模式

"五行"的提出，见于《尚书·洪范》，此后，《礼记·月令》《吕氏春秋》等著作把这五种功能属性抽象出来，作为五个相互关联的方面，分别由木、火、土、金、水来代表，形成了一种稳定的结构模式。同时，五行与五方、五季、五气、五色、五味、五音、五化等的配列，将宇宙间万事万物统一为按五行法则相互联系的系统。五行学说把整个宇宙看作是一个按五行法则构成的庞大的五行母系统，五行各自又是一个独立的系统，五行间通过相生相克的联系共同构成一个大的有机整体。

五行学说应用于医学，促使医学家从系统结构的观点观察人体，有助于他们比较辩证地认识人体局部与局部、局部与整体之间的有机联系，以及人体与生活环境的统一。中医学把五行根据人体各组织及自然万物进行归类，并建立起相互联系的模型。

《内经》以五行属性特征对自然界万物包括人体进行归类，建立了天地人的五行图示。如《素问·金匮真言论》把五季、五方、五气、五色、五味、五音、五星及人体五脏、七窍、五体、五声统一起来，形成人与天地相参的理论体系。它进而以五行生克制化原理解释人体五脏之间的关系：五脏中每一脏都具有生我、我生的母子关系和克我、我克的生理联系。五脏这种资生和制约关系，相反相成，维持着脏腑功能的相对平衡及正常的生命过程。

五行"母子相及"及五行乘侮，则说明了五脏病变时通过相生和相克关系传变的病理变化，如"五脏受气于其所生，传之于其所胜，气舍于其所生，死于其所不胜……肝受气于心，传之于脾，气舍于肾，至肺而死"（《素问·玉机真脏论》）。"肝受气于心，气舍于肾"是母子相传；"传之于脾、至肺而死"是相克传变，即乘和侮。一脏有病，通过生克关系殃及他脏，这种认识方法，成为《内经》研究五脏疾病复杂传变规律的方法之一。

五行模型还广泛地应用于对疾病的预后判断、诊断和治疗等方面。五行学说将人体五脏与自然界的五色、五音、五味等都作了相应联系，构成了天人一体的五脏系统，将望、闻、问、切四诊所搜集的外在表现，依据事物属性的五行归类和五行生克乘侮的规律，可确定五脏病变的部位，推断病情进展和判断疾病的预后。治疗疾病时，根据五行相生规律可确定"虚则补其母，实则泻其子"（《难经·六十九难》）的治疗原则，根据五行相克规律可确定"抑强扶弱"的治疗原则。

第三节　中医药的文化价值

一、传统文化的代表

中医学植根于中国传统文化土壤中并发展成完整的体系。中医学在发展的过程中，不断汲取当时的哲学、文学、数学、历史、地理、天文、军事学等多种自然和人文学科的知识，成为传统文化中不可分割的一个重要组成部分和载体，集中体现了中国传统科学文化和人文文化、科学精神和人文精神，是优秀传统文化的代表之一。

中医学在其发展过程中，集聚儒、道等中国传统文化之精华，与生命科学融合在一起，充实、丰富了中国传统文化，成为其中独具特色的一部分。儒家体现乾阳刚健、自强不息的精神，偏重于“阳”；道家强调阴柔的归藏、包容功能，以贵柔崇阴、自然无为、致虚守静为“道”，偏重于“阴”；中医学则兼蓄儒、道两家之精华，强调“阴平阳秘，精神乃治”，注重“阴阳和合”，阴阳并重。如果用一个字来概括中医文化就是“和”，中医是典型的“和”文化。

中医是健康医学的代表。健康医学以提高人的自我治愈能力、自我修复能力为目的，重视预防、整体治疗和个性化治疗，这一切正是中医学所一贯强调的。中医强调“阴阳平衡”，与现代系统生物学的基本概念有异曲同工之妙；强调“天人合一”，与现代西方科学讲的健康环境因素十分相似；强调“辨证施治”，与近年来西方医学中主张为每一个病人找到最适合药物的药物遗传学不谋而合。中医的复方理论，实际上也对应着西医近年来高度重视的各种疗法的综合协同。

二、人文精神的体现

人文精神是中国传统文化最主要和最鲜明的特征，关注人类命运更是其突出特点。在中国古代典籍中，“人”被认为是天地所生万物中最灵、最贵者。如《尚书·泰誓》中说：“惟天地，万物之母；惟人，万物之灵。”中华民族这种崇尚自然、尊重生命的意识在中医学中得到充分体现。中医学历来重视医疗实践的伦理价值，强调医疗活动以病人为中心，在诊疗过程中，始终贯穿着尊重病人、关怀病人的思想，主张建立医患之间的合作关系，将“医乃仁术”作为医学的基本原则，具有丰富的人文精神资源。孙思邈在《千金要方》中指出，名利思想是“医人之膏肓也”，是医生最应忌讳的，如果行医以收取绮罗财物、食用珍肴佳酿为目的，那就是一种无视“病人苦楚”的“人所共耻”“人所不为”的行为。他认为，医生的首要任务应当是维护和保障病人的健康与生命，把人的生命价值看作是医学的出发点和归宿，把挽救病人的生命看作是医生最宝贵的财富。所以，他反复强调，作为一名医生必须“无欲无求”“志存救济”，对任何病人都要一视同仁，要有高度的同情心，处处为病人着想。“有疾厄来救者，不得问其贵贱贫富，长幼妍媸，怨亲善友，华夷智愚”，都要把他们看作是自己的亲人；对治疗中的风险，“不得瞻前顾后，自虑吉凶”，考虑个人的利害得失；对病人的痛苦“若已有之，深心凄怆”，不避“昼夜寒暑，饥渴疲劳，一心赴救”；对“有患疮痍下痢，臭秽不可瞻视，人所恶见者”，要不嫌脏臭。他说：“如此，可谓苍生大医，反之，则为含灵巨贼。”这种医学上的人道主义，正是对儒家的“恻隐之心”、道家的“无欲无求”、墨家的“兼爱”、佛家的“慈悲”等人文观念的具体体现。

“以人为本”贯穿中医学研究生命、健康与疾病过程始终。“人命至重”是医学的主导思想。《素问·宝命全形论》说：“天覆地载，万物悉备，莫贵于人。”生命如此宝贵，如何“宝命全形”就成为医学乃至整个人类研究的重要内容。善待生命，注重养生，以“治未病”作为医学的最高境界，使人们摆脱疾病困扰，得以健康长寿；关注人的精神心理，把生命个体与整个社会紧密联系在一起；尊重病人的生命价值，尊重病人的人格与尊严，是贯穿于整个治疗过程的主导思想。如《灵枢·师传》提出的："入国问俗，入家问讳，上堂问礼，临病人问所便。"

医乃仁术，施仁术的医生，理当先为仁者。仁爱融汇于医学，成为医疗道德的主体。将医术与医德联系在一起，即所谓的"修身、齐家、治国、平天下"，体现了古代医生强烈的社会责任感，因而又有"不为良相，便为良医"的说法，形成了在中医史上极具特色的"儒医"现象。

中医学珍视生命、关爱健康、强调医德的人文情感，对贯穿中国思想文化中"以人为本"的人文精神，有着巨大贡献和深远影响。

三、科技成就的瑰宝

中医学是迄今为止仍然屹立于世界科学之林的为数极少的传统学科。中医学以其博大精深、系统完整的理论体系，浩瀚的医学典籍，丰富的医疗经验，独具特色的医疗技术而被称为世界医学的奇迹。

（一）博大精深的理论体系

"天人合一""人与天地合参"的整体思维模式，是中医学对生命与疾病认知的主导思想。中医学认为人生于天地之间，其生命活动与自然界息息相通，生命的健康、疾病的发生与自然密切相关；另一方面，人体自身也是一个小的天地，人体各部分组合起来是一个统一协调的整体。阴阳五行学说贯穿中医学理论体系始终，具体表现为以"阴平阳秘"为健康的基础，以阴阳失调解释病理变化，以调和阴阳为治疗疾病的基本原则。中医学运用五行理论对人体脏腑组织进行五行归类，进而揭示它们之间的相互关系，以及人与自然环境的联系和疾病发生、传变的机理。藏象学说是中医学理论体系的核心。中医是以表现于外的"象"来把握藏之于内的"脏"，运用"援物比类""比类取象"的方法，将人体脏腑、器官、组织和情志活动与外界的声音、颜色、季节、气候、方位、气味等事物和现象按功能属性分门别类地归属在一起，统一于五行框架之下，以五行类比五脏，以五脏与同类物象的联系类推五脏外合体窍，通于自然的规律，建构了中医学藏象理论。

中医学强调"形神和谐"，认为人体形神关系是相互依存、相互影响、密不可分的一个统一整体。形为神之基，脏腑精气血生神、养神、舍神；神为形之主，统率脏腑，驾驭形体。形神二者相依相用而合一，生命长存。因此，"形与神俱"是生命活动的基本特征，形神和谐才能健康长寿。

（二）独特的医疗技术

中医在长期临床实践中发明创造了多种治疗技术，除了传统的药物、针灸和推拿治疗外，还有食物疗法、正骨疗法、祝由疗法、导引疗法、手术疗法、刮痧疗法等。如东汉华佗在病人全麻状态下进行剖腹手术；东汉张仲景曾发明了药物灌肠术，还应用人工呼吸进行急救；元代危亦林用悬吊复位法治疗骨折等等。尤其是针灸疗法对针具、手法、选穴都有一定技术要求，取效迅速，经济实用，在许多疾病的治疗上表现出了其他治病技术无法替代的疗效，不但在中国历经千年流传，且广泛流传于国外。药物疗法是中医治疗疾病的主要手段，依据药物性能，进行组方配伍，针对不同证候，灵活加减用药，因病情而采用不同剂型，充分体现了个体化治疗的优势。

（三）先进的医学理念

中医养生文化历史悠久，英国学者李约瑟曾说：“在世界文化当中，唯独中国人的养生学是其他民族所没有的。”《内经》把“养生防病”作为主导思想，提出“上工治未病”的医学理念。中医养生包括顺应自然、调神养性、节欲保精、动静相宜等原则，由此衍生了形体养生、呼吸养生、精神养生、房中养生、丹功养生、饮食养生、药物养生、环境养生、四时养生、起居养生等众多方法。这些方法长久以来，在各阶层人群中一直被广泛地用于养生保健和疾病康复中，对增强身体素质、提高生活质量有重要作用。

“治未病”是养生思想中蕴涵的先进医学理念。“治未病”强调人们应该注重养生，培养正气，提高机体的抗邪能力，使身体强健从而预防疾病的发生；而一旦发病之后，应尽快采取措施防止疾病传变。这种重在“治未病”的思想，实质上体现了中医学重视预防的思维模式。中医学几千年医疗保健一直都在应用“治未病”的思维方式，“治未病”成为中国传统健康文化的核心理念之一，这正契合了目前以疾病为目标的医学转向疾病与健康研究并重的医学的趋势。

四、医学模式的范例

医学模式是医学对人的生命、健康和疾病的理论认识，是医学科学领域中一切实践活动的指导思想。中医学吸取古代哲学中“天人合一”的思想，确立了“人与天地相参”，即天地人三才一体的医学模式。

（一）“形与神俱、形神合一”的生命观

中国传统哲学强调自然界是一个普遍联系着的整体，提出天人相应、天人感应等思想，认为天地万物不是孤立存在的，它们之间都是相互影响、相互作用、相互联系、相互依存着的。中医文化中亦体现出这种原则。

中医学主张把天文、地理、人事作为一个整体看待。人既是自然的人，又是社会的人。“天地合气，命之曰人”，人生活在自然界又生存在人类社会之中，不能离开社会群体而独自生存。影响健康和疾病的因素，既有生物因素，又有社会和心理的因素，这是自古以来人们已经感觉到了的客观事实。中医学从“天人相应”和“七情六欲”等观点出发，从人与自然、人与社会的关系中去理解和认识人体的健康和疾病，十分重视自然环境和心理因素的作用，并将其贯穿在病因考查、诊断治疗以及保健预防的各个环节中，强调要“顺四时而适寒暑”。

同时，中医认为人体本身也是有机整体，把人的五脏与五体、九窍、五声、五音、五志、五液、五味等联系起来，组成整个人体和五个系统，在此基础上又把脏腑的表里关系

通过经络联系起来，共同协调完成人的生命活动。人体自身不但保持结构与机能的统一，而且形体与精神相统一，即“形与神俱”，乃成为人。形与神作为生命的基本要素，“形”指形体，包括脏腑组织器官等；“神”指生命机能，包括心理机能和生理机能。形是神的基础，神为形之主宰，形神和谐是健康的象征。“形神合一”的观点是中医学中重要的生命观，也是身心理论的本质所在。形神合一体现了中医学对于生命本质的认识。这种“形神合一、以神统形”的整体观来源于中国传统文化的大一统的整体观。

（二）整体、恒动的疾病观

中医学将人体置于自然、社会环境的变化中，以分析考察其机能状态，因此对疾病的发生及变化着眼于宏观、动态的分析，以整体功能失调为疾病的认识本体，提出人体阴阳失调、脏腑经络气血失和的病机变化理论。同时强调自然界变化超过人体适应调节能力就会使人发生疾病，如四时气候变化异常常可发生一些季节性多发病或时令性流行病。社会环境常有变更，人的社会地位、经济条件也随之而变，人的精神情志活动会受到影响，导致人体脏腑精气的机能紊乱，从而引发某些心理疾病。

早在《内经》中就有“尝贵后贱”可致“脱营”病，“尝富后贫”可致“失精”病的记载，以此说明社会与疾病的密切关系。在治疗疾病的过程中，要求医者“上知天文，下知地理，中知人事”（《素问·著至教论》），既要顺应自然法则，因时因地制宜；又要注意调整病人因社会因素导致的精神情志和生理功能的异常，提高其适应社会的能力。

（三）防重于治、未老养生的健康观

人与自然、社会环境的统一，人体心身的和谐，是健康的基本标准。健康长寿一直是人类所追求的目标，为实现这一愿望，人们采取种种措施和方法。中医古典医著《黄帝内经》中就提出“不治已病，治未病”的观点，喻示人们从生命开始就要注意保健，防衰和防病于未然。《淮南子》说：“良医者，常治无病之病，故无病；圣人者，常治无患之患，故无患也。”金元时期朱震亨亦说：“与其治疗于有病之后，不如摄养于先病之前。”人不可能长生不老，也不可能“返老还童”，但防止未老先衰、延长生命是可以办到的，这种以预防为主的医学思想告诉人们必须自幼注意调养，平时注意调养，尤其在生命的转折关头，更应高度注意调养，如能持之以恒，即可防衰抗老，预防衰老和疾病的发生。这种防病抗衰思想与中国文化中的忧患意识一脉相承，《周易·系辞下》说：“安而不忘危，存而不忘亡。”这种注重矛盾转化、防微杜渐的辩证哲学思想是中国传统文化的精华。这些思想对于未来医学的发展具有重要指导意义。在当代，人们的健康需求，表现为注重生存质量和提高生命活力，以及在此基础上的延长寿命。中医学“治未病”的主导思想和养生保健方法能够更好地适应这种健康需求的转变。

参考文献

[1] 任继愈. 中国哲学史 [M]. 北京：人民出版社，1996.

[2] 姜义华. 中国文化读本 [M]. 上海：上海人民出版社，2009.

[3] 李少林. 中国文化史 [M]. 呼和浩特：内蒙古人民出版社，2006.

[4] 徐志刚译注. 论语通译 [M]. 北京：人民文学出版社，2000.

[5] 万丽华，蓝旭译注. 孟子 [M]. 北京：中华书局，2006.

[6] 左传·吕氏春秋·战国策 [M]. 北京：北京出版社，2006.

[7] 老子·庄子 [M]. 北京：北京出版社，2006.

[8] 张大可，贾东瀛. 影响世界历史100名人 [M]. 北京：华文出版社，2003.

[9] 段俊平. 企业文化建设与中国传统文化关系 [J]. 企业文化，2021，(19)：11—12.

[10] 蔡海燕. 浅析马克思主义与中国传统文化的契合 [J]. 今古文创，2022，(3)：60—62.

[11] 王艳，叶琳. 中国传统文化及动画技术的发展研究 [J]. 电脑知识与技术，2022，18 (2)：100—101.

[12] 王真真. 中国传统文化教育的目标与内容初探 [J]. 读与写，2021，18 (26)：280.

[13] 初汉伟，赵峰. 中国传统文化释家心学浅析 [J]. 今古文创，2021，(4)：57—58.

[14] 何晓宇，高磊. 中国传统文化与新媒体的结合研究 [J]. 内蒙古科技与经济，2021，(1)：28，30.

[15] 匙素梅. 现代化与中国传统文化的关系研究 [J]. 区域治理，2021，(8)：294—295.

[16] 潘文国. 中国传统文化话语体系再认识 [J]. 当代外语研究，2021，(1)：16—28，37.

[17] 张嘉豪. 中国传统文化对建筑的影响 [J]. 建材与装饰，2021，17 (2)：161—162.

[18] 王书芹，申志宏，贾晓敏. 浅论中国传统文化中的忠孝思想 [J]. 邯郸学院学报，2021，31 (3)：121—123.

[19] 刘媛媛. 论中国传统文化中的生态智慧 [J]. 学习月刊，2021，(8)：55－56.
[20] 于尹婕，孙汝. 中国传统文化与现代设计的运用分析 [J]. 艺术品鉴，2021，(27)：109－110.
[21] 夏琳云. 中国传统文化中的美学思想纵论 [J]. 今古文创，2021，(44)：57－58.
[22] 钱灿. 现代化视域下的中国传统文化 [J]. 大众文艺，2021，(6)：227－228.
[23] 王心娟. 中国传统文化的现代化思考 [J]. 山东理工大学学报（社会科学版），2021，37 (2)：91－95.